Prof. Dr. Paul T. Schrader

Legal Tech

Prof. Dr. Paul T. Schrader

Legal Tech

Eine Orientierung

Vahlen

Zitiervorschlag: Schrader Legal Tech Rn.

www.vahlen.de

ISBN 978 3 8006 7183 0

Wilhelmstraße 9, 80801 München

Satz: Fotosatz Buck
Zweikirchener Str. 7, 84036 Kumhausen

Druck und Bindung: Beltz Bad Langensalza GmbH
Am Fliegerhorst 8, 99947 Bad Langensalza

Umschlaggestaltung: Martina Busch, Grafikdesign, Homburg Saar
Umschlagfoto: © enzozo – stock.adobe.com

vahlen.de/nachhaltig

Gedruckt auf säurefreiem, alterungsbeständigem Papier
(hergestellt aus chlorfrei gebleichtem Zellstoff)

Orientierung

Die vorliegende Abhandlung ist an Nutzer und Entwickler der Software und des Rechts gerichtet. Sollten Sie sich nur bei einem Teil angesprochen fühlen, fühlen Sie sich gern eingeladen, den jeweils anderen Teil (Software oder Recht bzw. Nutzer oder Entwickler) zu entdecken. 1

Was automatisiert werden kann, wird automatisiert werden.

Diese Aussage über die Automatisierbarkeit gilt grundsätzlich auch für die Rechtsanwendung. Typische Rechtsanwender beginnen als Studierende der Rechtswissenschaft mit dem Studienziel des Ersten Juristischen Staatsexamens und erlangen mit dem Zweiten die Befähigung zum Richteramt. Üblicherweise sind Studierende im Alltag von digitalen Anwendungen sowie zahlreichen Automatisierungen umgeben und nutzen diese. 2

Dem Bereich der eigenen Tätigkeit (Rechtsanwendung) wird im Hinblick auf die Digitalisierung von den Studierenden der Rechtswissenschaft häufig bloß aus Nutzerperspektive Beachtung geschenkt. Der Ruf nach Praxisnähe trifft das Jurastudium wieder einmal: Aktuell mit der Entwicklung, dass die Staatsexamensklausuren an einem PC, bestenfalls unter Nutzung elektronischer Medien (Datenbanken), erstellt werden dürfen. Diese Weiterentwicklung betrifft ebenfalls ausschließlich die Nutzerperspektive. 3

Die Zielsetzung einiger Justizausbildungsgesetze der Länder deuten an, dass die Nutzung digitaler Medien auch in der Rechtsanwendung zum Studieninhalt gemacht werden sollte. Beispielsweise umschreibt § 7 II 1 JAG NRW die anzubietenden Inhalte des Studiums unter anderem wie folgt: „Die Inhalte des Studiums berücksichtigen die rechtsprechende, verwaltende und rechtsberatende Praxis einschließlich der hierfür erforderlichen Schlüsselqualifikationen wie 4 digitale Kompetenz …“. Was „digitale Kompetenz“ in diesem Zusammenhang bedeutet, bleibt offen. Ob sich diese Kompetenzen bloß auf die Nutzung digitaler Medien beziehen oder auf eine inhaltliche Auseinandersetzung damit, welchen Einfluss die Digitalisierung auf das Recht und die Rechtsanwendung hat und haben wird, bleibt dem Interesse aufmerksamer Studierender überlassen.

Rechtsanwender zwischen technischer Aversion und euphorischem Aufbruch

5 Die vorliegende Abhandlung soll eine Orientierung geben – mehr nicht. In Abgrenzung zu zahlreichen anderen Werken, die bereits über die Möglichkeiten von Systemen Künstlicher Intelligenz, insbesondere im Bereich der Rechtsanwendung erschienen sind, liegt der Konzeption dieser Abhandlung nicht das Aufzeigen künftiger konkreter Möglichkeiten zugrunde, sondern die Schaffung eines Grundverständnisses der Strukturen der technischen Entwicklung und der Parallelität rechtlicher Arbeitsweisen. Dabei liegt der Fokus auf alltäglichen Beispielen und auch praxisnahen Anwendungsfällen, die häufig detailreich beschrieben werden, um sie nacharbeiten zu können: Wer sieht und nachvollziehen kann, wie etwas funktioniert und welchen Grenzen technische Systeme unterworfen sind, der versteht mögliche Einsatzzwecke auch – und vor allem – in den Bereichen, in denen er selbst schwerpunktmäßig tätig ist.

6 Die vorliegende Abhandlung ist bewusst nicht darauf ausgerichtet, konkrete Antworten zu geben, sondern die Fragen zu stellen, deren Beantwortung nach der Lektüre erkenntnisreich erscheint, gibt hierzu Anleitung und skizziert erste Gedanken. Da sich die Auswirkungen der Digitalisierung auf das Recht und die Rechtsanwendung derzeit in einem Fluss befinden, sind Aussagen hierüber häufig entweder punktuell oder wenig belastbar, meist ebenso spekulativ wie spektakulär vorgetragen. Daher ist die vorliegende Abhandlung darauf ausgerichtet, Fragen zu stellen und die zu ihrer Beantwortung notwendigen Ansätze zu skizzieren. Die eigentliche Beantwortung der Fragen bleibt hingegen häufig offen. Auch erscheint die Frage nach genauer Betrachtung umfangreicher als zu Beginn mancher Überlegung. Dies ist bei einer solch tiefgreifenden Entwicklung, wie den Folgen der Digitalisierung auf das Recht und die Rechtsanwendung (vor allem im Hinblick auf die Automatisierung von Denkvorgängen), eine lohnende, weil erkenntnisreiche Herangehensweise. Die gesellschaftliche Debatte müssen diejenigen zuvörderst führen, die derzeit das Recht verantwortungsvoll anwenden. Bei dem notwendigen Diskurs

über die Zukunft der Rechtsanwendung beobachtet man häufig eine Zurückhaltung (abgesehen von einigen Wenigen, deren erfolgreiches Unternehmertum in einer gefundenen Lücke zu viel Euphorie führte). Leider ist die Zurückhaltung zahlreicher Rechtsanwender (Richter wie Anwälte) auf eine Kontaktscheu zu technischen Zusammenhängen zurückzuführen. Leider fehlt es zu vielen Betroffenen, die derzeit die Rechtsanwendung leben, an Interesse („Das machen andere, die sich damit besser auskennen."). Mit der vorliegenden Abhandlung soll versucht werden, diese auftretende Lücke zu schließen. Der Benutzer von üblicher Bürosoftware soll in seiner Alltagsbeschäftigung mit Datenverarbeitung abgeholt und eingeladen werden, über die dahinterstehenden Zusammenhänge nachzudenken, die Grenzen zu erkennen und die Möglichkeiten der derzeitigen und künftigen Datenverarbeitung – realistisch – einschätzen zu können. Dies bringt umgekehrt mit sich, häufig überzogen enthusiastische Erwartungsszenarien, die von den Wenigen vorgetragen werden, die punktuell den Einsatz informationstechnischer Systeme bei der Rechtsanwendung erfolgreich vorantreiben, zu entzaubern und in ein realistisches Licht zu rücken.

Ich würde mich freuen, wenn die Lektüre auf Interesse und gern auch auf Gegenrede stößt und eine dadurch induzierte Diskussion voranbringt. Ursprünglich war diese Abhandlung als ein vorlesungsbegleitendes Skript zur gleichnamigen Veranstaltung an der Universität Bielefeld entstanden. Die Veranstaltung richtet sich an Studierende des Staatsexamensstudiengangs mit dem Studienziel der Befähigung zum Richteramt. Diese Befähigung schließt ein, kritisch über den Einsatz digitaler Unterstützungsmedien bei der Entscheidungsfindung nachdenken und diskutieren zu können. Dieses Bewusstsein der Chancen und Risiken des Einsatzes digitaler Unterstützung (einschließlich Systemen Künstlicher Intelligenz) ist meines Erachtens als „digitale Kompetenz" von Studierenden der derzeitigen Generation zu erwarten. Daher biete ich diese Veranstaltung im Vorlesungsprogramm an, in dessen Rahmen der Nachweis der Schlüsselqualifikationen erworben werden kann. 7

Gebotene Orientierung – Das Konzept der vorliegenden Abhandlung

Die Abhandlung gliedert sich in drei Teile. Einzelne (aktuell neue) Geschäftsmodelle oder einzelne (kürzlich) höchstrichterlich entschiedene punktuelle Rechtsfragen bilden nicht den Einstieg in die Gedankenführung. Sie werden erst gegen Ende im Rahmen eines aktuellen 8

Standes und Ausblicks besprochen. Im Vordergrund stehen im ersten Teil (→ Rn. 12 ff.) die Strukturen und Grundlagen (sowohl technische (dh die tatsächlichen Grundlagen) als auch die rechtlichen, insbesondere die rechtsmethodischen Grundlagen), die diesen Entwicklungen zugrunde liegen (zweiter Teil, → Rn. 208 ff.).

Persönliche Beziehung zum Besprechungsgegenstand

9 Bei den skizzierten Beispielen – sowohl bei den rechtlichen als auch den technischen – konnte ich auf zwei meiner langjährigen Interessengebiete zurückgreifen: Als Inhaber des Lehrstuhls für Bürgerliches Recht und Recht der Digitalisierung und Innovation an der Fakultät für Rechtswissenschaft der Universität Bielefeld steht in zahlreichen meiner Vorlesungen das Erklären von (und Begeistern für) rechtlichen Zusammenhängen im Vordergrund. Dabei lege ich viel Wert auf die Rückführung der jeweiligen Probleme auf die Grundlagen des Rechts, insbesondere bei der Anwendung freilich auf die Methoden des Rechts. Meine Forschungstätigkeit liegt zum großen Teil auf dem Gebiet der Verantwortlichkeit für Fehler im Rahmen von Automatisierung, insbesondere von Fahrassistenzsystemen.

10 Während meines Studiums der Rechtswissenschaft baute ich Hardwaresysteme und programmierte häufig Alltagsanwendungen, aber auch Websites, einschließlich Webshop-Lösungen. Das damals verfolgte Interesse mündete in einem Aufbaustudiengang „Wirtschaftsinformatik". Auf die damals vertieften Erfahrungen greife ich gern immer wieder zurück und habe die meisten der hier aufgeführten Beispiele in einem eigenen Kontext einmal erstellt und offenbar für geeignet gefunden, um die Schnittstelle von informationsverarbeitenden Systemen und dem Recht sowie dessen Anwendung einmal erklären zu können. Daher habe ich genau die hier skizzierten Beispiele (beispielsweise von Subsumtionsautomaten, von denen ich bereits während meiner Examensvorbereitung träumte) ausgewählt, die bereits seit einigen Jahren auf diversen Datenträgern darauf warten, einem geneigten Publikum einmal präsentiert zu werden. In diesem Sinne hoffe ich, Beispiele gewählt zu haben, die aktualisiert immer noch die Eingängigkeit haben, die damals schon für Faszination wie auch Ernüchterung zugleich sorgten.

Danksagung

Nicht zuletzt möchte ich an dieser Stelle meinem Team am Lehrstuhl 11
ganz herzlich danken für zahlreiche Gespräche, Ideen und Vorbereitungen, die in diese Veranstaltung eingeflossen sind und die auch in dem vorliegenden Skript an vielen Stellen erkennbar werden. Es ist ausgesprochen bereichernd, die aktuelle Entwicklung unseres Rechtssystems nicht bloß aus der eigenen Perspektive zu betrachten, sondern auch dem schonungslosen Blick und ebensolchen Ansichten der Generation ausgesetzt zu sein, die in die digitale Welt geboren wurde.

Inhaltsübersicht

Inhaltsverzeichnis

A. Verarbeitung von Daten

I. Theorie: Daten, Informationen, Wissen und Code

Eingangsfrage:
Worin unterscheiden sich Daten, Informationen und Wissen?

1. Unterschied zwischen Daten, Informationen und Wissen

a) Daten

Daten sind Zeichen und Symbole, die in einer bestimmten Struktur **12**
vorliegen. Stehen Zeichen oder Symbole beispielsweise in einer bestimmten Reihenfolge, dann werden aus diesen Zeichen (bzw. Symbolen) Daten. Der nicht zufällige Bezug der Zeichen untereinander in einer Gruppe begründet die Eigenschaft als Daten. Ein Beispiel von Daten ist die Reihe: [0101101001] oder [֍Ξʘ♫].

Ein typisches Merkmal von Daten ist, dass sie keinen Verwendungs- **13**
bezug haben, dh, sie haben für sich betrachtet keine Bedeutung, sie sind abstrakt. Wenn daher bei der Betrachtung der obigen Reihen in den eckigen Klammern die Frage in den Kopf kam, was das denn bedeuten soll, was dort in Klammern steht, ist das genau die Identifizierung des fehlenden Zweckbezugs der Daten. Die Daten haben für sich betrachtet keine Bedeutung. Die Zeichen stehen beispielsweise bloß in einer Reihe. Werden Daten von einem Sender zu einem Empfänger übertragen, spricht man häufig von Nachrichten.

b) Informationen

Daten werden zu Informationen, wenn sie einen Zweckbezug haben. **14**
Stehen Daten in einem Kontext, werden sie zu Informationen. Die Abhängigkeit von Daten von deren Kontext kann sehr unterschiedlich

sein. Häufig haben Daten eine Bedeutung, wodurch ihr Zweck definiert wird. Wenn die obige Reihe [0101101001] beispielsweise Schaltzustände wiedergeben soll, dann wird rasch klar, dass beispielsweise die Ziffer 0 für ausgeschaltet und 1 für eingeschaltet steht und der Kontext zB eine Schlüsselcodierung zu einem entsprechenden Schloss sein kann. Die Reihe [֍Ξ⊙♫] kann für eine Waschanleitung stehen und beispielsweise bedeuten, dass die Wolle dreimal in der Trommel der Waschmaschine möglichst geräuscharm gewaschen wird. Diese Informationen werden häufig semantische Informationen genannt, weil sie eine Bedeutung beinhalten bzw. repräsentieren (Semantik: die Bedeutungslehre). Abstrakte Begriffe unserer Sprache sind oft keine Informationen, da ihnen der Zweckbezug, der Kontext, fehlt. Beispielsweise ist der Begriff „Schuh" für sich betrachtet keine Information, obwohl wir uns unter einem Schuh etwas vorstellen können, was man an den Fuß anziehen kann. Jedoch ist gerade die letztgenannte Anwendung die Herstellung eines Kontextes. Sehr häufig verwandeln Beziehungen zwischen Daten diese zu Informationen: „Schuh" ist ebenso wenig eine Information wie „rot". Wenn die (abstrakten) Daten „Schuh" und „rot" in eine Beziehung gesetzt werden, entsteht dadurch ein Kontext: „roter Schuh". Auch dies ist für sich betrachtet ein bloßes Datum, es hat aber einen Kontext und wird daher als Information bezeichnet. Besonders deutlich wird der Unterschied zwischen Daten und Informationen, wenn die einzelnen Daten „Schuh", „Artikelnummer", „Warenlagerbestand", „Einkaufspreis", „Verkaufspreis", „Farbe", „Größe" usw in einem Warenhaus das Warenangebot widerspiegeln. Dadurch haben die einzelnen Daten Relevanzbezüge (in dem Kontext des Warenhauses) und werden somit zu Informationen. Wichtig ist die Erkenntnis, dass auch die Beziehungen der Daten untereinander (dh die Relevanz und auch der Zweckbezug) wieder abstrakt betrachtet Daten sein können bzw. mit jeweiligem Zweckbezug zu Informationen werden können.

c) Wissen

15 Wissen ist verstandene Information. Wissen hat immer einen Bezug zum Menschen, dh, nur wenn die Information von einem Menschen wahrgenommen und verstanden wurde, wird sie zu Wissen. Voraussetzung für das Verstehen der Information durch einen Menschen ist individuelles Bewusstsein des Menschen. Wissen ist immer an einen Menschen gebunden. Informationen sind eine Teilmenge von Wissen. Zwischen Wissen und Informationen besteht ein qualitativer Unterschied. Die Information, dass ein bestimmtes Warenhaus einen roten

Schuh zu einem bestimmten Preis im Angebot hat, wird erst durch die Wahrnehmung eines Menschen (zB durch Lesen einer Zeitungsanzeige oder Hören eines Radiospots) zu Wissen. Neuerdings wird der personale Bezug von Wissen in Frage gestellt. Häufig stehen diese Ansätze im Zusammenhang mit der Zurechnung von Wissen und der Haftung für einen bestimmten Kenntnisstand. Hintergrund ist die Konstruktion einer Verantwortung für einen Kenntnisstand auch von juristischen Personen (Was weiß die GmbH oder AG selbst, dh ohne Wissensorganisationspflichten?) oder auch anderen Entitäten (Systemen Künstlicher Intelligenz).

d) Code

Im Zusammenhang mit Computerprogrammen ist häufig von „Code" 16
die Rede. Da dieser Begriff auch von einigen anderen Teilbereichen (zB der Sprachwissenschaft oder Soziolinguistik) beansprucht wird, ist eine allgemeingültige Definition kaum möglich. Im informationstechnischen Kontext bedeutet Code häufig das System von Regeln, um die Zuordnung von Zeichen (Daten) zu ermöglichen. Ein Beispiel ist der Chiffrierschlüssel, der die Transformation von Daten zu Informationen ermöglicht. Umgangssprachlich ist dieser Vorgang unter „Codieren" bekannt. In der Informatik wird teilweise das Erstellen eines Programms als „Coden" bezeichnet. Damit ist gemeint, einen Programmcode zu erstellen. In diesem Zusammenhang wird Code synonym mit Programmablauf (dh die Steuerungsanweisungen für den Computer) bzw. der Übersetzung des Quellcodes in ein maschinenlesbares Format (mit Hilfe eines Compilers) verwendet (→ Rn. 86). Damit kann man vereinfacht davon ausgehen, dass „Code" zwischen Daten und Informationen steht.

2. Verständnisfragen und Orientierung

a) Wie kann Wissen übertragen werden?

Aus der Bindung des Wissens an den Menschen folgt, dass Wissen 17
nur in Form von Information übertragen werden kann. Wissen selbst kann als solches nicht übertragen werden. Die Kommunikationsform von Wissen ist somit die Information. Durch sie wird Wissen transportabel. Diese Information wird bei dem Empfänger durch dessen menschliches Verstehen, dh dessen Aufnahme wieder zu Wissen. Ein typischer Vorgang für die „Übertragung von Wissen" in Form der Informationsübermittlung ist das Lehren bzw. das Lernen. Aus der Einschränkung, dass Wissen nur als Information übertragen werden

kann, folgt, dass eine Speicherung von Wissen selbst nicht möglich ist, sondern nur in der Form von Informationen erfolgen kann. Die Speicherung ist somit nur ein verlängerter Weg der (potenziellen) Übertragung. Allerdings ist das menschliche Gedächtnis nicht in der Lage, Wissen abzuspeichern, sondern es wird die einzelne Information (mit weiteren Informationen als Verknüpfung) abgespeichert.

b) Welcher Unterschied besteht zwischen implizitem und explizitem Wissen?

18 Die Unterscheidung nach implizitem und explizitem Wissen hängt von der Art der Zugänglichkeit ab.

19 Implizites Wissen (auch „tacit knowledge" oder faktisches, stilles Wissen genannt) ist Wissen, das ein Individuum aufgrund seiner Erfahrungen, seiner persönlichen Entwicklung, seiner täglichen Praxis sowie seines Lernens im Sinne von Know-how von Handlungsabläufen erwirbt. Der Träger von implizitem Wissen muss nicht einmal wissen, dass er dieses Wissen besitzt: So ist es möglich, dass jemand weiß, wie man schwimmt; schwimmt er dann, wendet er das implizite Wissen an, er muss jedoch nicht darüber nachdenken, wie Schwimmen eigentlich funktioniert. Am besten lässt sich implizites Wissen als „Erfahrung" beschreiben.

20 Im Gegensatz dazu steht das explizite Wissen. Dieses ist aussprechbar und dokumentierbar. Der Wissensträger weiß um sein Wissen und kann darüber sprechen. Explizites Wissen kann einfacher übertragen und gespeichert werden als implizites Wissen.

21 Die Differenzierung nach „knowing how" und „knowing that" beruht auf der verschiedenen Anwendbarkeit von Wissen. „Knowing that" beschreibt Faktenwissen. „Knowing that" heißt, sich sicher zu sein, dass etwas so ist und nicht anders. Es umschreibt Sachverhalte, die sich objektiv und empirisch nachprüfen lassen und wird auch als Lexikonwissen bezeichnet. Im Gegensatz dazu stellt „knowing how" Handlungswissen dar. Handlungswissen geht weiter als das Faktenwissen und beschreibt die Fähigkeiten, das vorhandene Faktenwissen für den Prozess von Problemlösungen anzuwenden. Handlungswissen ist daher das Können, dh „die Fertigkeiten und Fähigkeiten". „Knowing how" kann am besten umschrieben werden mit der Aussage: „Ich bin fähig, etwas zu tun."

22 Die Begriffspaare „implizit – Handlungswissen" und „explizit – Faktenwissen" sind jeweils eng miteinander verwandt. So ist implizites

Wissen nahezu identisch mit Handlungswissen. Die Erfahrungen, die ein Individuum gesammelt hat, bilden sein Handlungswissen. Handlungswissen ist sowohl schwer erkennbar als auch schwer zugänglich. Es wird erst in der Interaktion wahrnehmbar. Das explizite Wissen, welches gespeichert und dokumentiert werden kann, ist dem Faktenwissen ebenfalls sehr ähnlich. Das Faktenwissen ist einfacher lokalisierbar und übertragbar als das (implizite) Handlungswissen und ist daher auch dem expliziten Wissen ähnlich.

c) Welchen wirtschaftlichen Wert haben Daten, Informationen und Wissen?

Daten an sich sind wertlos. Die häufig zitierte Aussage, dass Daten 23
das Öl des 21. Jahrhunderts seien, ist nur eingeschränkt zutreffend. Ein ökonomischer Wert kann in der Regel erst durch die Nutzung von Daten realisiert werden. Die Nutzung von Daten setzt regelmäßig den Zugriff auf die Daten voraus. Die Verarbeitung von Daten beinhaltet meist die Herstellung von Beziehungen zwischen Daten, dh die Generierung von Informationen aus Daten. Der Zugang zu Daten kann sowohl tatsächlich als auch rechtlich eingeschränkt sein. Eine tatsächliche Einschränkung kann durch Zugangskontrollsysteme, Geheimhaltungsvorkehrungen, aber auch durch Verschlüsselung erfolgen. Eine rechtliche Einschränkung der Nutzung von Daten kann einerseits in der Art der Daten und dem daraus resultierenden Schutz folgen, beispielsweise den Nutzungs- und auch schon Erhebungseinschränkungen personenbezogener Daten durch das Datenschutzrecht oder auch das allgemeine Persönlichkeitsrecht. Eine weitere rechtliche Einschränkung kann durch die exklusive Zuordnung von Nutzungsbefugnissen erfolgen, beispielsweise für Erfindungen durch das Patentrecht: Die gewerbliche Nutzung einer neuen Erfindung als Lösung zu einem technischen Problem kann durch die Patenterteilung dem Patentinhaber exklusiv zugeordnet werden. Obwohl anderen Personen diese Informationen zugänglich sein können, ist ihnen die Nutzung untersagt. Dadurch ist es dem Patentinhaber exklusiv möglich, die Information zu nutzen, dh zB das patentierte Verfahren anzuwenden.

Die Umwandlung von Daten zu Informationen ist daher das entschei- 24
dende Glied in der Wertschöpfungskette. Die Nutzung von Daten in Form von Informationsgenerierung bilden die Grundlage für zahlreiche Dienstleistungen. Diese Dienstleistungen beruhen auf der Nutzung von Daten, weniger oder gar nicht von körperlichen Gütern.

Daher sinken die Grenzkosten sehr stark, bis sie nahezu Null erreichen. Das bedeutet, dass eine weitere Nutzung keine weiteren Kosten verursacht.

25 Die ökonomische Bedeutung von Daten und deren Nutzung wurde bereits sehr frühzeitig in der Wirtschaftswissenschaft im Zusammenhang mit sog. Wissensmanagementsystemen untersucht. Damals lag der Fokus weniger auf den Daten, deren Verfügbarkeit und Umwandlung in Informationen als vielmehr in der Nutzung von Wissensressourcen. Verfügt ein Unternehmen über „Wissen" (dh über Mitarbeiter, die dieses (meist explizite) Wissen haben), so handelt es sich um unternehmensinternes Wissen. Darauf können Unternehmen zugreifen, ohne andere (Externe) einbinden zu müssen. Explizites und implizites Wissen, das nur außerhalb des Unternehmens verfügbar ist, ist dagegen externes Wissen. Einem Unternehmen steht externes Wissen nur zur Verfügung, wenn es dieses Wissen internalisiert. Eine Möglichkeit der Internalisierung ist die Einstellung eines Mitarbeiters, der das (oft implizite Experten-)Wissen mitbringt. Handelt es sich bei dem benötigten Wissen um explizites Wissen, kann die Internalisierung auch durch die Beschaffung von Information geschehen. Ein Beispiel für eine solche Internalisierung von explizitem Wissen ist der Kauf von Datenbanken oder Zeitschriften bzw. dem Zugang zu diesen. Bei der Generierung von Innovationen (dh der Schaffung neuen Wissens durch Kombination von Informationen) kann sich ein Unternehmen beider Formen des Wissens (externes und internes) bedienen.

d) Sind in einem Buch Daten oder Informationen enthalten?

26 Das kommt auf den Inhalt des Buches an. Bei einem Roman, der in Sätzen und Wörtern einer Sprache geschrieben ist, handelt es sich um Informationen, weil die Symbole (Buchstaben) in ihrer geordneten Reihenfolge einen Zweckbezug aufweisen. Auch ein Telefonbuch oder banale Listen von Einkaufs- und Verkaufspreisen enthalten Informationen, weil die enthaltenen Daten einen Zweckbezug aufweisen.

27 Zum Verständnis dieser Abgrenzung von Daten zu Informationen trägt folgendes Projekt bei: Unter der Internetadresse https://libraryofbabel.info können Seiten angezeigt werden, die einer Bucheinteilung ähnlich sind. Diese Seiten enthalten alle möglichen Anordnungen von Buchstaben, mit denen „Sätze" gebildet werden, die bis zu 3.200 Zeichen enthalten. Somit sind alle Permutationen in diesen „Büchern" enthalten, die mit den Buchstaben in bis zu 3.200 Zeichen langen „Sätzen" überhaupt möglich sind. Nach einzelnen Wörtern (dh

besser: Buchstabenkombinationen) kann gesucht werden und dann wird angezeigt, in welchem „Satz", in welchem „Buch" der Suchbegriff steht und auch wo dieses „Buch" in der virtuellen Bibliothek eingeordnet ist (dh dessen Standort). Dadurch findet man freilich auch die Buchstabenkombination „rechtswissenschaft". Bei der Betrachtung des Ergebnisses der Suche fällt jedoch sofort auf, dass diese gebildete Buchstabenkombination in keinem erkennbaren Kontext steht: Es fehlt jeglicher Zweckbezug. Das führt deutlich den Unterschied zwischen Daten und Informationen vor Augen.

3. Vertiefung: Weiterführende Literatur

- Perspektive: Informatik

Alpaydin, E., Maschinelles Lernen, 3. Aufl. 2022; Gumm, H.-P./Sommer, M., Einführung in die Informatik, 10. Aufl. 2012; Russell, S./Norvig, P., Künstliche Intelligenz: Ein moderner Ansatz, 3. Aufl. 2012; Tanenbaum, A. S./Austin, T., Rechnerarchitektur: Von der digitalen Logik zum Parallelrechner, 6. Aufl. 2014; Tanenbaum, A. S./Bos, H., Moderne Betriebssysteme, 4. Aufl. 2016; Wagner, K. W., Theoretische Informatik: Eine Kompakte Einführung, 2. Aufl. 2013.

- Perspektive: Rechtswissenschaft

Bohrer, M., Wissenszurechnung bei Organen juristischer Personen, DNotZ 1991, 122; Bork, R., Zurechnung im Konzern, ZGR 1994, 237; Buck, P., Wissen und juristische Person. Wissenszurechnung und Herausbildung zivilrechtlicher Organisationspflichten, 2001; Buck-Heeb, P., Informationsorganisation im Kapitalmarktrecht. Compliance zwischen Informationsmanagement und Wissensorganisationspflichten, CCZ 2009, 18; Drexl, J., Wissenszurechnung im Konzern, ZHR 161 (1997) 491; Freyler, C., Das Wissen der juristischen Person und die Informationsverantwortung im Konzern, BB 2021, 2178; Guski, R., Was wissen Verbände? Zur „Wissenszurechnung" im Gesellschaftsrecht, ZHR 184 (2020) 363; Konertz, R./Schönhof, R., Das technische Phänomen „Künstliche Intelligenz" im allgemeinen Zivilrecht, 2020, S. 66 ff.; Linke, C., Wissenszurechnung beim Einsatz autonomer Systeme in Unternehmen, RDi 2021, 400; Peukert, A., Güterzuordnung als Rechtsprinzip, 2008; Schrader, P. T., Wissen im Recht. Definition des Gegenstandes der Kenntnis und Bestimmung des Kenntnisstandes als rechtlich relevantes Wissen, 2016, S. 1; Schwab, M., Wissenszurechnung in arbeitsteiligen Organisationen, JuS 2017, 481; Spindler, G., Wissenszurechnung in der GmbH, der AG und im Konzern, ZHR 181 (2017) 311; Zech, H., Information als Schutzgegenstand, 2012, S. 11 ff.

II. Praxis: Datenspeicherung und Informationsmanagement

1. Transformation von Daten zu Informationen

a) Generierung von Daten

> **Eingangsfrage:**
> *Woher kommen Daten und wie werden sie zu Informationen?*

28 Daten stammen in der Regel aus einer Quelle. Dabei können im Wesentlichen zwei Arten unterschieden werden. Liefert ein Sensor Messwerte, entstehen dadurch Daten. Diese (aneinandergereihten) Werte werden zu Informationen, wenn diese Daten in einem Kontext stehen, beispielsweise der Sensor die Temperatur misst (zB in einer Wetterstation), den Abstand zu einem anderen Objekt (zB für einen Abstandswarner in einem Fahrzeug) oder die GPS-Koordinaten (zB zur Standortbestimmung eines Navigationsgeräts). Die andere Art, Daten zu generieren, besteht darin, diese aus vorhandenen Daten abzuleiten, dh beispielsweise zwei Daten zu kombinieren. Diese hergestellte Beziehung der Daten ist wieder ein Datum, durch die hergestellte Beziehung ist ein Kontext geschaffen worden und es entsteht wieder eine Information. Was so trennscharf klingt, ist praktisch schwer zu differenzieren. Das zeigt sich beispielsweise an der Standortermittlung mittels GPS-Koordinaten. Dabei wird der Standort nicht mit einem Empfänger von Koordinaten als Daten ermittelt, sondern aus Zeitsignalen, die von unterschiedlichen Satelliten empfangen werden. Das übermittelte Datum ist das jeweils ursprünglich synchronisierte, sehr genaue Zeitsignal, was jedoch wegen des unterschiedlichen Abstandes der Satelliten vom Empfänger verzögert bei diesem empfangen wird. Aus dieser Verzögerung kann aus mehreren empfangenen (synchronisierten) Zeitsignalen unterschiedlicher Satelliten deren Entfernung berechnet werden, weil das Zeitsignal diese Strecke überwinden musste. In Verbindung mit den weiteren „Standortdaten“ der Satelliten kann dann der Ort des Empfängers auf der Erdoberfläche berechnet werden. Diese Information ermöglicht den Betrieb von Navigationsgeräten.

b) Speicherung von Daten

29 Bei der Speicherung von Daten tritt zunächst das Problem auf, dass ein Computer mit Schaltzuständen arbeitet. Mit „Strom aus“ oder „Strom an“ kann die Repräsentierung „Null“ bzw. „Eins“ gespeichert

werden. Ob dieser Schaltzustand als ein manueller Schalter, ein Relais, eine Magnetisierung oder einer Dotierung eines Halbleiters (wie Silizium) hergestellt wird, ist für die Wirkweise gleichgültig. Mit diesen zwei Schaltzuständen kann eine binäre Zahl gespeichert werden. Ein Schaltzustand entspricht dabei einem Bit. Acht Bits sind ein Byte. Nach dem Dualsystem (sog. Binärsystem) repräsentiert jede Stelle eine Zweierpotenz. Damit kann ein Byte wie folgt aufgebaut sein: 00101001. Diese Zahl entspricht (von rechts nach links): 2^0*1 (da an der rechten Stelle die 2 hoch 0 steht und der Wert gesetzt ist, dh mal eins) + 2^1*0 (weil die zweite Stelle von rechts für 2 hoch 1 steht und nicht gesetzt ist, dh mal null) + 2^2*0 + 2^3*1 + 2^4*0 + 2^5*1 + 2^6*0 + 2^7*0 = 1 + 0 + 8 + 0 + 32 + 0 + 0 = 41. In einem Byte können daher die Zahlen von 0 bis 255 dargestellt werden. Buchstaben werden nicht als Buchstaben, sondern als Werte (als Binärzahlen) gespeichert und aus einer standardisierten Tabelle abgelesen, in der Regel die ASCII-Tabelle (American Standard Code for Information Interchange). In dieser Tabelle ist beispielsweise das 65. Zeichen der Großbuchstabe A und das 97. Zeichen ein kleines a.

Mit MS Word kann man die Darstellung aus der ASCII-Tabelle einfach 30
ausprobieren: Alt-Taste gedrückt halten und auf dem Zahlenblock die Zahl 65 oder 97 eingeben, dann erscheint ein A oder a. (Hinweis: Das funktioniert wirklich nur, wenn man die Zahl auf dem Ziffernblock (meist rechts von der Tatstatur) eingibt). Aus der erweiterten ASCII-Tabelle kann man auf diese Weise weitere Zeichen verwenden: Alt+245 führt zu einem § und Alt-219 zu einem im Verlagswesen häufig verwendeten „Blockadezeichen" ■, mit dem in Satzfahnen (das ist das druckfertige Layout eines Manuskripts) noch abzustellende Mängel markiert werden. Probieren Sie auch mal Alt-1.

Das Problem der Speicherung von Daten in binärer Form kann daher 31
durch vorherige Umrechnung des Wertes in eine Binärzahl sowie durch Konvention (der Wert 65 ist ein großes A, wenn es sich um einen Buchstaben handeln soll) gelöst werden.

Eine weitere Schwierigkeit bei der Speicherung von Informationen 32
liegt darin, den Zweckbezug der Daten zu speichern. Würde dieser ebenfalls mit dem jeweiligen Datum gespeichert, entstünden vor allem zwei Problemfelder: Der Speicher würde extrem komplex werden und Veränderungen der Daten in dem Relevanzbezug (der die Daten zu Informationen werden lässt) würden die Konsistenz der Daten in Frage stellen. Wenn man beispielsweise die ausgeliehenen Bücher einer Bibliothek speichern wollte, könnte man jedes Buch mit seinem Titel, Autor und Erscheinungsjahr nebst dem Namen und der

Anschrift des Bibliotheksnutzers in eine Tabelle schreiben, der das Buch wann ausgeliehen hat. Grundsätzlich möglich ist das zwar auf diese Weise. Es führt aber zu Problemen, wenn beispielsweise der Nutzer umzieht und das Buch weiter ausgeliehen hat. Dann muss bei jedem Buch, das er ausgeliehen hat, seine Adresse geändert werden. Dieses Beispiel verdeutlicht die Notwendigkeit, vor dem Beginn der Datenspeicherung eine Struktur zu entwickeln, wie die Daten zusammenhängen. Ziel davon ist, die Komplexität der Information in möglichst viele (einzelne) Daten zu zerlegen, um Redundanzen (dh Wiederholungen) zu vermeiden (sog. Normalisierung, dh die Daten in Normalformen zu bringen, sodass sich wiederholende Gruppen aufgelöst werden). Der entscheidende Vorteil liegt in der Erkenntnis, dass die Beziehung von zwei Daten ebenfalls ein bloßes Datum ist. Ziel einer Strukturierung von Daten (der Schaffung der sog. Normalform) ist es, möglichst in einer Liste (zB einer Tabelle) in einer Zeile nur Daten zu speichern, die nur einmal in dem gesamten Speicher vorhanden sind. Mit anderen Worten vermeidet man Dopplungen beim Speichern (Redundanzen). Daher muss nur noch an einer Stelle das Datum geändert werden und die Daten bleiben somit konsistent, dh, es gibt keine doppelten, sich widersprechende Einträge. Bei dem Beispiel mit dem Bibliothekskatalog liegt die Lösung darin, dass man mehrere Listen (Tabellen) anlegt. In einer Liste sind sämtliche in der Bibliothek vorhandenen Bücher enthalten: Jedes Buch hat einen Titel, einen Autor, ein Erscheinungsjahr und eine eindeutige Signatur. Diese Daten werden in einer Tabelle in jeweils einer Zeile eingetragen. In einer weiteren Tabelle wird jeder Bibliotheksnutzer mit seinem Namen, seiner aktuellen Adresse und einer Nutzernummer in jeweils einer Zeile gespeichert. Leiht ein Nutzer ein Buch aus, kann diese Beziehung in einer weiteren Tabelle erfasst werden. Pro ausgeliehenem Buch wird in der zusätzlichen Liste (Tabelle) eine Zeile eingefügt, in der jedoch weder Name, Anschrift usw des Nutzers noch der Titel usw des Buches notiert ist, sondern ausschließlich in einer Spalte die (eindeutige) Signatur des Buches und in einer weiteren Spalte die Nutzernummer. Man spricht bei diesen eindeutigen Informationen von **Schlüsseln**. Zu diesem Ausleihvorgang kann in dieser Tabelle in einer weiteren Spalte das Ausleihende erfasst werden. Der Vorteil an dieser „granularen“ Speicherung liegt darin, dass eine Titeländerung des Buches (der eventuell fehlerhaft erfasst wurde) oder eine Adressänderung des Nutzers nur in der einen jeweiligen Tabelle eingetragen werden müssen und damit alle anderen verbundenen Informationen nicht gesondert geändert werden müssen. Das spart nicht nur Speicherplatz, sondern führt vor allem zur Konsistenz von Daten.

c) Beziehungen von Daten und Darstellung im Entity-Relationship-Model (ERM)

Im obigen Beispiel des Ausleihstatus eines Buches ist nicht zwingend 33
erforderlich, die Beziehung (Ausleihe) zwischen Buch und Nutzer in einer separaten Tabelle zu erfassen. Denkbar wäre auch eine Speicherung der Nutzernummer in der jeweiligen Zeile des Buches in der Tabelle, in der alle Bücher enthalten sind. Dies ist deshalb möglich, weil jedes Buch nur von einem Nutzer ausgeliehen werden kann. Solange ein Buch ausgeliehen ist, kann es nicht von einem anderen Nutzer ausgeliehen werden. Anders ist das aber beispielsweise bei Vormerkungen: Jedes (ausgeliehene) Buch kann von mehreren Nutzern vorgemerkt werden. Dann würde die Bücher-Tabelle sehr viele Einträge (weitere Spalten) bekommen müssen. Um die Notwendigkeit einer weiteren Tabelle zu erkennen und die zu erfassenden Daten zu strukturieren, empfiehlt sich die Zeichnung eines sog. Entity-Relationship-Models. Darin werden die Struktur der Daten sowie ihre Abhängigkeiten (sog. Kardinalitäten) dargestellt. Dabei unterscheidet man 1:1-Beziehungen, 1:n-Beziehungen und n:m-Beziehungen. Eine 1:1-Beziehung liegt vor, wenn das zu speichernde Datum mit genau nur einem weiteren Datum in Beziehung stehen kann. Beispielsweise kann ein Nutzer nur einem Bibliotheksausweis zugeordnet werden und ein Bibliotheksausweis auch nur genau einem Nutzer. Eine 1:n-Beziehung liegt beispielsweise zwischen Buch und Nutzer vor, denn ein Nutzer kann mehrere Bücher (n) ausleihen, ein Buch kann aber nur von einem Nutzer (1) ausgeliehen werden. Werden in Vorlesungen Bücher empfohlen, liegt eine n:m-Beziehung vor, denn in mehreren Vorlesungen können mehrere Bücher empfohlen und mehrere Bücher können wiederum in mehreren Vorlesungen empfohlen werden (was zB für die Einrichtung eines Semesterapparats in der Bibliothek relevant sein kann). Die in einem ERM verwendeten Kernelemente werden wie folgt dargestellt: Entitäten (das sind die abstrakten Einheiten wie die Gesamtheit der Nutzer oder alle Bücher) werden als Rechteck dargestellt. Die Entitäten haben Attribute (Namen, Adresse, Titel, Autor, Erscheinungsjahr), die als Ovale dargestellt werden. Die Beziehungen zwischen Entitäten (Ausleihe des Buches durch Nutzer) werden als Raute dargestellt. Ein sog. Primärschlüssel wird unterstrichen. Er enthält das Attribut, das den jeweiligen Datensatz eindeutig

identifiziert, dh nur einmal vorkommt (zB die Nutzernummer im Gegensatz zum Nachnamen).

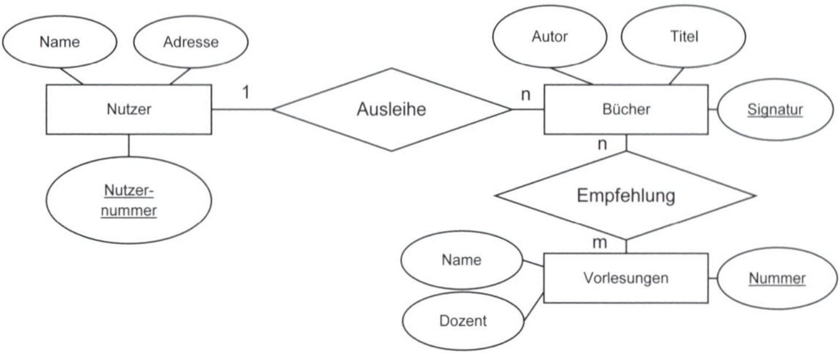

Beispiel eines ERM für einen Bibliothekskatalog

2. Informationsmanagement: Einordnung relationaler Datenbanken als Informationsspeicher

a) Beispielanwendungen: Umsetzung der Datenstruktur (ERM) in einen Datenspeicher

34 Will man Daten in die obige Datenstruktur speichern, stellt sich die Frage, wie man alle Nutzer, alle Bücher und alle Vorlesungen speichern kann. Das ist an sich recht einfach, wenn man dafür drei Papierseiten verwendet und auf diese jeweils eine Tabelle zeichnet: Das Blatt „Nutzer" enthält eine Tabelle mit den Spalten „Name", „Adresse" und eine Spalte mit der „Nutzernummer". Die „Nutzernummer" muss eindeutig sein, beispielsweise kann man sie einfach fortlaufend nummerieren. Ebenso verfährt man mit dem Blatt „Bücher", auf dem die Spalten „Autor" und „Titel" sowie „Signatur" angelegt werden, wobei die Signatur für jedes Buch einmalig vergeben wird. Auf dem Blatt „Vorlesungen" wird der „Name" der Veranstaltung und der „Dozent" angegeben sowie eine eindeutige „Nummer", dh die Vorlesungsnummer. Zusammengefasst bedeutet das: Für Entitätstypen, dh solche Einheiten, in denen mehrere Werte gespeichert werden sollen, verwenden wir Tabellen. Die Attribute der Entitäten werden in den Spalten erfasst. Damit ausgestattet können wir die Entitäten, die wir in der realen Welt finden, in unseren Datenspeicher eingeben: Für jedes Buch in der Bibliothek legen wir eine Zeile in der Tabelle „Bücher" an und geben die Attribute (Autor, Titel usw) ein. Ebenso erfassen wir alle Nutzer, die sich in der Bibliothek anmelden mit deren Namen und Adresse in der Tabelle „Nutzer". Selbiges gilt für alle Veranstaltungen, deren „Namen" und „Dozenten" wir in die Tabelle „Veranstaltungen"

eintragen. Nun haben wir zwar eine Liste mit allen Nutzern, Büchern und Veranstaltungen erstellt, aber über deren Verhältnis zueinander haben wir noch nichts erfassen können.

Die Beziehung zwischen „Nutzer" und „Buch" nennt sich „Ausleihe". 35
Sie ist eine 1:n-Beziehung, denn ein Nutzer kann mehrere Bücher gleichzeitig ausleihen, ein Buch kann aber nur von einem Nutzer gleichzeitig ausgeliehen werden. Wir könnten daher auf dem Blatt „Bücher" die Tabelle um eine Spalte ergänzen und dort eintragen, welcher Nutzer das Buch ausgeliehen hat, wozu man nur dessen eindeutige „Nutzernummer" aus der Tabelle „Nutzer" einzutragen braucht. Gibt der Nutzer das Buch zurück, löscht man diesen Wert (die Nutzernummer) in der Tabelle „Bücher" wieder.

Schwierigkeiten bereitet aber die Beziehung zwischen „Vorlesung" 36
und „Bücher", denn in einer Vorlesung können mehrere Bücher empfohlen werden und umgekehrt kann ein Buch auch von mehreren Vorlesungen empfohlen werden. Daher handelt es sich um eine n:m-Beziehung. Man kann die Empfehlung eines Buches in einer Vorlesung nun entweder in der Tabelle „Bücher" speichern, indem dort mehrere Spalten eingefügt werden, in welchen Vorlesungen dieses Buch empfohlen wird. Alternativ kann man in der Tabelle „Vorlesungen" mehrere Spalten einfügen, in der die empfohlenen Bücher notiert werden. Dafür bräuchte man nur die jeweilige Nummer der Vorlesung oder die Signatur in der jeweils anderen Tabelle speichern. Schwierigkeiten entstehen dabei aber, wenn die Datenstruktur erweitert wird (Spalten einfügen) und nicht klar ist, wie viele Empfehlungen es geben wird. Dann müsste in der Umsetzung die Tabelle „Bücher" zumindest so viele Spalten haben, wie Empfehlungen möglich sein sollen: dh theoretisch unendlich viele.

Um die Dimension des Problems zu verstehen, genügt es, wenn man 37
sich die Datenstruktur eines sozialen Netzwerks (statt des Beispiels des Bibliothekskatalogs) vorstellt: Die Nutzer des Netzwerks sind in einer Tabelle gespeichert; deren Posts in einer weiteren Tabelle. Zwischen Nutzer und Posts besteht eine 1:n-Beziehung, denn ein Nutzer kann unendlich viele Posts absetzen, ein Post kann aber nur von einem Nutzer stammen. Problematisch wird die „like"-Funktion: Jeder Nutzer kann unendlich viele Posts liken, jeder Post kann von unendlich vielen Nutzern gelikt werden. Daher ist die Like-Beziehung zwischen Nutzern und Posts eine n:m-Beziehung. Würde man die Nutzernummer in der Tabelle „Posts" hinter jedem Post speichern, wäre schnell klar, dass tolle Beiträge das Format der Tabelle „Posts"

sprengen würden, während andere Posts sich keiner Beliebtheit erfreuen und daher keinen einzigen Like-Eintrag bekommen, dennoch wegen der zwei Dimensionen der Tabelle den Speicherplatz in gleicher Größe beanspruchen wie sehr beliebte Posts.

38 Die Lösung des Problems liegt in der Verwendung eines weiteren Blattes, auf der wieder eine Tabelle vorbereitet wird, in der die „Empfehlungen" der Bücher in den Veranstaltungen (oder auch die Likes der Nutzer von bestimmten Posts) erfasst werden. Dazu benötigt diese Tabelle nur zwei Spalten: „Veranstaltungsnummer" und „Signatur" (oder beim sozialen Netzwerk entsprechend „Nutzernummer" und „Post-Nummer"). Damit wird die Beziehung von Veranstaltung und Buchsignatur als Empfehlung in der Tabelle gespeichert und zwar nur für die Veranstaltungen, in denen überhaupt eine Empfehlung gegeben wird und auch unabhängig davon, wie viele Bücher empfohlen werden: Bei mehreren Empfehlungen werden weitere Zeilen angefügt.

39 Die Bezeichnung „relationale Datenbank" kommt allerdings nicht von den Beziehungen (relationship), sondern von der Relation im mathematischen Sinne einer Beschreibung in Form einer Tabelle aus Spalten und Zeilen.

b) Umsetzung einer Lösung in Excel (Tabellen)

40 Eine sehr einfache Umsetzung des obigen Beispiels (→ Rn. 34) des Bibliothekskatalogs ist in MS Excel denkbar. Die Grundstruktur von MS Excel sind Tabellen, deren Spalten man benennen kann. Für jede der oben genannten Entitäten legt man eine weitere Tabelle an (sog. Tabellenblatt, in MS Excel als Registerkarten in einer Arbeitsmappe dargestellt). Die jeweiligen Primärschlüssel (eindeutige Nummern) kann man durch automatische Nummerierungen sicherstellen. Allerdings sollte man bei der Formulierung der Formel darauf verzichten, auf die vorherige Zeile Bezug zu nehmen (dh nicht die Formel für das Feld A2 verwenden: „=A1+1" und in A1 eine 1 schreiben), denn dann nummerieren sich die Zeilen auch dann neu, wenn eine Zeile später mal gelöscht wird: Wir brauchen aber die eindeutige Festlegung einer Nummer zu einer Zeile, dh einem Datensatz, einer Signatur bzw. einer Nutzernummer. Hier zeigt sich ein Nachteil der Automatisierung in MS Excel; außerdem kann in MS Excel (abgesehen von einem gesondert programmierten VBA-Skript) nicht sichergestellt werden, dass der Eintrag in dieses Feld immer eindeutig ist, dh keine doppelte Nummer vergeben wird.

Die 1:n-Beziehung „Ausleihe“ kann durch Ergänzung der Tabelle „Bücher“ erfolgen. Die Erfassung der Beziehung „Empfehlung“ kann durch die Einfügung einer weiteren Tabelle erfolgen, in der die Veranstaltungsnummer und die Buchsignatur eingetragen wird. Dann ist es allerdings für den Nutzer schwer, herauszufinden, welches Buch (mit welchem Titel und Autor) sich hinter der Signatur verbirgt und in welcher Veranstaltung bei welchem Dozenten dieses empfohlen wird. Dafür gibt es die Abfragefunktion in MS Excel („PivotTable“). Damit können Daten verschiedener Arbeitsblätter verbunden werden. Durch die Zusammenführung der Daten können jene Informationen, die interessieren, sichtbar gemacht werden. Im Kern funktioniert eine solche Abfrage in MS Excel, mit der die Empfehlungen angezeigt werden sollen, wie folgt: 41

- Frage aus der Tabelle „Empfehlungen“ die erste Zeile ab
- frage aus der Tabelle „Veranstaltungen“ die Zeile ab, die mit der Veranstaltungsnummer aus der aus „Empfehlungen“ abgefragten Zeile übereinstimmt und gib deren Dozent und Namen aus
- gib dazu auch die Zeile aus der Tabelle „Bücher“ aus, die die Signatur enthält, die in der Tabelle „Empfehlungen“ steht.

In der gesondert abgelegten .xlsx-Beispielsdatei sind folgende Tabellen (dort bezeichnet als „Arbeitsblätter“) enthalten: 42

- tbl_Nutzer: Darin werden die Nutzerdaten gespeichert. Diese Tabelle enthält die Spalten „Name“, „Adresse“ und „Nutzernummer“ (als Primärschlüssel).
- tbl_Bücher: Darin werden die Daten zu den Büchern gespeichert. Diese Tabelle enthält die Spalten „Autor“, „Titel“, „Signatur“ (als Primärschlüssel) und die Spalte „Nutzer“. In dieser Spalte wird die in der Tabelle „tbl_Nutzer“ gespeicherte Nummer des Nutzers erfasst, der das Buch ausgeliehen hat. Grundsätzlich möglich ist aber, dass in diese Spalte auch „Nutzernummern“ eingetragen werden, zu denen es keinen Datensatz mit dieser Nummer in der Tabelle „tbl_Nutzer“ gibt.
- tbl_Vorlesungen: Darin werden die Daten zu den Vorlesungen gespeichert. Diese Tabelle enthält die Spalten „Dozent“, „Vorlesungstitel“ und „Vorlesungsnummer“ (als Primärschlüssel).
- tbl_Empfehlungen: Darin werden die Daten zu den Büchern gespeichert. Diese Tabelle enthält bloß die Spalten „Vorlesungsnummer“ und „Signatur“. Diese Tabelle ist eine sog. Kreuztabelle, weil

sie die Beziehung der Vorlesungen, in denen Bücher empfohlen werden, zusammenführt (kreuzt). Sie hat selbst keine eigenen (Roh-)Daten, sondern enthält ausschließlich Verweise auf Fremddaten in den anderen beiden Tabellen (aus tbl_Vorlesungen die Vorlesungsnummer und aus tbl_Bücher die Signatur). Damit kann die n:m-Beziehung erfasst werden.

- tbl_Ausleihe_Auswertung: In MS Excel können Daten aus mehreren Tabellen auch zusammengeführt werden. Die so hergestellte Verbindung ist keine Beziehung im obigen Sinne, sondern die Möglichkeit, im Rahmen einer Abfrage aus den vorhandenen Daten verschiedener Tabellen weitere Daten zu bilden: Klassischer Einsatzbereich ist die Berechnung des Gewinns eines Unternehmens, wenn in einer Tabelle der Wareneingang samt Einkaufspreis gespeichert ist und in einer anderen Tabelle der Warenausgang samt Verkaufspreis. Dann kann aus der Verbindung von Wareneinkaufspreis und Warenverkaufspreis der Gewinn dargestellt werden. Dazu müssen die jeweiligen Datensätze verbunden werden, sodass für jede Ware der Gewinn ausgerechnet werden kann. Früher war das in MS Excel mit der Funktion „SVERWEIS" möglich. Mittlerweile kann dies recht komfortabel mit der Verwaltung der Beziehungen in MS Excel grafisch angeleitet vorgenommen werden. Diese Funktion findet sich in der Registerkarte „Daten" und dort im Menüband unter „Beziehungen" im Abschnitt „Datentools". Um diese Funktion nutzen zu können, müssen einige kleinere Voraussetzungen geschaffen werden: Die Felder, in denen in den Tabellen Daten enthalten sind, müssen zunächst einzeln markiert und „formatiert" werden: Damit wird MS Excel verdeutlicht, welche Bereiche relevante Daten enthalten. Außerdem muss der Tabelle ein eindeutiger „Tabellenname" gegeben werden, was nicht (!) in dem Registerkartensystem am unteren Rand (relevant) möglich ist, sondern in der Registerkarte „Entwurf" einer jeden Tabelle und dort in dem Menüband „Tabellenname" im Abschnitt „Eigenschaften". Jetzt kann die Beziehung zwischen den Daten in den Tabellen hergestellt werden (Daten → Beziehungen → Neu ...). Die Beziehung lautet dann: Tabelle: „tbl_Bücher" – Spalte (fremd): „Signatur" und verwandte Tabelle: „tbl_Nutzer" – verwandte Spalte (primär): „Nutzernummer". Nach diesen Vorbereitungen kann in der Registerkarte („Tabelle") „tbl_Ausleihe_Auswertung" nun eine sog. Pivot-Tabelle eingefügt werden. In der Registerkarte „PowerPivot" im Menüband „Verwalten" klicken und im erscheinenden Menü „PivotTable" auswählen, um eine solche Tabelle (am besten in der bisher leeren Tabelle „tbl_Ausleihe_Auswertung“) einzufügen. In dieser PivotTable können die Daten aus den verschiedenen Tabellen sichtbar gemacht und einfach miteinander rechnerisch verbunden werden. Um dies zu steuern, muss in der extra eingeblendeten Registerkarte „PivotTable-Tools“ im Menüband im Abschnitt „Anzeigen“ die „Feldliste“ eingeblendet werden (diese geht in der Regel direkt auf, wenn man die Pivot-Tabelle anklickt). Darin können die darzustellenden PivotTable-Felder aus den verbundenen Tabellen in den Bericht dadurch aufgenommen werden, dass sie ausgewählt werden (Häkchen) und in die darzustellenden „Zeilen“ und „Spalten“ per drag-and-drop gezogen werden. Zusätzlich können auch Felder in den Bereich „∑ Werte“ gezogen werden, sodass aus diesen Daten automatisch Summen dargestellt werden.

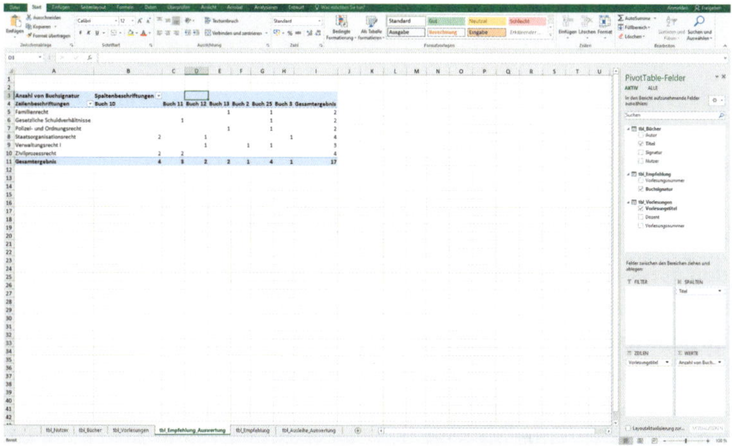

Die in der Tabelle „tbl_Ausleihe_Auswertung“ eingefügte PivotTable 43
ist nur ein Bericht, der aus den derzeit in den Tabellen enthaltenen Daten gewonnen wird. Ändert man die Daten in den Tabellen, muss der Bericht aktualisiert werden: Registerkarte „PowerPivot“ im Menüband „Daten“ auf „Aktualisieren“ klicken. Es ist über diesen Weg möglich, neue Informationen aus den Daten zu generieren. Jedoch ist es in MS Excel nicht ohne weiteres möglich, die Eingabe der Werte in der Tabelle „tbl_Bücher“ (dort Spalte „Nutzer“) zu beschränken auf Werte, die bereits in der Tabelle „tbl_Nutzer“ (dort in der Spalte „Nutzernummer“) vorhanden sind. Daher können dort auch Nutzernummern eingetragen werden, zu denen es gar keinen Eintrag in der Nutzertabelle (tbl_Nutzer) gibt und damit offenbleibt, wer letztlich das Buch ausgeliehen hat. Dies ist für die Handhabung der Speicherung

misslich und fällt meist erst bei einer Abfrage auf, wenn der betreffende Datensatz (die Empfehlung) einen Fehler erzeugt bzw. keine Daten liefern kann.

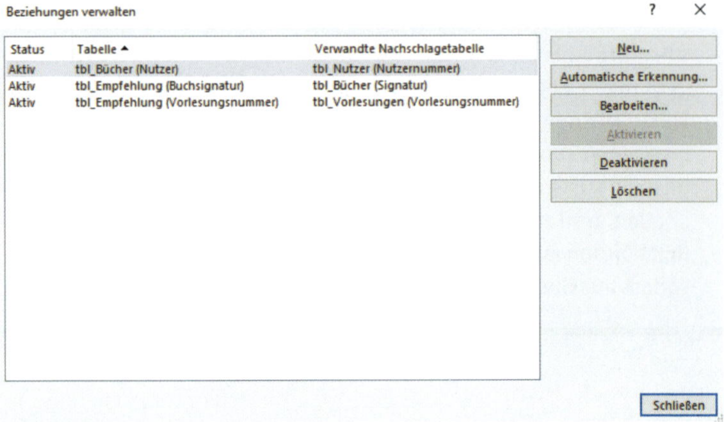

c) Lösung in Access (Datenbank)

44 Das für MS Excel beschriebene Problem der fehlenden (festen) Verbindung (Bezug bzw. Referenz) der Daten kann dadurch gelöst werden, dass die Datenbank bereits Organisationsaufgaben übernimmt, zB dass bestimmte Eingaben nur in bestimmten Bereichen erfolgen dürfen. In MS Excel kann das zB in der Feldformatierung gesehen werden, dass beispielsweise in ein Feld, das als „Währung" gekennzeichnet ist, nicht „zwei" eingetragen werden kann, sondern lediglich 2,05 oder 14,32. Über die Feldformatierung hinaus kann zwar nicht MS Excel, wohl aber ein Datenbankmanagementsystem die Struktur der Daten überwachen. Ein solches Datenbankmanagementsystem bietet beispielsweise MS Access. Damit ist es möglich, die Datenstruktur (Datenmodellierung) von der Datenbank selbst überwachen zu lassen, sodass feste Beziehungen zwischen mehreren Tabellen möglich sind. Die entsprechende Funktion im Datenbankmanagementsystem wird „referentielle Integrität" genannt. Mit ihr kann unmittelbar jede Manipulation der Daten (Hinzufügen, Ändern, Löschen einzelner Daten) vom Datenbankmanagementsystem (im Hintergrund) überwacht werden und bei fehlendem Bezug die Eingabe verhindert werden. Noch ein weiterführender Hinweis: In SQL ist die Möglichkeit der Feldüberwachung mit CONSTRAINTS-Definitionen möglich, teils auch mit CHECK-Anweisungen, sodass das Datenbankmanagementsystem bereits auf der Eingabeebene darauf achtet, dass nur be-

stimmte Wertebereiche eingegeben werden bzw. keine den Vorgaben widersprechenden Werte eingetragen werden können. Sehr bekannt sind die Constraints „auto_increment“ und „primary key“, die jeweils dazu führen, dass das Datenbankmanagementsystem den Wert in jedem Datensatz automatisch um eins erhöht bzw. auf Einmaligkeit achtet („Primarschlüssel“).

45 Damit ist es möglich, dass in die Tabelle „tbl_Empfehlungen“ lediglich in die Spalte „BuchNr“ ein in der Tabelle „tbl_Bücher“ enthaltener Wert aus der Spalte „Signatur“ und in die Spalte „VeranstaltungNr“ der Tabelle „tbl_Empfehlungen“ nur ein Wert eingetragen werden kann, der in der Spalte „Nummer“ der Tabelle „tbl_Veranstaltung“ zu finden ist. Damit ist die Konsistenz der Datenbank sichergestellt. Umgekehrt kann kein Bucheintrag aus der Bücherliste gelöscht werden, der in der Empfehlungsliste enthalten ist. Im Kern ist die Funktion von MS Access mit MS Excel vergleichbar, nur dass neben den Tabellen auch die Beziehungen angegeben werden müssen, damit das Datenbankmanagementsystem diese Aufgaben der Überwachung erledigen kann. Mit anderen Worten: Es muss die Datenstruktur in das Datenbankmanagementsystem eingepflegt werden. Obwohl MS Access auf den ersten Blick sehr komplex wirkt, ist es bei näherer Betrachtung ein sehr lohnendes Programm, das sehr viele Aufgaben bereits erledigt, ohne dass man diese selbst sicherstellen muss. Lediglich die Datenstruktur und die Daten selbst müssen eingegeben werden. Für Abfragen usw stellt MS Access zahlreiche Assistenten bereit, mit denen sehr schnell und übersichtlich gearbeitet werden kann.

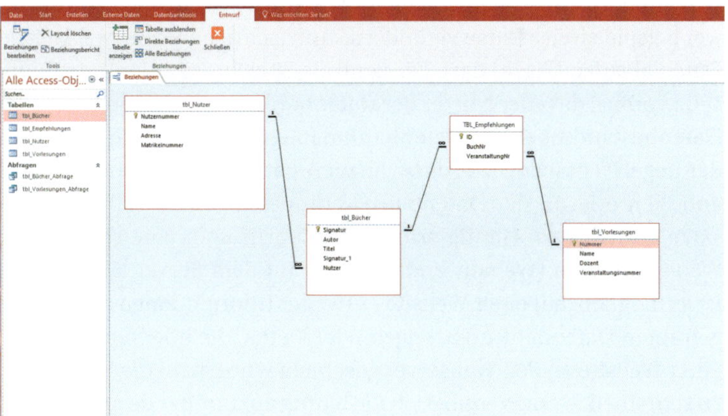

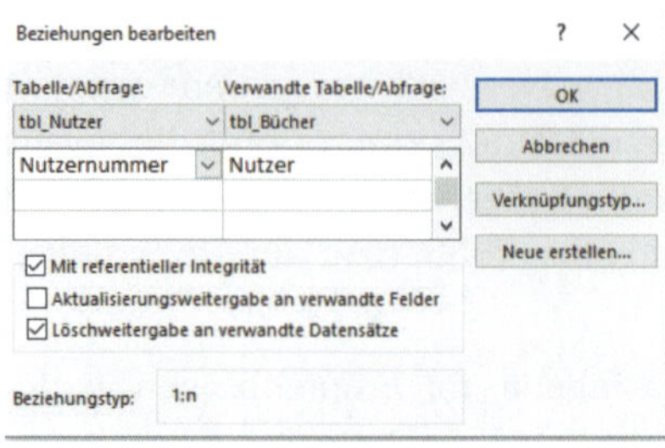

3. Vertiefung: Funktionsweise einer dynamischen Website (auch bekannt als sog. Webanwendung, zB Webshop)

a) Client-Server-Architektur und Datenbanksysteme im Einsatz

46 Datenbanken bieten einen enormen Vorteil: Sie speichern Daten zentral und organisieren mit dem Datenbankmanagementsystem den Zugriff auf diese Daten. Dadurch ist es möglich, dass mehrere Nutzer Daten in die Datenbank einpflegen (schreiben) und auch mehrere Nutzer unterschiedliche Daten aus der Datenbank abfragen (lesen) können. Der Datenbestand ist durch die zentrale Verwaltung stets aktuell. Hat ein Nutzer ein Buch ausgeliehen, kann dies in der Datenbank unmittelbar vermerkt werden und die Recherche eines anderen Nutzers nach dem Buch führt zu dem Ergebnis, dass das Buch derzeit nicht am Standort ist. Für diese Aufgaben ist es notwendig, dass verschiedenen Benutzern die Möglichkeit eröffnet wird, auf einen zentralen Datenspeicher über ein Datenbankmanagementsystem zuzugreifen. Hierüber können auch Berechtigungen gesteuert werden, wer beispielsweise Daten verändern kann (schreiben) bzw. wer welche Daten abrufen (lesen) darf. Die zentrale Speicherung der Datenbank setzt voraus, dass der Nutzer der Datenbank eine Verbindung zu dem Datenbestand über das Datenbankmanagementsystem herstellt. In der Regel ist es jedoch so, dass Nutzer nicht direkt den Datenbestand abfragen oder in der Datenbank Veränderungen einzelner Datensätze vornehmen. Häufig erfolgt der Zugriff über eine sogenannte Webapplikation (Webanwendung), die auf dem Server läuft. Damit ist es möglich, auf einer Website entweder Informationen aus der abgefragten Datenbank anzuzeigen oder Daten, die über ein Formular einer Website an den Webserver geschickt wurden, in die Datenbank zu schreiben. Daraus ergibt sich die häufig anzutreffende Architektur, dass vor allem Webserver mit Datenbanken (als zentralen Datenspeicher) verbunden sind, sie müssen aber nicht auf ein und demselben Server gespeichert sein. Der Webserver übernimmt daher eine doppelte Funktion: Zum einen die Steuerung der Kommunikation mit dem Nutzer (Aufbereiten der Website und an den Nutzer senden), zum anderen greift der Webserver (dafür) auf den Datenbestand der Datenbank zu. Mit anderen Worten: Der Nutzer (Client) kann nicht direkt (dh ohne den Dienst des Webservers) auf die Datenbank zugreifen. Diese Architektur hat einen einfachen Grund: Es ist eine extrem sicherheitsrelevante Eigenschaft von Systemen, dass der Client nur auf bestimmte explizit definierte Funktionen zugreifen kann und die Ressourcen nicht direkt ansteuern kann, um Missbrauch zu verhindern. Dahinter steckt allgemein das Konzept der „Abstraktion" in der Informatik, Funktionen und Datenstrukturen von der technischen Schicht gedanklich loszulösen: Der Server steht logisch nicht als „Datenbank-Vermittler" dem Client gegenüber, sondern bloß als spezifischer Dienstleister für den Dienst „Webshop", daher steuert der Webserver den für die Generierung der Website notwendigen Zugriff auf die Datenbank, nicht der Nutzer (Client).

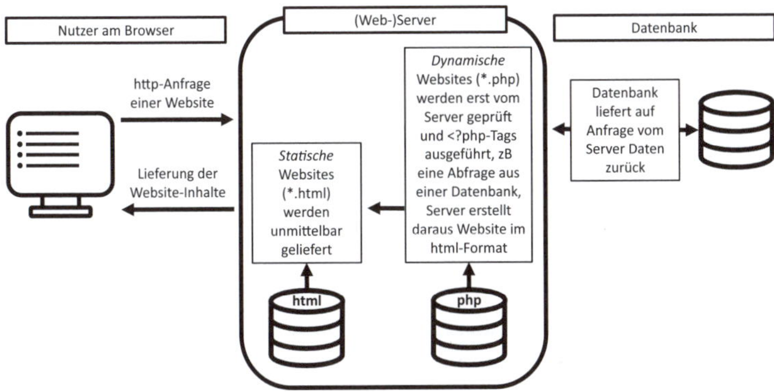

Bei der Gestaltung von Websites sind zwei Grundtypen zu unterscheiden: Websites mit statischem Inhalt und Websites mit dynamischem Inhalt. Websites mit statischem Inhalt liegen als gespeicherte Datei (meist im html-Format) auf dem Webserver zum Abruf bereit. Wird diese Website aufgerufen, wird jedem Nutzer die gleiche Datei gesendet, sodass sie in der Regel (abgesehen von einigen aktiven Inhalten, die im Browser ausgeführt werden) bei jedem Nutzer den gleichen Inhalt hat und gleich aussieht. Dafür benötigt man nur einen Webserver, der mit dem Nutzer kommuniziert (linker Teil der obigen Skizze, → Rn. 46). Anders ist dies bei Websites mit dynamischem Inhalt. Bei diesen wird der Inhalt der Website erst in dem Moment erstellt, in dem die Website aufgerufen wird. Diese Aufgabe übernimmt der Webser- 47 ver, wenn ein Nutzer die Seite aufruft. Bevor dem Nutzer eine erstellte html-Seite gesendet wird, wird deren Inhalt auf dem Server generiert. Dafür liegt auf dem Server ein Skript (Computerprogramm), das zunächst auf dem Server ausgeführt wird. In diesem Rahmen kann beispielsweise in die Website das aktuelle Datum bzw. Uhrzeit eingefügt werden und diese Daten von der Systemzeit des Servers ausgelesen werden. Der Server kann auch angewiesen werden, zu einer auf dem Server gespeicherten Datenbank eine Verbindung aufzubauen und eine Abfrage zu starten (Einbeziehung des rechten Teils obiger Skizze, → Rn. 46). Damit ist es möglich, beispielsweise die Signatur eines gesuchten Buches auszugeben, obwohl dem Nutzer der Website in ein Formularfeld auf der Website nur den Autor eingegeben hat und diese Daten an den Webserver übertragen wurden. Zudem kann ebenfalls abgefragt werden, ob dieses Buch derzeit ausgeliehen ist oder ob es am Standort verfügbar ist. Diese Informationen kann der Webserver zusammenstellen und in Form von Daten senden, die der Browser des Nutzers als Website darstellen kann.

48 Ähnlich funktioniert eine Personalisierung einer Website: Wenn in zwei Formularfeldern auf einer Website beispielsweise die Benutzernummer und ein Passwort eingegeben werden und diese Daten an den Webserver übermittelt werden, kann dieser eine Abfrage in der Datenbank durchführen und bei Übereinstimmung von Benutzername und Passwort den Nutzer mit seinem Namen begrüßen. Denkbar erscheint freilich, dass der Nutzer auf diese Weise nicht nur in einem Bibliothekssystem angemeldet wird, sondern auch in einem Webshop. Dann können von dem Server in der Datenbank die letzten Bestellungen des Nutzers abgefragt werden und deren (in der Datenbank zu findende) Bearbeitungsstand angezeigt werden. Löst der Nutzer eine weitere Bestellung aus, wird der Webserver die Bestellung in der Tabelle „Bestellung" vermerken. Diese Tabelle kann beispielsweise so aufgebaut sein, dass sie eine Spalte enthält, in der das Bestelldatum gespeichert wird, in einer weiteren Spalte die Nummer des Artikels, in einer weiteren Spalte die Anzahl und in einer weiteren Spalte die Kundennummer. Mit Hilfe der Kundennummer kann aus der Tabelle „Kunden" die Lieferadresse ermittelt werden und mit der Artikelnummer kann in der Tabelle „Artikel" die genaue Bezeichnung und auch der Lagerort des Artikels bestimmt werden. Ein Mitarbeiter, der den Artikel im Lager verpackt und in den Versand gibt, wird in der Datenbank in der Tabelle „Artikel" in der Spalte „Vorrat" den dortigen Wert um die Anzahl der versandten Artikel reduzieren. Bestenfalls erledigt das Datenbankmanagementsystem diese Aufgabe selbst, wenn der

Versand des Artikels in die Datenbank (beispielsweise in einer weiteren Spalte in der Tabelle „Bestellungen") eingetragen wird.

Letztlich kann (und teils: muss) auch auf Seiten des Nutzers eine ganze Reihe von Aufgaben erledigt werden. Dies betrifft vor allem Darstellungsfunktionen. Der Inhalt einer Website ist zwar in der Regel vorgegeben, aber häufig sind Darstellungsversionen unterschiedlich beispielsweise in Abhängigkeit des Endgeräts, mit dem die Informationen angezeigt werden. Möglicherweise ist Ihnen bereits aufgefallen, dass manche Websites anders auf dem Mobiltelefon dargestellt werden als auf einem Notebook oder PC. Diese unterschiedlichen Darstellungsoptionen werden meist im Browser in die darzustellende Form gebracht. Dazu verwendet die Website häufig JavaScript. Das ist eine Programmiersprache, die in die html-Struktur der Website eingebunden ist und von dem jeweiligen Browser ausgeführt wird. Mit JavaScript ist jedoch auch viel mehr möglich, als die Darstellung zu beeinflussen, beispielsweise können damit auch sich ständig verändernde Daten dargestellt werden und so der Eindruck erweckt werden, diese Daten würden permanent aktuell gehalten (beispielsweise eine Uhr, die mit einer bestimmten, etwa der aktuellen Zeit gestartet wurde und fortan ohne weiteren Datenbezug selbstständig weiterläuft). Der Unterschied zur oben beschriebenen Webanwendung auf dem Server ist aber, dass JavaScript nur auf dem lokalen Nutzerbrowser ausgeführt wird und zB keine Verbindung zu einer Datenbank aufbauen kann. Dennoch hat diese Aufgabenverteilung in Richtung Nutzer (Client) enorme Bedeutung in der Entwicklung einer Webapplikation, da alle Aufgaben, die beim Nutzer erledigt werden können, dem Server Ressourcen sparen, die dann für die schnellere Erledigung der Datenbereitstellung (und nicht deren grafischen Aufbereitung) genutzt werden können. 49

b) Übungseinheit: Einrichtung eines lokalen Servers mit SQL-Datenbank für dynamische Websites

Zu Übungszwecken sowie in der Entwicklungsphase komplexerer Webauftritte ist es üblich, den Webserver nicht mit dem Internet zu verbinden, sondern einen Serverdienst lokal zu starten (sog. localhost) und über das http-Protokoll anzusprechen. Ist ein solcher Serverdienst auf einem lokalen Rechner gestartet, kann dieser Server über die IP-Adresse „127.0.0.1" über den „Web"-Browser erreicht werden. Dies funktioniert über die normale Eingabe in dem Feld des Browsers, wo sonst die Domainadresse eingegeben wird, zB uni-bielefeld.de. Nur fehlt bei dieser Adresse das „www." vor der „Adresse" 50

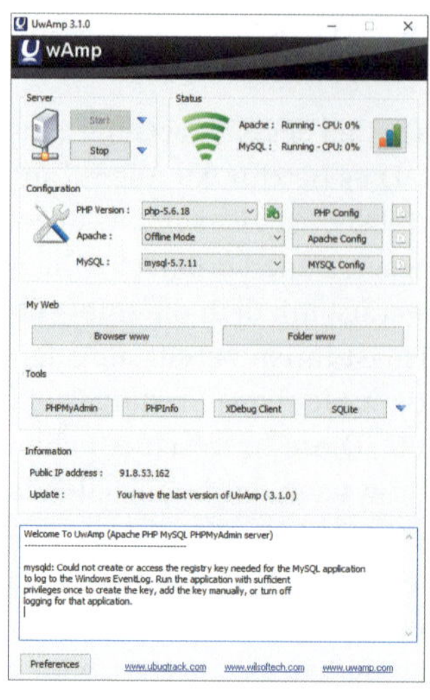

bzw. IP. Webserver und viele Datenbankmanagementsysteme, die SQL verstehen, werden überwiegend von quelloffener Software betrieben. Daher kann auch ein lokaler Webserver-Dienst problemlos aus dem Internet geladen und zu Hause gestartet werden. Ein Beispiel ist UwAmp, das unter https://www.uwamp.com kostenfrei (auch als zip ohne Installation) heruntergeladen werden kann. Zum Start des Serverdienstes meldet regelmäßig die Windows-Firewall, dass dieses Programm Ports öffnet und als Server agieren will: Dies ist bei Schadsoftware ein typisches Angriffsszenario, was das Betriebssystem somit verhindern will. Damit der Server jedoch erreichbar ist, muss dem Programm die angeforderte Berechtigung eingeräumt werden. Wer dabei Bedenken hat, den Serverdienst auf seinem heimischen Windows-Arbeits-PC/Notebook zu starten, kann alternativ einen Raspberry-Pi einrichten und unter dem darauf laufenden Linux-Betriebssystem die entsprechenden Pakete (auch auf der Website verfügbar) installieren.

51 In dem beigefügten Screenshot kann man erkennen, dass der Server („Apache“) gestartet ist und auch der MySQL-Dienst läuft. Entweder kann man über die in dem Programm (Screenshot) verfügbaren Steuerungselemente den Server bzw. die Datenbank ansprechen oder ganz einfach über den gewohnten Browser, indem man in die Adresszeile statt einer Domain die IP des „localhost“ eingibt: http://127.0.0.1/ (ohne führendes „www“). Das liegt daran, dass IP-Adressen keine „Namen“ in dem Sinne sind und nicht mit Hilfe eines Domain Name Servers (DNS) aufgelöst werden. Teilweise interpretieren viele Webbrowser auch die Eingabe „http://localhost“ in der Adresszeile und sprechen dann den lokalen Serverdienst an. Der Zugriff auf die Datenbank ist über das Server-Verzeichnis „mySQL“ möglich. Beim Aufruf ist eine Anmeldung erforderlich. Standardlogin ist „root“ und Passwort ebenfalls „root“. Der Zugriff auf die Datenbank ist entweder grafisch geführt über die Benutzeroberfläche möglich oder nach Auswahl der Datenbank besteht die Möglichkeit, unter der Registerkarte „SQL“ unmittelbar SQL-Befehle auf der Datenbank auszuführen,

womit eine umfassende Steuerung sämtlicher Zugriffe möglich ist. (Diese Zugriffsmöglichkeit entspricht der in MS Access auch möglichen unmittelbaren Ausführung von SQL-Befehlen beispielsweise bei Abfragen, wenn in der Registerkarte „Entwurf" im Menüband „Ergebnisse" unter „Ansicht" die „SQL-Ansicht" ausgewählt wird.) Wird eine Aktion mit der grafischen Oberfläche ausgeführt, so kann anschließend diese auch als SQL-Befehl angezeigt werden, da ohnehin die gesamte Kommunikation mit der Datenbank mit dieser Abfragesprache erfolgt.

Legen Sie auf Ihrem lokalen uWamp-Server eine Datenbank an, in- 52
dem Sie bei „Tools" die Schaltfläche „PHPMyAdmin" auswählen, sich mit Benutzername „root" und Passwort „root" einloggen und dann auf der grafischen Oberfläche von „phpMyAdmin" das Datenbankmanagementsystem sehen: Dort klicken Sie im linken Teil auf „Neu" und erstellen so eine neue Datenbank, der Sie einen Namen geben (zB: „test001") und diese dann anklicken. In dem sich öffnenden Dialogfeld wird angeboten, eine Tabelle in der Datenbank zu erzeugen: Das kann man entweder auf diese Weise „manuell" und einzeln machen oder man verwendet einen vorgefertigten SQL-Befehl, den man in der obigen Registerkarte „SQL" eingeben kann. Für unsere Zwecke dient folgende SQL-Anweisung für die Erstellung der Tabellenstruktur, wie wir sie bereits aus MS Access kennen:

53

```
CREATE TABLE `Buecher` (
  `buch_nummer` int(11) NOT NULL,
  `buch_titel` varchar(256) NOT NULL,
  `buch_autor` varchar(256) NOT NULL,
  `Bewertung` int(11) NOT NULL
) ENGINE=InnoDB DEFAULT CHARSET=latin1;
```

Im linken Teil des Fensters erscheint unter dem Namen der Daten- 54
bank die darin angelegte Tabelle. Das Feld „buch_nummer" soll eindeutig sein, dh, es gibt nur einen Datensatz mit diesem Wert, wie in der Bibliothek die Signatur einem einzigen Buch zugeordnet ist. In MS Access haben wir im Beispiel (→ Rn. 44) dafür die Eigenschaft „Primärschlüssel" zugewiesen. Um den Primärschlüssel für unsere Tabelle „buecher" zuzuweisen, kann die folgende SQL-Anweisung verwendet werden:

55

```
ALTER TABLE `buecher`
  ADD PRIMARY KEY (`buch_nummer`);
```

56 Wenn man nun die Tabellenstruktur anschaut (im linken Menü auswählen), sieht man einen kleinen Schlüssel hinter der Spaltenbezeichnung „buch_nummer". In diese Tabelle können nun per SQL-Anweisung Datensätze geschrieben und anschließend auch abgefragt werden. Die Datensätze können einzeln eingefügt werden oder auch als Block in die Datenbank geschrieben werden. Für eine erste Betankung (zB auch im Rahmen eines Migrationsvorgangs) kann folgende SQL-Anweisung dienen:

57
```
INSERT INTO 'buecher' ('buch _ nummer', 'buch _ titel',
'buch _ autor', 'Bewertung') VALUES
(1, 'Harry Potter', 'JK Rowling', 6),
(2, 'Im Westen nichts Neues', 'Erich Maria Remarque',
7),
(3, '1984', 'Goerge Orwell', 4),
(4, 'Twilight', 'Stephanie Meyer', 2),
(5, 'Fälle für Anfänger im Bürgerlichen Recht',
'Werner Werner Schrader', 10),
(6, 'Eine kurze Geschichte der Zeit', 'Stephen
Hawking', 9),
(7, 'Der Fürst', 'Niccolo Machiavelli', 5),
(8, 'Die Kinder von Bullerbü', 'Astrid Lindgren', 7);
```

58 Nachdem die Datenbank eingerichtet ist (Tabellen und Felder angelegt wurden), kann diese über den „Web-"Server angesprochen werden. Dies erfolgt über serverseitig auszuführende Skripte, die auf dem Apache-Server ausgeführt werden können. Dazu legt man in dem Installations- bzw. Ausführungsordner des gestarteten Servers (dort, wo die uwamp.exe liegt) in dem dortigen Ordner „www" einen Unterordner mit beliebigem Namen an und erstellt in diesem Ordner eine (reine!) Textdatei mit dem Namen „index.php". Diese Datei wird vom Server dargestellt, sobald der Ordner (über den Server!) geöffnet wird. Bei einer *.php-Datei handelt es sich zunächst um eine ganz normale (herkömmliche) html-Datei wie sie bei statischen Seiten verwendet wird. Sämtliche html-Tags (dh die in spitzen Klammern stehenden Abschnitte wie <html> <head> </head> <title>Titel</title> <body> Textteil </body> </html>) werden als html-Code behandelt und vom Server an den Nutzer gesendet. Die Besonderheit einer *.php-Datei besteht darin, dass ein weiteres Tag verwendet werden kann:

<?php #Hier steht der Code, der vom Webserver ausgeführt wird ?>

Identifiziert der Server dieses Tag, führt er den in dem Tag stehenden PHP-Code aus. Damit kann beispielsweise auch der auszugebende html-Code an dieser Stelle, wo sich das Tag in der Datei befindet, beeinflusst werden (mit dem php-Befehl „<?php echo ‚Dies ist ein Test‘?>“). Die Zeichenfolge kann auch wiederum html-Tags enthalten, dh auch formatiert sein.

Außerdem kann die Zeichenfolge aus einer Datenbank abgefragt werden. Dazu muss mit dem php-Befehl „mysqli_connect()“ eine Verbindung zur Datenbank hergestellt werden. Als Parameter in den Klammern sind der Servername sowie die Login-Daten und der Name der Datenbank anzugeben. Anschließend können SQL-Befehle an die Datenbank gesendet werden, die auf dieser ausgeführt werden. Dies ist mit dem php-Befehl „mysqli_query()“ möglich. Wird eine Abfrage aus der Datenbank gestartet, wird das Ergebnis der Abfrage in einen Speicherbereich an den Server übergeben, der (unter anderem) als Variable in den geschwungenen Klammern anzugeben ist. Dieser Datenbereich kann dann beispielsweise im Rahmen der vom Server zu liefernden Website eingepflegt werden und somit beispielsweise einen Warenbestellvorgang auf dem Server abbilden oder auch eine Abfrage, wer das gesuchte Buch in der Bibliothek derzeit ausgeliehen hat. 59

Die entsprechende php-Seite, die auf dem Server liegt, hat folgenden Quelltext (dh der php-Tag enthält die Anweisungen für den Server): 60

61

```
<!DOCTYPE html>
<html class=”ubf-html no-js” dir=”ltr” lang=”de”>
<head>
 <meta charset=”utf-8”>
</head>
<title>Test</title>
<body>
 <h1>Abfrage der Datenbank über php und SQL</h1>

<?php
 // Das hier ist der MySQLi Abschnitt, der vom
Server ausgeführt wird.
  $server _ name = ”localhost”;
  $user _ name = ”root”;
  $password = ”root”;
  $db _ name = ”test001”;
 // Verbindung herstellen
  $link = mysqli _ connect($server _ name, $user _
name, $password, $db _ name);
  // Prüfe Verbindung zur Datenbank, wenn
fehlgeschlagen: Abbruch
  if (!$link) {
   die(„Keine Verbindung: „ . mysqli _ connect _
error());
```

```
}
// Set Charset between DB and PHP
mysqli _ set _ charset($link,"utf8");
$sql = "SELECT * FROM buecher";
        $result = mysqli _ query($link, $sql);
if (mysqli _ num _ rows($result) > 0) {
 // Ausgabe jedes Datensatzes zeilenweise
 while($row = $result->fetch _ assoc()) {
 echo „Nummer: „ . $row[„buch _ nummer"]. „ - Titel:
  „ . $row[„buch _ titel"]. „ - Autor:  „
  . $row[„buch _ autor"]. „  - Bewertung
  „ . $row[„Bewertung"]. "<br>";
 }
 } else {
 echo "0 results";
 }
 mysqli _ close($link);
 ?>
</body>
```

62 Ruft man diese Seite nun über einen Browser von dem localhost-Server auf, wird zunächst auf dem Server der php-Teil ausgeführt und dann die Ausgabe des html-Codes veranlasst. Beim Nutzer kommt somit „nur" die Website als formatierte html-Seite an. Lässt man sich von der generierten html-Seite den Quellcode im Browser anzeigen, so sieht man den php-Tag nicht mehr, sondern stattdessen die Liste mit den dargestellten Datensätzen. Das ist das Ergebnis der serverseitigen Verarbeitung. Den Quellcode der php-Seite kann der Nutzer daher nicht einsehen, so erfährt der Nutzer auch nicht das Login/Passwort für die Datenbank.

4. Vertiefung: Weiterführende Fragen

a) Wäre es möglich, die gesamte Welt in einer Datenbank zu erfassen?

63 Theoretisch wäre das (fast) denkbar. Die Herausforderung ist allerdings, eine geeignete Datenstruktur zu modellieren. In dem obigen Beispiel (→ Rn. 34) sind die Entitäten recht grob zusammengefasst worden: beispielsweise alle „Bücher", die in einer Bibliothek vorhanden sind. Oft gewinnt bereits die korrekte Erfassung der jeweiligen Entität an Komplexität: Ein Buch kann ein weiteres Medium enthalten (zB CD-ROM), welches eventuell sogar separat ausgeliehen werden kann. Um „die Welt" in einer Datenbank zu speichern, müssten daher einige geeignete Entitätstypen gewählt werden. Bei starker Vereinfa-

chung wäre es wohl möglich, die Welt zunächst als atomare Teilchen zu begreifen und jedem Teilchen eine eindeutige Nummer zu geben und dann die Zugehörigkeit dieses Teilchen zu vorhandenen Gruppen (dh Entitäten) in die Datenbank zu erfassen. Nach einem Sandsturm wäre zwar ein erheblicher Aktualisierungsaufwand bezüglich der Position der Teilchen erforderlich, aber denkbar ist es. Dieser Teil der Strukturbildung und Speicherung der Daten wäre aber wohl noch der geringere Umfang. Wesentlich komplexer sind die Beziehungen, die sich auf nicht materialisierte Entitäten beziehen. Dazu zählen beispielsweise die abstrakten Dinge, wie Forderungen zwischen zwei Personen, aber auch Nachrichten, die ausgetauscht werden und sich nicht bloß auf Entitäten aus der realen Welt beziehen müssen, sondern auch Gedanken, Gefühle und Bewertungen beinhalten können. Diese sind gerade nicht aus den neuronalen Verknüpfungen einzelner Gehirne berechenbar und müssten somit selbstständig als Entitäten erfasst werden. Das Problem dabei wird weniger in der Speicherkapazität liegen als vielmehr in der zu wählenden Struktur der Daten, damit Dopplungen (Redundanzen) und fehlende Daten (vor allem Beziehungen) vermieden werden, dh, dass die Konsistenz der Daten gewahrt bleibt.

Konsequent zu Ende gedacht muss die Frage allerdings verneint **64** werden, denn die Datenbank selbst müsste als Teil der gesamten Welt ebenfalls in ihr abgebildet werden. Diese Selbstreferenzialität kennt man, wenn man in einen Spiegel blickt, in dem sich ein anderer Spiegel spiegelt. Das, was die Spiegel reflektieren ist theoretisch unendlich.

Letztlich müsste die Frage anders gestellt werden, kann aber dann an **65** dieser Stelle auch nur als Denkansatz dienen: Wenn nicht die Welt in einer Datenbank abgebildet würde, könnte es sein, dass die Welt eine Datenbank ihrer selbst ist und zwar eine Quanten-Datenbank ihrer eigenen Zustände?

b) Welche Aufgaben erledigt der Webserver, welche das Datenbankmanagementsystem (und welche der Client)?

Vor allem für den Umgang mit größeren Datenmengen ist es sinn- **66** voll, Aufgaben zweckorientiert zuzuweisen. Der Webserver könnte die Nutzer-Anfrage nach einer Signatur beispielsweise in der Weise bearbeiten, dass er aus der Datenbank den gesamten Bücherbestand ausliest und dann in diesen Daten nach dem jeweiligen Autor sucht und die Signatur usw anzeigt. Dies könnte zwar funktionieren, jedoch würde der Webserver schnell an Kapazitätsgrenzen gelangen, wenn er solche Datenmengen abrufen (dh empfangen), durchsuchen, sortieren sowie darstellen müsste. Daher werden die zu übertragenden Daten am besten bereits auf das nötige Maß reduziert und dem Datenbankmanagementsystem wird die Aufgabe (Anfrage, sog. Query) gegeben, eine Auswahl der Daten zu tätigen, die geliefert werden sollen, und teilweise schon eine Strukturierung (Sortierung) vorzunehmen. Somit verbleibt für den Webserver die Aufgabe der Zusammenführung der Daten und deren Formatierung. Diese Erwägungen führen zu erheblicher Performanceoptimierung durch die Erledigung spezialisierter Aufgaben des jeweiligen Systems. Die Aufteilung wird in der Regel von dem Programmierer der jeweiligen Anwendung vorgenommen. Als Kontrollüberlegung für die Performance dient ein Fall: Wenn ein Nutzer eines sozialen Netzwerkes eine Suche nach allen Beiträgen eines bestimmten anderen Nutzers auslöst, würde wohl die Übertragung der gesamten Daten aus der Datenbank an den Webserver zum Zwecke der Suche nach den Einträgen des gesuchten Nutzers durch den Webserver die Kapazitäten des Webservers recht schnell überschreiten.

67 Ergänzend muss darauf hingewiesen werden, dass die Aufgabenverteilung nicht bloß zwischen Webserver und Datenbankmanagementsystem erfolgt, sondern auch einige Aufgaben beim Client (dh beim Nutzer) erledigt werden. Vor allem sämtliche Formatierungsdarstellungen (zB von Texten) auf einer Website werden im Browser umgesetzt, dh erst beim Anwender (Nutzer), der die Seite ansehen will. Einige „aktive" Elemente können aber auch beim Client laufen, dh, beim Client im Browser wird der Code ausgeführt. Sehr bekannt dafür ist JavaScript, das in der html-Seite als Quellcode enthalten ist und vom Browser interpretiert wird. Erkennbar ist das an dem Tag <script>. Ein kleines Beispiel verdeutlicht dies:

68

```
<script>
  alert("Hello World!");
</script>
```

69 Dieser Code kann in einer html-Seite eingefügt werden und bewirkt die Anzeige einer Dialogbox.

5. Vertiefung: Weiterführende Literatur

- Bücher und eBooks:

Gadatsch, A., Datenmodellierung. Einführung in die Entity-Relationship-Modellierung und das Relationenmodell, 2. Aufl. 2019 (auch als eBook); Staud, J. L., Datenmodellierung und Datenbankentwurf. Ein Vergleich aktueller Methoden, 2005 (auch als eBook); Seimert, W., Access: Praxiswissen für Einsteiger. Für die Versionen 2007 bis 2016, 2016 (auch als eBook); Baumeister, I., Access für Einsteiger – für die Versionen 2021, 2019, 2016, 2013 & Microsoft 365. Schritt für Schritt zur ersten Datenbank, 2022 (auch als eBook); Arendt-Theilen, F./Gieringer, D./Hügemann, H./Petri, D./Pfeifer, E./Schiecke, D./Schuster, H., Microsoft Excel 2016. Das Handbuch. Von den Grundlagen der Tabellenkalkulation bis zu PivotTable und Power Query, 2017 (auch als eBook).

- Manuals:

Zu PHP: https://www.php.net/manual/de/
Zu mySQL: https://dev.mysql.com/doc/
Zu MS Access: https://www.access-tutorial.de

- Video-Kanäle zur Einführung (Physik):

100SekundenPhysik: https://www.youtube.com/c/100SekundenPhysik
Dinge Erklärt – Kurzgesagt: https://www.youtube.com/c/KurzgesagtDE
Physik – simpleclub: https://www.youtube.com/c/Physiksimpleclub
Quarks: https://www.youtube.com/c/Quarks
Entropy – Wissenschaft Schnell Erklärt:
https://www.youtube.com/channel/UC5dBZm6ztKizdUnN7Puz3QQ

- Podcasts zur Einführung (Physik):

Welt der Physik:
https://www.weltderphysik.de/service/suche/?id=&q=&tx_solr%5Bfilter%5D%5B%5D=format_textSortM%3APodcast
Spektrum der Wissenschaft: https://www.spektrum.de/podcast/physik/

- Video-Tutorials zur Einführung (Programmiersprachen):

MySQL Einführung: https://youtu.be/fgOiWEGNJ-o
MySQL Crashkurs: https://youtu.be/7HZbGReAi5s
php Einführung: https://youtu.be/ZTz1qKoFsHo

III. Computerprogramme als Steueranweisungen von Hardware mit Hilfe von Daten

1. Funktionsweise von Hardware und Software

Eingangsfragen:
Wie funktioniert ein Computer? Welche Aufgaben erfüllen Hardware und Software?

70 Ein Computersystem besteht aus Hardware und Software.

71 Hardware sind dabei die Bestandteile, die „tangibel“ sind, dh, man kann sie anfassen bzw. berühren. Zur Hardware gehören alle Bauteile, aus denen ein Computer zusammengebaut ist: Platinen (Leiterplatten), Chips (zur Speicherung und Steuerung), Festplatte, USB-Speicher-Sticks, SD-Karte, Tastatur, Maus, Monitor, Drucker, Lautsprecher, Kabel usw.

72 Software ist dagegen zunächst nicht sichtbar. Wahrnehmbar ist lediglich (wenn überhaupt) deren Speichermedium (USB-Stick, Festplatte, CD-ROM, dh die Hardware, auf der sie gespeichert ist), vor allem aber ihre Wirkung bei der Ausführung, wenn sie mit Hardware interagiert (dh diese steuert).

73 Daten und Software unterscheiden sich darin, dass Software den Prozess der Steuerung betrifft (dh, Software steuert Hardware), während Daten nicht dynamisch steuern, sondern eher statisch sind (vorliegen bzw. gespeichert sind) und verändert werden (zB durch die Software oder sie werden durch die Hardware gewonnen, zB durch einen Sensor). Software wird in Form von Daten gespeichert und enthält Anweisungen, was mit Daten und Hardware gemacht werden kann. Zur Ausführung der als Daten gespeicherten Software müssen diese ausgelesen werden und deren ausführbare Teile (Steuerungsbefehle) gestartet werden.

a) Hardware: Theoretische Grundlagen und praktischer Aufbau eines Raspberry-Pi

74 Üblicherweise hat ein Computersystem drei Gruppen von Hardware, die miteinander agieren:

1. **Eingabe**einheiten (zB Tastatur, Maus, Mikrofon),
2. **Verarbeitung**seinheiten (Prozessor, dh zentrale Steuerungs- und Berechnungseinheiten, die idR fest „verdrahtet“ (dh verschaltet)

sind, zB in einem Prozessorchip auf der Hauptplatine des Rechners),

3. **Ausgabe**einheiten (Monitor, Beamer, Drucker, Lautsprecher).

Diese Einteilung eines Computers wird häufig EVA-Prinzip genannt (Eingabe-Verarbeitung-Ausgabe). Oftmals können Bauteile aber nicht trennscharf einer Einheit zugeordnet werden: Beispielsweise ist der Bildschirm als Touchscreen sowohl Ein- als auch Ausgabeeinheit und vor allem sind Kommunikationseinrichtungen (Netzwerkanschlüsse) sowohl für die Ausgabe (Daten senden) als auch für die Eingabe (Daten empfangen) vorgesehen. Diese Unterscheidung ist an sich nur für die Anweisung wichtig, was mit Daten in einem bestimmten Speicherbereich des Computers geschehen soll: Sollen diese geschrieben oder gelesen werden? Die maßgebliche Unterscheidung ist jedoch zwischen der zentralen Prozesssteuerung und den angeschlossenen Einheiten vorzunehmen. Die zentrale Steuereinheit ist ein Chip (Prozessor, bzw. Central-Processing-Unit, sog. CPU), der im Wesentlichen fest verschaltet ist und immer dasselbe (sog. Routinen) macht. Sehr vereinfacht funktioniert dies so: Die CPU hat einige Speicherzellen, die bei einem Durchlauf ausgelesen werden und mit deren ausgelesenen Daten die CPU vorgegebene Berechnungen durchführt (diese sind in der Regel fest verschaltet und in dem Chip „eingebrannt"). Im nächsten Schritt werden die Ergebnisse in dieselben Speicherzellen der CPU geschrieben. Diese können wieder für weitere Berechnungen genutzt werden oder in andere Speicherzellen (zB für den Bildschirm) übertragen (und damit dort dargestellt) werden. An sich ist das im Prinzip schon alles, was ein Computer macht. Diese fest vorgegeben Berechnungen werden allerdings sehr schnell durchgeführt. Die Geschwindigkeit wird Taktfrequenz genannt und in Schwingungen pro Sekunde angegeben. Derzeitige Prozessoren von alltagsgebräuchlichen Computern und Smartphones etc arbeiten mit 1–4 GHz, dh mit einer bis vier Milliarden Schwingungen pro Sekunde. Das Einlesen, Berechnen und Schreiben in die Speicherzellen (sog. Register) der CPU erfolgt daher ca. 4.000.000.000-mal pro Sekunde. Die feste Verschaltung des Rechenwerks in dem jeweiligen Chip kann beispielsweise eine Steuerung fester Abläufe (zB Waschmaschinensteuerung) oder universell einsetzbar sein, wie zB in einer CPU eines Computers. In der CPU sind häufige Rechenoperationen fest enthalten. Auch komplexe Berechnungen können vorverschaltet sein. Sie werden durch einen Aufruf ausgelöst. Die adressierten Speicherbereiche können ebenso Tastaturpuffer (das ist der Speicherbereich, in dem Tastaturereignisse, 75 dh gedrückte Tasten, geschrieben werden) wie auf einem Bildschirm darzustellende Elemente sein, aber auch recht große und komplexe Bereiche von Datensegmenten, die im sog. Arbeitsspeicher („RAM", dh Random Access Memory) abgelegt sind.

76 Eine solche hardwarenahe Programmierung eines Computers ist eher unüblich, weil sie sehr aufwendig und umfangreich wäre. Eine Programmiersprache, die recht hardwarenah Befehle an den Prozessor senden kann, ist beispielsweise Assembler. Um den Buchstaben „A" auf dem Bildschirm darzustellen, wenn die Taste „A" auf der Tastatur gedrückt wurde, sind einige Zeilen Code erforderlich, da der Tastaturspeicher regelmäßig abgefragt werden müsste und bei einer Veränderung die Bildpunkte (Pixelmatrix) eines „A" in den Bildschirmspeicher geschrieben werden müssten. Da diese Routinen immer gleich sind, werden sie nur einmal bereitgestellt und in der Software-Hierarchie eine Ebene höher angesprochen. Diese genannten Aufgaben übernimmt idR das Betriebssystem mit entsprechenden Treibern für die jeweilige Hardware. Auf die Bibliotheken (das sind die gesammelten Routinen) des Betriebssystems kann ein Anwendungsprogramm (wie ein Textverarbeitungsprogramm) zugreifen und durch eine Funktion ganze Befehlsketten auslösen und damit wiederkehrende Operationen wesentlich einfacher realisiert werden. Üblicherweise wird unter „Programmierung" eines Computerprogramms (im Sinne eines Anwenderprogramms) lediglich verstanden, abzuarbeitende Befehlsfolgen aufzuschreiben, die von einem sog. Compiler (dh Übersetzer) in Maschinensprache übersetzt werden. Dabei handelt es sich um sog. höhere Programmiersprachen, weil deren Syntax (dh die abzuarbeitenden Befehlsfolgen) wesentlich näher an menschlicher Sprache und logischer Ausdrucksweise angepasst ist als bei maschinenkompatiblen Programmanweisungen.

77 Die an dem Computer angeschlossenen Geräte (sog. Peripherie) können über Schnittstellen angesprochen werden, dh, mit ihnen wird über Speicherbereiche kommuniziert. Dies funktioniert bei fest in den Computer eingebauten Schnittstellen-Steckkarten nach dem gleichen Prinzip wie beispielsweise die Kommunikation über die Netzwerkschnittstelle (RJ-45-Buchse oder auch ein WLAN-Modul) oder eine USB-Buchse (Universal-Serial-Bus, dh zum Anschluss verschiedener Peripheriegeräte, zB Tastatur, Maus, Festplatte, Speicher-Stick), einen Grafik-Ausgang (zB HDMI) oder einen Kopfhöreranschluss (3,5 mm-Klinkenstecker).

Am einfachsten erhält man einen Einblick in die Funktionsweise eines Computers, wenn man einen solchen selbst zusammenbaut oder zerlegt. Dafür eignen sich allerdings weder Smartphones (weil in ihnen die Bauteile extrem verdichtet und meist fest verbaut sind) noch alte Computer (weil anzuschließende Peripheriegeräte oft nicht kompatibel sind). Eine sehr nutzbringende, extrem einsatzbreite und vor allem recht günstige Variante (ca. 100 EUR insgesamt) für den eigenen Erkenntnisgewinn ist ein Raspberry-Pi-System. Dieses ist ein vollwertiger Computer, reduziert auf die wesentlichen Grundelemente. 78

In der beigefügten Abbildung ist schematisch die Platine nebst Anordnung der Bauteile und Schnittstellen eines Raspberry Pi 4 Model B zu sehen: In der Mitte befinden sich die CPU (Hauptprozessor) und der Arbeitsspeicher (RAM). Links unten befindet sich der Stromversorgungsanschluss über eine USB-C-Buchse. In der Mitte unten sind zwei Monitor-Anschlüsse (Micro-HDMI) sowie ein Anschluss für Audio in Form einer 3,5 mm Klinkenstecker-Buchse (bekannt von Kopfhörern). Auf der rechten Seite sind oben ein Netzwerkanschluss zu sehen (LAN; das WLAN-Funkmodul ist auf der linken Seite auf fast gleicher Höhe) sowie USB-Anschlüsse (die Version 2.0 und 3.0 unterscheiden sich im Protokolltyp, was wesentliche Auswirkungen auf die Übertragungsgeschwindigkeit hat, dh, Tastaturen etc kann man an USB 2.0 anschließen, weil eine geringe Datentransferrate benötigt wird, während Festplatten und Speicher-Sticks wegen der benötigten hohen Datentransferraten an USB 3.0 angeschlossen werden sollten). 79

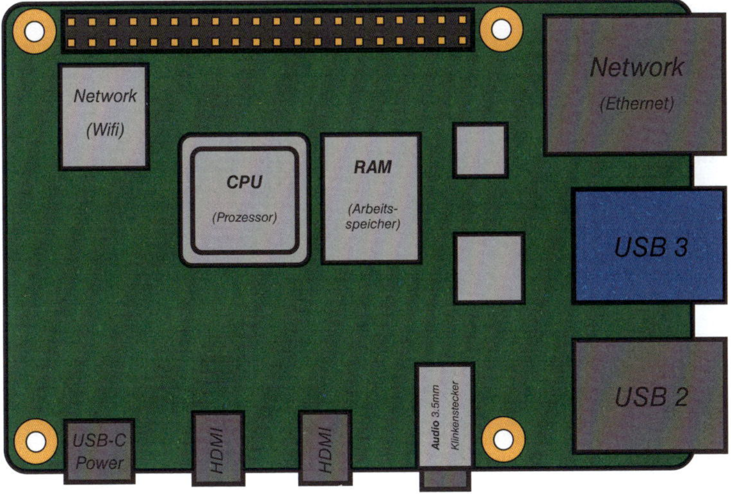

Im oberen linken Teil ist eine 2x20-polige Pin-Leiste zu sehen: Diese sind unterschiedlich verschaltet und können auch softwareseitig angesprochen werden, dh abgefragt oder mit Strom versorgt werden. Damit sind eigene Steuerungen (Motoren, Sensoren, LEDs, für beispielsweise Roboter oder auch Türschlösser oder ähnliches möglich). Beispielsweise kann ein Lüfter (für die CPU) auf der Pin-Leiste mit Strom versorgt werden: Dazu muss in der obersten Pin-Leiste der dritte Pin von links mit dem schwarzen Kabel des Lüfters verbunden werden (GRD, „Pin 6“). Das rote Kabel kann beispielsweise mit dem ersten Pin von links der zweiten Reihe („Pin 1“) verbunden werden, dann erhält der Lüfter 3.3 Volt. Alternativ kann aber auch das rote Kabel mit dem ersten („Pin 2“) oder zweiten Pin („Pin 4“) der oberen Reihe verbunden werden: Dann erhält der Lüfter 5 Volt (und dreht entsprechend schneller).

80 Die gelben Kreise in der Platine sind Löcher, mit der die Platine in ein Gehäuse geschraubt werden kann. Auf der Unterseite der Platine (auf der den USB-Schnittstellen gegenüberliegenden Seite) befindet sich ein Schlitz für eine Micro-SD-Karte: Diese dient als primärer Speicher und kann das Betriebssystem enthalten, das nach dem Start automatisch gestartet wird. Dieses Betriebssystem ist kostenfrei als Linux-Distribution zB als „Noobs“ (https://www.raspberrypi.com/software/) erhältlich. Dort kann sogar der komplette Erstellvorgang der bootfähigen SD-Karte mit dem bereitgestellten Programm erledigt werden. Nach dem Einlegen der microSD und dem Start des Raspberry wird automatisch ein Einrichtungsdialog (Auswahl der Sprache, Herstellung der Internetverbindung usw) gestartet und ein unmittelbares Update des Systems vorgenommen. Hinweis: Am Anfang wird nach einem Login („pi“) und Passwort („raspberry“) gefragt. Teilweise funktioniert nur diese Kombination, zB wenn der Raspberry zuvor schon einmal mit einer anderen microSD-Card gestartet wurde.

81 Für besondere Anwendungsbereiche existieren besonders zugeschnittene Lösungen, zB kodi.tv (https://kodi.tv/download/raspberry-pi) für einen sehr umfangreichen Medienserver.

b) Software: Erstellung, Aufbau und Struktur von Computerprogrammen

82 Unter Software wird in der Regel Steuerungssoftware verstanden, dh Anweisungen an einen Computer, Befehlsfolgen auszuführen. Dies funktioniert durch regelmäßige Abarbeitung der Befehle durch die zentrale Steuerungseinheit (CPU).

Von der Steuerungssoftware als (Verfahrens-)Anweisungen an die Steuerung des Computers sind Auszeichnungssprachen zu unterscheiden. Diese dienen oft (nicht zwingend) der Darstellungsanweisung. Beispielsweise ist html (sog. Hypertext Markup Language) eine Möglichkeit, Daten (meist Texte) zu formatieren, beispielsweise in Form von Überschriften, Textabschnitten, Tabellen usw darzustellen, vor allem durch logische Gliederungsebenen. Hierzu werden häufig sog. Tags verwendet. In html werden diese Tags in spitzen Klammern geschrieben. Der Text dazwischen ist der darzustellende Text, die Umklammerung durch die Tags sind die Formatierungs- und Zuordnungsanweisungen. Ein kurzes Beispiel für eine html-Seite sieht so aus: 83

84

```
<!DOCTYPE html>
<html>
  <head>
    <title>Titel der Test-Webseite</title>
    <meta http-equiv="content-type" content="text/
    html; charset=utf-8" />
  </head>
  <body>
     <h1>Überschrift über dem Text</h1>
     <p>Inhalt eines Textblocks</p>
  </body>
</html>
```

Die Besonderheit solcher Auszeichnungssprachen liegt darin, dass die Daten und (Formatierungs-)Anweisungen in der Regel in der Form, wie sie erstellt werden, auch gespeichert und übertragen werden. Erst bei der Darstellung werden die Informationen (zB von einem Webbrowser) auf dem Zielcomputer geordnet und entsprechend dargestellt. Daher kann man den sog. Quellcode der Websites, die man im Internet abrufen kann, ganz einfach im Webbrowser anzeigen lassen. 85

Anders ist dies bei den sog. imperativen Programmiersprachen, denn diese Programme enthalten Befehle zur Steuerung des Computers, die vor ihrer Ausführung in Maschinen-Code umgewandelt werden. Diese Umwandlung nennt man „kompilieren“ und wird von einem „Compiler“ erledigt. Der Compiler wandelt die für Menschen verständlich formulierten Anweisungsfolgen (Quellcode) in für Computer verständlichen Code um. Der Quellcode ist dabei nichts weiter als eine Liste standardisierter Anweisungen, die als Text vorliegen. Theoretisch ist es möglich, den Quellcode in einem Text-Editor (zB dem Programm „Notepad“) ohne jede Formatierung zu schreiben 86 und zu speichern und dann von einem Compiler in Maschinencode umwandeln zu lassen. Da der Compiler sehr genau erkennen muss, welche Anweisung in Maschinencode umgewandelt werden soll, muss sehr genau auf die exakte Schreibweise (sog. Syntax), Reihenfolge und innere Logik der Anweisungen geachtet werden. Um dabei auftretende Fehler unmittelbar erkennen zu können sowie den Compiler einfacher starten zu können, existieren eine ganze Reihe von „Entwicklungsumgebungen“, sog. IDE („Integrated Development Environment“). In einer solchen integrierten Entwicklungsumgebung sind in einer grafischen Oberfläche die Erstellung des Quellcodes und dessen Struktur (oftmals auch farblich gestaltet) sowie die unmittelbare Ausführung dieses Programms vereint. Somit können in der Entwicklungsumgebung auch eventuelle Fehler im Programmablauf sofort erkannt werden. (sog. Debugging: von Suche nach „Bugs“, dh Fehlern im Code).

87 Natürlich gibt es auch Zwischenformen. Beispielsweise ist JavaScript eine rein interpretierte Skriptsprache, die im Quelltext (dh nicht kompiliert) übertragen wird und deren Befehle zB vom Webbrowser umgesetzt („interpretiert“) werden. Gleiches gilt für php, was auf einem Webserver ohne Kompilierung interpretiert wird.

88 Eine imperative Programmiersprache ist eine Aneinanderreihung von Steuerungsanweisungen. Solche Steuerungsanweisungen (Befehle) sind in Zeilen angeordnet. Häufig (dh in fast allen verschiedenen Programmiersprachen) werden mit Objekten bestimmte Methoden erledigt, und zwar mit gewissen Parametern. Beispielsweise kann auf dem Objekt „Bildschirm“ die Methode „Schreibe“ ausgeführt werden mit dem Parameterwert „Hallo“. Ein entsprechender Befehl könnte lauten „Bildschirm.schreibe(„Hallo“)“. Allgemein sind die Befehle in zahlreichen Programmiersprachen nach diesem Muster aufgebaut:

```
object.method(value)
```

89 Ein konkretes Beispiel eines Befehls zur Ausgabe des Wortes „Hallo“ würde in der Programmiersprache „Small Basic“ wie folgt lauten:

```
TextWindow.WriteLine(„Hallo")
```

90 In vielen Programmierumgebungen sind Standardroutinen auch verkürzt und können daher auch kürzer angesprochen werden. So reicht in der Programmierumgebung von „Python“ für die Ausgabe des Wortes „Hallo“ auf dem Bildschirm aus:

```
print(„Hello")
```

Soll die Ausgabe nicht auf dem Bildschirm erfolgen, muss das Objekt speziell angegeben werden. 91

Die Befehlsfolgen werden grundsätzlich der Reihenfolge nach (dh jede Zeile nacheinander) abgearbeitet. Besondere Bedeutung erlangen Schleifen und Sprungbefehle, die die lineare Abarbeitung durchbrechen. Beispielsweise kann die Ausgabe einer Zahlenreihe von 1 bis 3.000 auf dem Bildschirm auf zwei unterschiedlichen Wegen erfolgen: Entweder man schreibt 3.000 Zeilen in der Art: 92

93

```
print(„1")
print(„2")
print(„3")
print(„4") # usw bis 3000
```

Oder man verwendet eine Schleife und eine Variable. Eine Variable ist ein Speicherbereich, in dem ein bestimmter Wert gespeichert wird. Diese Variable kann zB i heißen und als Speicher für Zahlen dienen. Das ermöglicht mit dieser Variablen auch Berechnungen vorzunehmen. Wir beginnen mit i=1, zählen in jedem Durchlauf eins zu der Variablen dazu und wiederholen die Ausgabe der Variablen so lange, bis i den Wert 3.000 erreicht hat: 94

95

```
i = 1
while i <= 3000:
  print(i)
  i = i+1
```

In vielen Programmiersprachen werden die zu wiederholenden Anweisungen in Blöcke von beispielsweise geschweiften Klammern eingefasst; in Python dient allein die Einrückung (führende Leerzeichen) zu einer Blockbildung: Das heißt die beiden Befehle „print(i)“ und „i = i+ 1“ werden nur dann, aber solange (beide) ausgeführt, wie i kleiner oder gleich 3.000 ist. In Python ist die Kurzform „i += 1“ gebräuchlich geworden, um die Variable i um eins zu erhöhen. 96

Ebenfalls von besonderer Bedeutung sind Anweisungen, die in Abhängigkeit von Vergleichen stehen. Im obigen Beispiel (→ Rn. 95) ist bereits ein solcher Vergleich enthalten: Die Schleife wird so lange ausgeführt, wie der Wert der Variablen i kleiner oder gleich 3.000 ist, dh, bei jedem Durchgang wird dieser Vergleich vorgenommen und wenn das Ergebnis „wahr“ ist, wird die Schleife ausgeführt, ansonsten (das Ergebnis des Vergleichs ist „falsch“) wird die Schleife nicht (mehr) ausgeführt. Einen solchen Vergleich kann man auch ohne Schleife vornehmen. Beispielsweise kann eine Bildschirmausgabe in 97

Abhängigkeit zu einem Wert einer Variable gebracht werden: Wird in der Variablen „alter" das Alter einer Person gespeichert, kann in Abhängigkeit der Höhe des Alters auf dem Bildschirm das (vorgegebene) Ergebnis im Hinblick auf die Geschäftsfähigkeit der Person ausgegeben werden:

98

```
alter=6
if alter >= 18:
    print(„voll geschäftsfähig")
elif alter >= 7:
    print(„beschränkt geschäftsfähig")
else:
    print(„geschäftsunfähig")
```

99 Das obige Beispiel (→ Rn. 98) enthält die Vorgabe, dass das Alter 6 betragen soll. Der erste Vergleich („if") ist, ob das Alter größer oder gleich 18 ist (dann liegt volle Geschäftsfähigkeit vor); der nächste Vergleich bezieht sich (alternativ) darauf, ob das Alter größer oder gleich 7 ist („elif") und weil es alternativ zum vorherigen Vergleich („if") ist, bedeutet dies, ob das Alter größer 7 und kleiner 18 ist (dann liegt beschränkte Geschäftsfähigkeit vor); das abschließende Ergebnis des Vergleichs erfasst alle sonst noch nicht erfassten Werte („else") und enthält damit alle Alterswerte unterhalb von 7. Diese Vergleiche nennt man „if-then-else": Wenn der Vergleich wahr ist, führe die Anweisung aus (in Python die hinter dem Doppelpunkt und die eingerückt ist), ansonsten führe die andere Anweisung aus.

100 Dieses Konditionalschema („Wenn-Dann") ist Juristen von Rechtsnormen bekannt: Wenn der Tatbestand einer Norm erfüllt ist, dann tritt die Rechtsfolge ein. Am obigen Beispiel kann das im juristischen Kontext die Ähnlichkeit der Strukturen und deren Übertagbarkeit deutlich machen. Deutlich werden aber auch die Grenzen: Wird das Alter nicht vorgegeben, sondern wie auch der Name abgefragt, kann daraus eine vermeintlich sich aus dem Gesetz ergebende Rechtsfolge abgeleitet und formuliert werden:

101

```
Name=input(„Bitte den Namen eingeben: „)
alter=input(„Wie alt ist denn „ + Name + „?")
alter=int(alter)
if alter >= 18 :
    status = „voll geschäftsfähig"
elif alter >= 7 :
    status = „beschränkt geschäftsfähig"
else :
```

```
    status = „geschäftsunfähig"
print(Name + „ ist „ + str(alter) + „ Jahre und damit
„ + status + „!")
```

Die Funktion (Methode) „input“ fragt einen Text aus der Tastatur ab und weist sie der Variablen („Name“) zu. Gleiches erfolgt mit dem Alter, wobei nicht mit dem Text gerechnet werden kann, sondern dieser in ein Zahlenformat umgewandelt werden muss, was über „int“ geschieht, dh, es wird ein „string“ (dh ein eigegebener Text) in eine Integerzahl (eine Ganzzahl, dh ohne Nachkommastellen) umgewandelt. Freilich könnte das Alter auch aus dem Geburtstag und dem heutigen Datum ausgerechnet werden. Die in der letzten Zeile wiedergegebene Ausgabe der „Ableitung“ aus den eingegebenen Informationen ist von besonderer Bedeutung. In der Regel wird diese Aussage so zutreffen. Anders kann es allerdings sein, wenn ein Fall der altersunabhängigen Geschäftsunfähigkeit gem. §§ 105 I, 104 Nr. 2 BGB vorliegt. Auch diesen Fall könnte man in das Programm aufnehmen. Allerdings muss auch eine Reihe von für einen Juristen selbstverständlichen Informationen abgefragt werden: Handelt es sich um eine Person oder beispielsweise um ein Tier? Ein Tier ist unabhängig vom Alter nie geschäftsfähig, kann aber auch einen Namen haben. Andererseits ist eine juristische Person unabhängig von ihrem Alter durch ihre Organe handlungsfähig, sodass eine Abstufung der Geschäftsfähigkeit in Abhängigkeit von Altersstufen nicht erfolgt. 102

Daher hätte die in der ersten Zeile stehende Abfrage an sich korrekt heißen müssen: „Wie alt ist die natürliche Person?“, wobei jedoch für den Anwender, der die Antwort eingibt, verständlich sein muss, was unter dem Begriff der natürlichen Person zu verstehen ist. Diese Wertungen können ohne vorherige Programmierung vom Computer nicht hinreichend in die Vergleiche einbezogen werden. 103

2. Praxis: Software selbst erstellen

a) Bevor man mit der Programmierung beginnen kann

Eine für Anfänger gut geeignete integrierte Entwicklungsumgebung für Python ist „Thonny“. Sie ist kostenfrei und unter https://thonny.org verfügbar. Es stehen Installationsversionen für Windows und Mac zur Verfügung. Vor allem für Windows sehr nützlich ist, dass für die Installation weder Administratorrechte erforderlich sind noch „für alle Nutzer“ installiert werden muss, sondern nur für den jeweiligen Nutzer (ermöglicht die Installation auch auf eingeschränkt zugänglichen Rechnern). Unter Linux kann die Installation aus der Kommandozeile mit 104

```
bash <(wget -O - https://thonny.org/installer-for-
linux)
```

gestartet werden. Häufig ist Thonny jedoch bei Linux-Distributionen bereits im Lieferumfang enthalten, zB bei der Noobs-Version für den Raspberry-Pi: Dort findet man das Programm in dem Startmenü-Eintrag „Entwicklung“ → „Thonny Python IDE“.

105 Python-Programme haben die Datei-Endung *.py und werden im linken oberen Fenster der IDE angezeigt. Am linken Rand sind die Zeilennummern angegeben. Sinnvoll ist, sich im rechten Teil des Fensters die „Variablen“ anzeigen zu lassen, die in dem Programm verwendet werden. Im unteren Teil werden die Ergebnisse des Programms ausgegeben („shell“ bzw. „Kommandozeile“). Die Einblendung der jeweiligen Fenster kann man über das Ansichtsmenü steuern. In der Symbolleiste ist der kleine grüne Kreis mit dem weißen Dreieck das Wichtigste: Damit startet man das Programm. In dem Fenster der Kommandozeile sieht man unmittelbar das Ergebnis der Ausführung.

b) Beispiel eines Programms in „Python“

106 Es soll in Python ein einfacher Subsumtionsautomat programmiert werden. Der Benutzer soll die Sache sowie den Eigentümer und den Besitzer benennen, um die es gehen soll. Das Programm soll anschließend „die Subsumtion“ vornehmen und die Rechtsfolge aus §985 BGB ausgeben. Dazu müssen die drei Variablen „sache“, „eigentum“ und „besitz“ von der Tastatur nach einer Aufforderung zur Eingabe eingelesen werden. Anschließend wird geprüft, ob alle Felder (überhaupt) ausgefüllt wurden, um anschließend die Rechtsfolge aus §985 BGB aus den vorhandenen Informationen in einer Ergebnisvariablen („ergebnis“) zusammenzusetzen. Letztlich wird das Ergebnis auf dem Bildschirm ausgegeben. (Beim Kopieren des Codes auf Einrückungen achten und nur die vorgegebenen Zeilenumbrüche übernehmen, nicht die aus überlangen Zeilen).

107

```
sache=input(„Um welche Sache handelt es sich? „)
eigentum=input(„Wer ist Eigentümer der Sache? „)
besitz=input(„Wer ist Besitzer der Sache? „)
if (sache!="") and (eigentum!="") and (besitz!="") :
    ergebnis="Aus dem Gesetz ergibt sich Folgendes:
    " + eigentum + „ kann den/die/das " +
    sache + „ von " + besitz + „ gem. § 985 BGB
    herausverlangen."
```

```
else:
    ergebnis="Die Werte müssen schon eingetragen
    werden, sonst kann man hier nichts subsumieren!"
    print(ergebnis)
```

Auf der Kommandozeile wird damit folgender Ablauf zu sehen sein: 108

```
Um welche Sache handelt es sich? Buch
Wer ist Eigentümer der Sache? Egon
Wer ist Besitzer der Sache? Bruno
Aus dem Gesetz ergibt sich Folgendes: Egon
kann den/die/das Buch von Bruno gem. §985 BGB
herausverlangen.
>>>
```

Damit das etwas ansprechender und nicht ganz so technisch mit der Eingabeaufforderung in der Kommandozeile aussieht, kann man das Ganze auch mit Fenstern steuern. Dazu muss die Bibliothek „tkinter" geladen und verwendet werden. Diese ist im Lieferumfang aktueller Versionen von Python-Interpretern enthalten. 109

110

```
from tkinter import *
form1 = Tk()
sache_feld=StringVar()
eigentum_feld=StringVar()
besitz_feld=StringVar()
ergebnis_ausgabe=StringVar()
def subsumiere() :
  if (sache_feld.get()!="") and (eigentum_feld.
  get()!="") and (besitz_feld.get()!="") :
    sache=sache_feld.get()
    eigentum=eigentum_feld.get()
    besitz=besitz_feld.get()
    ergebnis_ausgabe=eigentum + „ kann den/die/das
    „ + sache + „ von „ + besitz + „ gem. § 985 BGB
    herausverlangen."
  else :
    ergebnis_ausgabe="Die Werte müssen schon
    eingetragen werden, sonst kann man hier nichts
    subsumieren!"
  form_ergebnis = Tk()
  form_ergebnis.title(„Aus dem Gesetz ergibt sich
  Folgendes:")
  Label(form_ergebnis, text=ergebnis_ausgabe).
grid(row=0)
form1.title(„Der Subsumtionsautomat der Zukunft")
Label(form1, text="Um welche Sache handelt es
sich?").grid(row=0)
```

```
Label(form1, text="Wer ist Eigentümer?").grid(row=1)
Label(form1, text="Wer ist Besitzer?").grid(row=2)
feld1 = Entry(form1, textvariable=sache_feld)
feld2 = Entry(form1, textvariable=eigentum_feld)
feld3 = Entry(form1, textvariable=besitz_feld)
feld1.grid(row=0, column=1)
feld2.grid(row=1, column=1)
feld3.grid(row=2, column=1)
Button(form1, text="Was folgt daraus?",
command=subsumiere).grid(row=3, column=0)
mainloop( )
```

111 Damit wird folgendes Dialogfenster zur Abfrage gestartet werden:

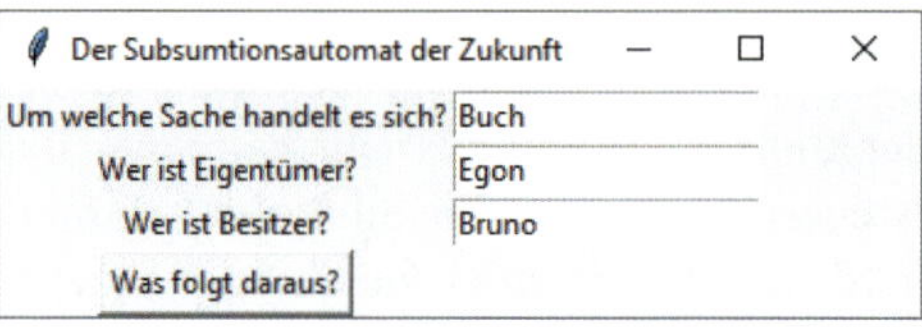

Das Ergebnis wird im Folgedialogfenster entsprechend angezeigt:

Aus dem Gesetz ergibt sich Folgendes:

Egon kann den/die/das Buch von Bruno gem. § 985 BGB herausverlangen.

112 Das Ergebnis ist so verblüffend einfach, wie die Erkenntnis im ersten Semester, dass sich bei gegebenem Sachverhalt und entsprechend korrekter Zuordnung der im Gesetz verwendeten Begriffe (Eigentümer, Besitzer und Sache) die Rechtsfolge aus dem Gesetz ablesen lässt.

113 Probleme entstehen in zwei Bereichen: Erstens kann in rechtlicher Hinsicht dem Herausgabeanspruch ein Recht zum Besitz gem. § 986 I 1 BGB entgegenstehen. Solche rechtlichen Besonderheiten können durch entsprechend komplexere Abfragen und Berücksichtigung der Eventualitäten, die die gesetzliche Regelung vorsieht, in den Griff bekommen werden. Dies gilt für das Recht zum Besitz genauso wie auch eventuelle Besitzmittlungsverhältnisse, bei denen die Rechtsfolge aus § 985 BGB beispielsweise durch § 986 I 2 BGB modifiziert wird.

114 Zweitens entsteht ein der Rechtsanwendung vorgelagertes Problem des Begriffsverständnisses. Dabei werden folgende Fragen relevant: Welche Person ist unter dem Eigentümer zu verstehen (beispielsweise beim Eigentumsvorbehalt, Sicherungsübereignung usw)? Welche Person ist Besitzer (beispielsweise bei mittelbarem Besitz)? Und schließlich wird das Problem sehr deutlich bei der Frage, was „die Sache" ist:

Ist ein Tier, ein Schuldschein, ein auf einem Grundstück gepflanzter Baum, eine Leiche oder Elektrizität eine Sache iSd § 985 BGB?

Eine Lösung für die Begriffsschärfung und die Verringerung von Fehlverständnissen bei der Begriffsbildung ist bei Juristen die Einführung einer Abstraktion, in der Form einer Definition, mit der der Begriff Konturen gewinnt. In der Regel enthalten Definitionen die Abgrenzung der jeweiligen Einzelfälle in bestimmten Gruppen. Besitz wird dabei als die tatsächliche Herrschaft verstanden und vom Eigentum als der rechtlichen Herrschaft über eine Sache abgegrenzt. Eine andere Form der Begriffsschärfung liegt in der Möglichkeit, nach Vergleichsfällen zu suchen: Dabei werden ein jedenfalls unter den Begriff zu fassender Fall und ein Fall, der eindeutig nicht unter den Begriff fällt, gebildet. Je mehr Einzelfälle zur Verfügung stehen und eingeordnet werden können, desto einfacher erscheint die Einordnung des vorliegenden Falles, weil dieser nur noch auf Ähnlichkeit zu den anderen, bereits einsortierten Fällen hin untersucht werden muss. Dieses Vorgehen ist in der Rechtsanwendung durchaus üblich, auch wenn an sich die Rechtsanwendung deduktiv erfolgt, dh vom Allgemeinen (Gesetzesbegriff) zum Besonderen (den Eigenheiten des zu entscheidenden Falles). Jedes Mal, wenn ein Jurist in den Kommentar schaut, um bei einem Tatbestandsmerkmal einer Norm die Grenzen zu erfahren, findet man dort neben einer abstrakten Definition auch zahlreiche Einzelbeispiele als Fälle, die unter den Begriff (Tatbestandsmerkmal) fallen – oder eben nicht. Daher liegt es nahe, auch in der automatisierten Rechtsanwendung den Weg zu wählen, möglichst viele Einzelfälle zu verwenden, um damit die Grenzen des Begriffs abstecken zu können. Ein erster Schritt dafür ist eine zielführende Strukturbildung, sodass dem Nutzer möglichst wenige und nur noch die für ihn relevanten Abgrenzungsfragen gestellt werden müssen. Letztlich ist jedoch dann dem Nutzer die Entscheidung überlassen, was in das Abfragefeld „Eigentümer“ und „Besitzer“ eingetragen wird. Ob es sich um eine „Sache“ handelt, die nach § 985 BGB herauszugeben ist oder möglicherweise um eine Sache handelt, an der kein gesondertes Eigentum begründet werden kann, weil sie wesentlicher Bestandteil einer anderen Sache ist (Haus auf Grundstück, §§ 93, 94, 946 BGB), muss in einer komplexen Annäherung an diese korrekt gestellte Frage beantwortet werden. 115

3. Verständnisfragen und Orientierung

a) Welcher Steuerung unterliegen (automatisierte) Maschinen?

116 Das Verhalten von technischen Systemen (zB Maschinen) wird durch *Steuerungs*technik beeinflusst. Beispielsweise kann ein technisches System so verschaltet sein, dass der Druck einer Taste einen Stromkreis schließt und eine Lampe leuchtet. Wird die Taste nicht mehr gedrückt, wird der Stromkreis unterbrochen und die Lampe erlischt wieder. Wird statt der Lampe ein Relais mit Strom versorgt, kann das Betätigen der Taste das Relais umlegen und einen weiteren Stromkreis schließen. Dann leuchtet die Lampe nach dem Betätigen der Taste unabhängig von dem Schaltzustand der Taste. Dieses technische System ist eine sehr einfache Umsetzung eines Notrufknopfes, beispielsweise wie im Krankenhaus: Der Patient drückt die Ruftaste und davon unabhängig bleibt das Signal aus dem Zimmer des Patienten im Personalzimmer sichtbar (bis das Relais in umgekehrter Richtung vom Personal betätigt wurde).

117 Außerdem kann das Verhalten von technischen Systemen durch die *Regelungs*technik beeinflusst werden. Die Besonderheit der Regelungstechnik liegt in der Rückbezogenheit der zu regelnden Größe. Beispielsweise kann eine Heizung auf zwei verschiedene Weisen gesteuert bzw. geregelt werden: Entweder wird ein Ventil geöffnet und heißes Wasser fließt so lange durch den Heizkörper, bis das Ventil wieder geschlossen wird. Dies ist eine Steuerung. Das Ventil kann jedoch abhängig von einem Temperatursensor geöffnet und geschlossen werden. Da sich das geöffnete Ventil auf die Raumtemperatur auswirkt, besteht ein Zusammenhang zwischen der zu regelnden Größe (Wasserdurchfluss in der Heizung) und der gemessenen Größe an dem Sensor. Dies ist Teil der Regelungstechnik. Ein Thermostatventil an einer Heizung funktioniert oft durch die Ausdehnung eines Dehnstoffelements (Gas oder Flüssigkeit) in Abhängigkeit von der Umgebungstemperatur. Dehnt sich durch die Erhöhung der Umgebungstemperatur das Dehnstoffelement aus, wird durch Eindrücken eines Stiftes in das Ventil der Durchfluss gestoppt. Umgekehrt wird das Ventil wieder geöffnet, wenn die Umgebungstemperatur so gering ist, dass sich das Dehnstoffelement zusammenzieht. Diese rein mechanisch und physikalisch wirkende Regelung kann freilich auch elektronisch umgesetzt werden. Das Prinzip ist gleich: Der Temperatursensor misst die Umgebungstemperatur, eine Steuereinheit schaltet in Abhängigkeit der gemessenen Werte den Durchflussregler. Der Vorteil der elektronischen Regelung im Gegensatz zur rein mechanischen liegt auf der Hand: Während bei der mechanischen Lösung nur die Solltemperatur durch Einstellen der Vorspannung des Ventils gewählt werden kann, können bei der elektronischen Variante eine Vielzahl weiterer Größen in den Schaltprozess einbezogen werden. Denkbar ist die Tageszeit ebenso wie Wochentage, Urlaubsabwesenheiten, aber auch „vorausschauendes" Heizen, wenn die Wettervorhersage einen Kälteeinbruch prognostiziert. Darüber hinaus kann eine vernetzte automatisierte Steuerung/Regelung auch das Heizverhalten der umliegenden Haushalte in die Veränderung der Durchlaufmenge des einzelnen Heizkörpers aufnehmen. Wenn beispielsweise in einer zentralen Einheit der ungewöhnliche Anstieg der (durch individuelle Regelgrößen ermittelten und gesteuerten) Temperatur festgestellt wird, dann kann auch den anderen Haushalten in der Umgebung mit vergleichbaren zu regelnden Heizungen ein entsprechendes Signal gesendet werden.

Sowohl Steuerungstechnik als auch Regelungstechnik sind Teilbe- **118**
reiche der Automatisierungstechnik. Damit wird das Ziel verfolgt, möglichst viele Abläufe in einem technischen System unabhängig von menschlichen Eingriffen auszugestalten. In der Regel werden automatisierte technische Systeme nach einem vorher festgelegten Ablaufplan unter Berücksichtigung mehr oder weniger komplexer Ereignisauswertungen zur Erreichung einer vorher definierten Arbeitsaufgabe tätig. Häufig geht mit einer Erhöhung des Automatisierungsgrades eine größere Komplexität des Systems einher.

Bereits bei dem einfachen Beispiel der Heizungssteuerung (→ Rn. 117) **119**
wurde deutlich, dass Daten bzw. Informationen eine besondere Bedeutung als Instrument der Steuerung von technischen Systemen haben. Die Besonderheit liegt in dem relativ geringen Aufwand, die Steuerung bzw. Regelung des Systems von Daten abhängig zu machen, insbesondere in der Komplexität. Vorstellbar wird dies bei der Betrachtung der Entwicklung von Fahrassistenzsystemen. Ursprünglich basierten Tempomaten auf dem Prinzip, die Kraftstoffmenge in den Verbrennungsmotor in Abhängigkeit der Geschwindigkeit, die erreicht und die aktuell gemessen wird, zu regeln. Heutzutage kann ein Fahrzeug mit Hilfe der Daten, die eine Vielzahl von Sensoren (nicht bloß die aktuelle Geschwindigkeit) liefern, auch die Querbewegung des Fahrzeugs steuern, dh lenken: Damit kann das Fahrzeug theoretisch unabhängig von einem Nutzereingriff zum gewählten Ziel (automatisch) gefahren werden. Ob der dafür gebräuchlich gewordene Begriff des „autonomen Fahrzeugs" treffend ist, bleibt fraglich, da das

Fahrzeug nicht über Autonomie verfügt, dh die Entscheidung selbstständig trifft, eine Spritztour zu machen und ein Schälchen Erdbeeren an der Straßenverkaufsbude zu kaufen.

120 Letztlich verbleibt es auch bei hochkomplexen Anlagen dabei, dass diese unabhängig von deren Automatisierungsgrad auf der Steuerung bzw. Regelung durch einen vorgegebenen Ablaufplan betrieben werden. Die Einbeziehung von Daten in die Steuerung und Regelung solcher Systeme erhöht die Komplexität teils so stark, dass das Ergebnis des Steuerungs- und Regelungsvorgangs kaum mehr nachvollzogen werden kann. Dieses Problem wird unter dem Begriff der Opazität technischer Systeme diskutiert und erfasst vor allem die Intransparenz von „Entscheidungsvorgängen" im Rahmen des Einsatzes von Systemen Künstlicher Intelligenz (sog. Black-Box-Phänomen).

b) Was liegt der menschlichen Handlungssteuerung zugrunde?

121 Die Frage nach der menschlichen Handlungssteuerung ist eng verbunden mit der individuellen Freiheit, die oft in Handlungs- und Willensfreiheit aufgegliedert wird und regelmäßig mit Fragestellungen der Ethik verwoben ist (von der Pfordten, Rechtsphilosophie, 2013, S. 68). Dabei ist allerdings die häufig im verfassungsrechtlichen Kontext anzutreffende „allgemeine Handlungsfreiheit" (Art. 2 I GG) nur der äußere Teil der Freiheit, der als Verhalten einer Person sichtbar wird (bei der Vertragsfreiheit (als Handlung) wird die Willensfreiheit besonders deutlich, vgl. Dürig/Herzog/Scholz/Di Fabio, Grundgesetz, 99. Aufl. 2022, GG Art. 2 Abs. 1 Rn. 101–104). Häufig wird angenommen, der Handlungsfreiheit ginge die Freiheit des Willens voraus. Allerdings meint diese „innere Seite der Freiheit" nicht bloß den Willen eines Menschen (in dem Sinne das Eine zu tun und das Andere zu lassen), sondern umfasst auch Einstellung, Richtung und Haltung (kurz: die Gesinnung eines Menschen), die dem eigentlichen Wollen vorausgeht (so bereits Hartmann, Ethik, 1949, S. 622 f.). Begreift man die menschliche Handlungssteuerung vor diesem freiheitlichen Horizont, ist die Steuerung menschlicher Handlung frei und basiert auf dem individuellen, freien Willen eines Menschen, der wiederum von der inneren Einstellung (Gesinnung bzw. moralischem Grundkonzept) des einzelnen Menschen beeinflusst wird.

122 Auch in der Psychologie existieren einige Modelle zur Handlungssteuerung. In diesem Kontext werden unter Handlungen motorische Aktivitäten verstanden, die dabei helfen, einen angestrebten Zustand zu verwirklichen und dabei von Umwelteinflüssen einerseits und Intentionen (Zielen) andererseits beeinflusst werden (vgl. dazu Elsner/Prinz, Psychologische Modelle der Handlungssteuerung, in Karnath/Thier, Neuropsychologie, 2. Aufl. 2006, S. 286 ff.). Ein Fokus bei dieser Forschung liegt unter anderem auf der Bestimmung der Einflussfaktoren der Reaktionszeit. In diesem Kontext wird der Zusammenhang von Reiz und Reaktion in den Vordergrund gerückt. Zwischenzeitlich etablierte sich in der experimentellen Psychologie die Meinung, dass der Vorbereitung von Bewegungen eine motorische Programmierung vorausgehe, dh die als Handlung wahrnehmbare Bewegung auf einem „Motorprogramm" in Form eines fertigen Satzes von Muskelkommandos, die bei Bedarf abgerufen werde. Die Parallelität von kognitiven Systemen und Computersystemen war damit augenfällig. Mittlerweile ist man davon abgerückt, das kognitive System auf solche Computermetaphern zu reduzieren, da sogar eine einfache Bewegung wesentlich komplexer ist als ein bloßes Programm, das lediglich gestartet werden müsste. Allerdings sind in diesem Zusammenhang zahlreiche Theorien entwickelt worden, um die Absichts- und Handlungsorganisation des Menschen zu erklären. Große Bekanntheit erlangte beispielsweise die von Dietrich Dörner entwickelte PSI-Theorie, wonach der Mensch ein sich selbst regulierendes, mechanisches System sei; er exemplifiziert dies an dem wohl schwierigsten Greifbaren: der menschlichen Seele. Er versucht, diese in ein informationsverarbeitendes System zu zerlegen und zeigt dabei sehr viele Parallelen zu Datenverarbeitungsanlagen auf. Diese Parallelität zu Anlagen der Datenverarbeitung zeigt Dörner in seinem Werk „Bauplan für eine Seele" (2001) beeindruckend auf, indem er menschliche Regulierung (in Form von Handlungen) mit Hilfe einer selbstregulierenden Dampfkesselmaschine beschreibt. Die Füllstände von mehreren „Kesseln" repräsentieren die menschlichen Bedürfnisse, die mittels vernetzter Neuronen beeinflusst werden.

c) Determinismus und Zufall

Der Annahme eines freien Willens scheint die Theorie des Determinismus entgegenzustehen. Die Diskussion um den Determinismus wird sehr breit und in zahlreichen Fachrichtungen geführt. Sehr allgemein beschrieben bedeutet Determinismus, dass alle Ereignisse durch Vorbedingungen festgelegt sind. Der unter dem Begriff der Inkompatibilität (zwischen Determinismus und Willensfreiheit) in der Philosophie geführten Diskussion liegt der Gedanke zugrunde, dass mentale Zustände ein Abbild physikalischer Zustände im Hirn seien. Daraus folgt jedoch, dass zwei Menschen, die atomar vollkom- 123 men identisch aufgebaut sind, immer zu identischen Ergebnissen – auch bei Entscheidungen – kommen müssten. Diese Erkenntnis ist in zweierlei Hinsicht problematisch: Einerseits folgt daraus, dass bei Reduzierung der mentalen Vorgänge auf die natürlichen und physikalischen Zustände kein freier Wille existieren kann. Andererseits ist die Bandbreite von Entscheidungen, die dennoch auftreten, schwer erklärbar. Ein Ansatz greift eine Eigenschaft des quantenmechanischen Prozesses auf: die Zufälligkeit der Teilchenbewegung, wodurch die Kausalreihe nicht vorhersehbar wird. Diese Zufälligkeit führt dann beispielsweise in Hirnzellen trotz des identischen Aufbaus zu der einen oder der anderen Entscheidung. Das Problem dabei ist allerdings, dass diese Erklärung der Zufälligkeit ebenfalls der Existenz eines freien Willens entgegensteht. Die Unterscheidung wird dann nicht mehr zwischen frei und determiniert (feststehend), sondern zwischen frei und zufällig getroffen.

124 Die skizzierten Denkmodelle sind sehr grob und verallgemeinert sowie unvollständig. Welche Argumentation oder welchen Ansatz man auch immer für überzeugend hält, ist an sich nicht entscheidend für das Verständnis des Problems. Wichtig für die weitere Betrachtung im hiesigen Rahmen ist die Erkenntnis, dass die oft gegensätzlichen Denkmodelle letztlich auf eine Frage zugespitzt werden können:

125 Was macht den Menschen aus bzw. worin unterscheidet sich ein Mensch von anderen Entitäten?

126 Der Versuch, diese Frage zu beantworten, kann sehr vereinnahmend werden. Die Frage aber gestellt zu haben, bevor man in der nächsten Ebene die Unterscheidung zwischen Systemen Künstlicher Intelligenz und dem Menschen untersucht, ist besonders wichtig. Damit kann verhindert werden, den Menschen negativ von einer möglicherweise beeindruckend (in einigen Teilbereichen auch die menschlichen Fähigkeiten übersteigende) befähigten Entität abgrenzen zu wollen bzw. zu müssen.

d) Was ist Verantwortung?

127 Verantwortung bedeutet die Zuschreibung des Einstehenmüssens zB für Handlungen. Die Diskussion über den Zusammenhang von Willensfreiheit und Verantwortung wird häufig im Strafrecht im Rahmen des Begriffs der Schuld geführt. Dort bedeutet Verantwortung im Sinne von Schuld die persönliche Zuschreibung von Handlungen (Matt/Renzikowski/Renzikowski, Strafgesetzbuch, 2. Aufl. 2020, StGB Einl. Rn. 24–26). Der zivilrechtliche Begriff der Verantwortung ist weiter gefasst. Es handelt sich zwar auch um einen normativen Begriff. Dieser erfasst aber auch beispielsweise die Zuschreibung von Zuständen, auch unabhängig von persönlicher Vorwerfbarkeit. Ein Beispiel ist die Störereigenschaft iSd § 1004 I 1 BGB: Eine Person kann nach dieser Norm für eine Handlung ebenso verantwortlich sein wie für einen Zustand. Verantwortung in diesem Zusammenhang bedeutet, dass der Eigentümer Unterlassung bzw. Beseitigung der Störung schuldet (insoweit instruktiv BGH NJW-RR 2021, 671 Rn. 10 ff. – Zustandsstörerhaftung für Containerentsorgung nach Insolvenz des Auftraggebers). Freilich liegt der Haftung auf Schadensersatz (als Folge der Zuschreibung von Verantwortung für eintretende Schäden) nach dem Bürgerlichen Recht das Verschuldensprinzip zugrunde. Dies wird deutlich in den Normen § 280 I 2 BGB sowie § 823 I, II 2 BGB. Als Ausnahme davon wird mit der Gefährdungshaftung die Gefahr des Schadenseintritts unabhängig von einer Vorwerfbarkeit bzw. Vermeidbarkeit einer Person zugeschrieben, oftmals demjenigen, der den Nutzen aus dem Betrieb einer gefährlichen Anlage zieht (Kfz-Halter) oder die Gefahr kontrollieren kann.

4. Vertiefung: Weiterführende Literatur und Videos

- Zum technischen Hintergrund (Programmierung und Hardwareaufbau):

Gumm, H.-P./Sommer, M., Informatik. Band 1. Programmierung, Algorithmen und Datenstrukturen, 2016 (auch als eBook);
Einführung für die Programmierung in Small Basics auf YouTube (Tutorials von TechTrain): https://youtu.be/e_BaEPCa8OQ;
Pohl, S., Raspberry Pi Kompendium: Linux, Programmierung und Projekte, 2020 (eBook);
Zur Funktionsweise der Bibliothek (unit) „tkinter“, mit der die Popup-Windows gesteuert werden können: https://www.python-kurs.eu/tkinter_entry_widgets.php

- Zum rechtlichen, philosophischen und psychologischen Hintergrund (Verhaltenssteuerung und Verantwortung):

Conow, A., Vertragsbindung als Freiheitsvoraussetzung, 2015, S. 66 ff.; v. d. Pfordten, D., Rechtsphilosophie. Eine Einführung, 2013; Esser, J., Interpretation und Rechtsneubildung im Familienrecht, JZ 1953, 129; Esser, J., Grundlagen und Entwicklung der Gefährdungshaftung, 1969; Bernhard, T., Rechtsverletzendes Handeln als Grundlage der deliktischen Haftung in § 823 I BGB, FS Picker, 2010, 83; Canaris, C.-W., Grundstrukturen des deutschen Deliktsrechts, VersR 2005, 577; Picker, E., Das Deliktsrecht im Zivilrechtssystem, ZfPW 2015, 385.

- Zum Verantwortungsbegriff im Recht:

Haagen, C., Verantwortung für Künstliche Intelligenz, 2021, S. 139 ff. Beitragssammlung zu Verantwortung, Verantwortlichkeit und Handlung: Lampe, E.-J., Verantwortlichkeit und Recht, 1989.

- Abgrenzung der Begriffe Verantwortung und Verantwortlichkeit (in der Regel mit strafrechtlichem Bezug):

Lampe, E. J./Fikentscher, W./Lübbe-Wolf, G. Verantwortung und Verantwortlichkeit im Strafrecht in Lampe, E.-J., Verantwortlichkeit und Recht, 1989, S. 286; Aebli, H./Kaufmann, F.-X./Brammsen, J. Verantwortung und Handlung, in Lampe, E.-J., Verantwortlichkeit und Recht, 1989, S. 191; Holl, J./Zippelius, R./Brammsen, J., Verantwortung zwischen sozialer Ordnung und individualer Freiheit in Lampe, E.-J., Verantwortlichkeit und Recht, 1989, S. 38. Zur Verhaltenssteuerung (durch Privatrecht): Wagner, G., Prävention und Verhaltenssteuerung durch Privatrecht, AcP 206 (2006), 355; Rehbinder, M., Die gesellschaftlichen Funktionen des Rechts, FS König, 1973, 354.

- Zu den psychologischen Modellen der Handlungssteuerung:

Dörner, D., Bauplan für eine Seele, 2001; Elsner, B./Prinz, W., Psychologische Modelle der Handlungssteuerung, in Karnath/Thier, Neuropsychologie, 2. Aufl. 2006, S. 286 ff.

- Zu dem Begriff des Determinismus im Recht, in der Philosophie und in der Informatik:

Konertz, R./Schönhof, R., Das technische Phänomen „Künstliche Intelligenz" im allgemeinen Zivilrecht, 2020, S. 58 ff.

- Philosophischer Hintergrund:

Hartmann, N., Ethik, 2021; Kant, I., Grundlegung zur Metaphysik der Sitten, 1785; Nietzsche, F., Jenseits von Gut und Böse, 1886. Zwei Teile in einem Band, 2005; Salamun, K., Karl Jaspers, 2006; Sartre, J.-P., Das Sein und das Nichts. Versuch einer phänomenologischen Ontologie, 1993; Weber, M., Wirtschaft und Gesellschaft. Grundriß der verstehenden Soziologie, 1922.

IV. „Machine Learning“ und „Künstliche Intelligenz“

1. Eingangsbeispiel in Python

128

```
# 1: Naiver Ansatz
def answer _ question _ naive(question):
 if(question == „Was ist die Definition von
 Rechtsgeschäft?"):
  return „Ein Tatbestand bestehend aus mindestens
  einer Willenserklärung und ggf. weiterer
  Handlungen, dessen Rechtsfolge eintritt, weil sie
  gewollt ist."
 else:
  return „Das weiß ich leider nicht."
while(True):
 inp= input(„Frage eingeben>")
answer = answer _ question _ naive(inp)
print(f"Antwort> {answer}")
```

In diesem Codestück wird eine Funktion (bzw. Prozedur) (mit dem Schlüsselwort def eingeleitet) definiert: „answer_question_naive“. Dies ist sozusagen ein Unterprogramm, das ein (sehr simples und für Präsentationszwecke unvollständiges) „Expertensystem“ umsetzt. Der nicht eingerückte Teil (ab „while“) ist der Teil des Codes, der unmittelbar ausgeführt wird, wenn das Programm startet. Dort wird dann das entsprechende Unterprogramm aufgerufen und das Ergebnis ausgegeben. 129

2. Unterscheide: „Regelbasierte Systeme“ und „Machine Learning“

a) Regelbasierte Systeme

Eingangsfrage:
Was sind Expertensysteme? Was ist der Unterschied zwischen „starker“ und „schwacher“ Künstlicher Intelligenz? 130

Stellen Sie sich vor, Sie müssten am Computer ein Frage-Antwort-System programmieren! Die Mittel, die Ihnen dafür zur Verfügung stehen, sind beschränkt: Ein Rechner kann nicht „denken“. Er kann – verkürzt gesagt – nur rechnen (Addition, Multiplikation, Division, Subtraktion). Alle diese Operationen lassen sich sogar auf die Addition zurückführen (bei der Multiplikation von Ganzzahlen ist das intuitiv ersichtlich: 2*3 = 2+2+2). Neben diesen elementaren

Rechenoperationen kann ein Computer noch Zahlen speichern und laden sowie Sprünge unter Bedingungen durchführen. (Eingabe- und Ausgabe-Operationen kommen noch dazu, spielen aber bei der Frage, was berechenbar ist, keine Rolle.) Aus diesen elementaren Operationen lassen sich dann komplexere Operationen zusammen-„bauen". Wenn Sie Python oder eine andere Programmiersprache verwenden, haben Sie schon einen höheren Schatz an Grundfunktionalitäten, auf den Sie zugreifen können.

131 Keine dieser Programmiersprachen ermöglicht es jedoch, einfach so natürlichsprachige Fragen zu beantworten:

132

```
answer = answer _ question(„Was ist die Definition
von Rechtsgeschäft?")
print(answer)
```

133 Die Python-Standardbibliothek kennt keine Funktion „answer_question", die natürliche Sprache versteht. Erst recht werden mit Python keine Funktionalitäten mitgeliefert, die Informationen über juristische Fachtermini liefern. Wie könnte man also ein Frage-Antwort-System bauen, das derartiges unternimmt?

134 Der Informatiker Joseph Weizenbaum entwickelte in den 1960er-Jahren das Computersystem „ELIZA" (mehr dazu: https://de.wikipedia.org/wiki/ELIZA). Dieses sollte einen (kommunikativ eher passiv ausgerichteten) Psychotherapeuten simulieren, der auf Eingabesätze bestimmte Antworten parat hatte und damit eine Gesprächsführung simulieren sollte. Dieses Beispiel verdeutlicht das:

135

```
Benutzer: „Ich habe ein Problem mit meinem Vater."
ELIZA: „Erzählen Sie mir mehr über Ihre Familie!"
```

136 Das Funktionsprinzip war denkbar einfach: Anhand von Schlüsselwörtern in der Eingabe (hier: Vater) wurden bestimmte Antworten generiert, die mit offen gehaltenen Antworten einen Gesprächsfluss generieren sollten. Man könnte hier theoretisch jede mögliche Eingabe eines Benutzers in einer Tabelle speichern mit den entsprechenden Antworten. Dieser (sehr naive) Ansatz ist offensichtlich beschränkt, da das System in keiner Weise **generalisieren** kann (Beispielcode → Rn. 128). Mittels Heuristiken kann man versuchen, für eine Vielzahl möglicher Eingaben die Antworten zu finden. ELIZA beruhte auf bestimmten Schlüsselwörtern, die Zustände im System regelbasiert veränderten und daraus eine Ausgabe produzieren. Im Beispielcode finden Sie eine stark simplifizierte Version, die aus be-

stimmten Eingabewörtern eine Konversation erzeugen kann. Der Verlauf des Gesprächs wird als sog. endlicher Automat modelliert. Ein Gespräch kann einen bestimmten Zustand haben, nach dem sich die Antworten des Systems richten. Ähnlich wie in ELIZA ist in unserem exemplarischen „FLUME-2000" der Ausgabealgorithmus von den konkreten Gesprächsanweisungen getrennt. Man könnte also eine Funktion einbauen, die Gespräche aus einer Datei laden kann, und damit ein universelles Gesprächssystem mit einer Vielzahl von Daten erstellen.

```
Print(„Hallo, ich bin der FLUME-2000. Wie kann ich
helfen?")
STATE = 0
keywords =        {„Rechtsgeschäft": 3,
                  „Willenserklärung": 2,
                  „Vertrag": 1}

states = {3: „Ein Tatbestand bestehend aus
mindestens einer Willenserklärung und ggf. weiterer
Handlungen, dessen Rechtsfolge eintritt, weil sie
gewollt ist.",
         2: „Das hat etwas mit der
Rechtsgeschäftslehre zu tun. Möchtest du mehr über
das Rechtsgeschäft wissen?",
         1: „Ein Vertrag setzt Willenserklärungen
voraus. Soll ich dir darüber mehr erklären?",
         0: „Was möchtest du?"}

while(True):
                  try:
                    print(states[STATE])
                  except:
                    print(„Wir sollten über etwas
                    anderes sprechen!")
                    STATE = 0
                    continue
                  question = input(„Frage>")
                  question = question.replace(„?","")
#keine Sonderzeichen berücksichtigen
                  question = question.replace(„.", „")
                  tokens = question.strip().split(„ „)
# aufteilen in einzelne Wörter (Liste von Wörtern,
sog. tokens)
                  if(„ja" in question.lower() and STATE
                  >0):
                    STATE += 1
```

```
        continue
    valid = False
    for t in tokens:
      try:
              state = keywords[t]
              valid = True # merken, dass
              wir etwas gefunden haben
              if(state < STATE):
                      print(„Du kommst vom
                      Thema ab. Na gut,
                      lass uns einfach
                      nochmal von vorne
                      beginnen.")
                      STATE = 0
              elif(state == STATE):
                      print(„Das hast
                      du doch schon
                      gefragt!")
              else:
                      STATE = state
      except:
              continue
    #nichts gefunden, zurücksetzen
    if(not valid):
      print(„Keine Ahnung. Frage mich
      einfach was anderes!")
      STATE = 0
```

137 Systeme wie diese werden als „regelbasierte“ **Künstliche Intelligenz** bezeichnet: In Ihnen wird explizit definiert (mittels Programmanweisungen), wie sich das jeweilige Programm verhalten soll. Der unscharfe Begriff der Künstlichen Intelligenz umfasst Anwendungen, in denen Maschinen Problemstellungen lösen, die typischerweise bisher von Menschen gelöst werden mussten. Maschinen sollen menschliches Schlussfolgern (reasoning) emulieren. Alan Turing hat mit seinem bekannten „Turing-Test“ einen Maßstab dafür geschaffen, wann man ein System als „intelligent“ in dem Sinne bezeichnen kann, dass es ausreichend menschliches Denken imitieren kann: Eine Testperson soll sich mit dem Programm „unterhalten“ und einschätzen, ob er eine echte Person vor sich hat oder nur den Algorithmus. Hieraus lassen sich auch schon verschiedene Disziplinen der Künstlichen Intelligenz herleiten:

138 1) Der Computer muss natürliche Sprache verstehen (Natural Language Processing, NLP).

2) Der Computer muss strukturiertes „Wissen“ haben (Knowledge Representation).

3) Der Computer muss wie ein Mensch Schlussfolgerungen treffen können (Automated Reasoning).
4) Der Computer muss seinen „Wissens"-schatz sowie seine Fähigkeiten zu Schlussfolgerungen in Lernprozessen anpassen (Machine Learning).
5) Der Computer muss gegebenenfalls Objekte, Gesichter, Personen erkennen (Computer Vision).

Eine Künstliche Intelligenz, die all diese Dinge ausreichend kann, wird teils als „starke Künstliche Intelligenz" oder „Artificial General Intelligence" bezeichnet, wobei die genauen Abgrenzungskriterien nicht klar sind. Systeme, die momentan schon nutzbar sind, verfügen lediglich über eine „schwache Künstliche Intelligenz": Sie haben einen begrenzten Schatz von Funktionalitäten und können nicht über den ihnen gegebenen Horizont hinausblicken. Die obigen Frage-Antwort-Programme (→ Rn. 128 und 136) kann man wohl als künstliche Intelligenz bezeichnen, da sie als Expertensysteme einen juristischen Experten nachzuahmen versuchen. Keinesfalls aber sind dies „starke" Künstliche Intelligenzen, die selbstständig menschliches Denken simulieren können. 139

b) Von „regelbasierten Systemen" zum „Machine Learning"

Wir wollen wieder unser Ausgangsbeispiel betrachten: Das Verhalten des FLUME-2000 wurde explizit definiert. Wenn das System ein Schlüsselwort erkennt, dann geht es thematisch zu diesem Schlüsselwort über und gibt entsprechende Ausgaben aus. Alle Konversationen müssen explizit definiert werden. Das ist auch durchaus etwas, was man in der Praxis gebrauchen kann, denken Sie an Telefonanlagen bei Servicehotlines, die regelbasierte „Menüansagen" bereitstellen, woraufhin man mit der Tastatur einen Menüpunkt auswählt. 140

Möchte man die Konversationen im FLUME-2000 erweitern, stellt man schnell fest, dass schon durch die Grundstruktur der Eingaben die Flexibilität der Konversation äußerst beschränkt ist. So besteht zum Beispiel die Einschränkung, dass das System immer thematisch zu dem ersten Schlüsselwort überzugehen versucht, was in der Eingabe gefunden wurde. In ELIZA hat man dieses Problem dadurch zu beseitigen versucht, indem man eine bestimmte Rangfolge (rank) von Schlüsselworten geschaffen hat und immer nur das Schlüsselwort gewählt wurde, das den höchsten Rang hat. Das Problem an dieser 141

Heuristik ist, dass die Wichtigkeit eines Schlüsselworts in einem Satz stark kontextabhängig ist.

142 **Beispiel 1:** „Besteht jedes Rechtsgeschäft aus einer Willenserklärung?" – Hier scheint der Begriff „Rechtsgeschäft" einen höheren Rang zu haben als die „Willenserklärung".

143 **Beispiel 2:** „Was ist eine Willenserklärung in einem Rechtsgeschäft?" – Hier will der Nutzer eher etwas über die Bedeutung des Begriffs „Willenserklärung" wissen.

144 Man könnte jetzt für jede Folge von Schlüsselwörtern markieren, welches Schlüsselwort einschlägig ist: Beispielsweise ist bei „Willenserklärung – Rechtsgeschäft" das zu berücksichtigende Schlüsselwort „Willenserklärung", während es bei „Willenserklärung – Vertrag – Rechtsgeschäft" das Schlüsselwort „Rechtsgeschäft" ist. Dies hat wiederum den Nachteil, dass man dabei alle möglichen Kombinationen dieser Wörter manuell aufschreiben muss. Außerdem generalisiert das System nicht, dh, es ist nur auf Fälle anwendbar, bei denen exakt diese Folgen von Kombinationen auftauchen. Man müsste alle möglichen Sonderfälle berücksichtigen.

145 Um dieses Problem zu lösen, kann man versuchen, ein generalisiertes Modell zu schaffen, das für einen bestimmten Satz unter Berücksichtigung des gesamten Kontextes ausgibt, welches Schlüsselwort zentral ist, um dann Informationen bezüglich dieses Schlüsselwortes dem Nutzer auszugeben.

146 Um nicht alle Sonderfälle einzeln zu betrachten und die Muster nicht manuell einprogrammieren zu müssen, könnte man versuchen, eine Näherungslösung zu schaffen, indem man das System **trainiert**: Stellen Sie sich dafür vor, jeweils Zweierpaare von Studierenden würden einen Datensatz schaffen. Jeweils ein Student stellt eine juristische Frage und eine andere Studentin nennt ein Schlüsselwort aus dieser Frage, was sie für das einschlägige Thema dieser Frage hält. Diese Daten werden in eine Datei gespeichert und alle Dateien werden zusammengefasst:

147

```
FRAGE: Was ist ein Rechtsgeschäft?
KEYWORD: Rechtsgeschäft

FRAGE: Ist ein Vertrag ein Rechtsgeschäft?
KEYWORD: Vertrag

FRAGE: Was ist der Unterschied zwischen
Rechtsgeschäft und Willenserklärung?
```

```
KEYWORD: Rechtsgeschäft

FRAGE: Braucht es für einen Vertrag eine
Willenserklärung?
KEYWORD: Vertrag

...
```

Es werden nun 10.000 Frage-Keyword-Paare gesammelt. Diesen **Trainingsdatensatz** kann man nun verwenden, um das Problem zu lösen. Hierzu macht man sich Methoden der Wahrscheinlichkeitsrechnung zu Nutze. Es wird eine Tabelle erstellt, mithilfe derer berechnet wird, wie hoch die Wahrscheinlichkeit ist, dass ein bestimmtes Wort in der Frage als themenbestimmendes Keyword einschlägig ist. Schauen wir noch einmal diese Frage an: 148

```
FRAGE: Was ist ein Rechtsgeschäft?
KEYWORD: Rechtsgeschäft
```

Wir können diese Frage in Dreier-Abfolgen von Wörtern zerlegen, sog. **Trigrams**. Ein Algorithmus würde wahrscheinlich wie eine Lupe vom Satzanfang zum Satzende gehen und jeweils drei aufeinanderfolgende Wörter ermitteln. Von besonderer Bedeutung wird anschließend das mittlere Wort sein. Damit auch das erste (und das letzte) Wort des Satzes untersucht werden kann, müssen zwei Platzhalter eingefügt werden: „ANFANG" und „ENDE". Die somit ermittelten Trigrams können in einer Tabelle dargestellt werden: 149

ANFANG	was	ist
was	ist	ein
ist	ein	Rechtsgeschäft
ein	Rechtsgeschäft	**ENDE**

Wir wollen jetzt ermitteln, wie häufig das mittlere Wort des Trigrams dem Keyword zu dieser Frage (hier: „Rechtsgeschäft") entspricht. Dies ist offensichtlich nur einmal der Fall, nämlich in der letzten Zeile.

Man kann nun in eine neu zu erstellende Tabelle folgendes Ergebnis abspeichern: Die Sequenz „ein-Rechtsgeschäft-**ENDE**", bei der das mittlere Wort („Rechtsgeschäft") auch das Keyword ist, kommt einmal vor. Daher wird in der Spalte „positiv" der Wert 1 eingetragen. Die Spalte „negativ" würde den Wert 1 erhalten, wenn als Trigram 150

„ein-Rechtsgeschäft-ENDE“ in der Frage zwar vorhanden ist, jedoch „Rechtsgeschäft“ kein Keyword ist. Das ist in dieser Frage nicht der Fall, daher tragen wir 0 in die Spalte „negativ“ ein.

Vorhergehend	Keyword	Nachfolgend	Positiv	Negativ
ein	Rechtsge-schäft	**ENDE**	1	0

Für die übrigen Trigrams braucht nichts eingetragen zu werden, denn das mittlere Wort war nur in dem einen möglichen Fall überhaupt eines der möglichen Keywords (Rechtsgeschäft, Vertrag, Willenserklärung). Ist ein Trigram nicht in der Tabelle enthalten, so ist per Konvention von einer Wahrscheinlichkeit von 0 auszugehen.

151 Nun gelangt das Programm zur nächsten Frage:

```
FRAGE: Ist ein Vertrag ein Rechtsgeschäft?
KEYWORD: Vertrag
```

152 Die Tabelle mit den möglichen Trigrams hat folgenden Inhalt:

ANFANG	Ist	ein
Ist	ein	Vertrag
ein	Vertrag	ein
Vertrag	ein	Rechtsgeschäft
ein	Rechtsgeschäft	**ENDE**

153 Hier gibt es zwei Trigrams, die als mittleres Wort ein mögliches Keyword beinhalten. Entsprechend der obigen Regel tragen wir daher in die erste Zeile (bei „ein-Rechtsgeschäft-ENDE“) den Wert 1 bei „negativ“ ein, weil diese Kombination zwar vorkommt, jedoch „Rechtsgeschäft“ nicht das Schlüsselwort in dieser Frage ist. Vielmehr ist „Vertrag“ das Schlüsselwort dieser Frage und dieses ist in dem Trigram „ein-Vertrag-ein“ enthalten, daher erhält die zweite Zeile den Wert 1 in der Spalte „positiv“. Damit erhalten wir die folgende Tabelle:

Vorhergehend	Keyword	Nachfolgend	Positiv	Negativ
ein	Rechtsge-schäft	**ENDE**	1	1

Vorhergehend	Keyword	Nachfolgend	Positiv	Negativ
ein	Vertrag	ein	1	0

Die Werte in den Spalten „positiv" und „negativ" können nun genutzt werden, um eine Einschätzung für eine unbekannte Frage zu geben, bei der das Keyword bislang unbekannt ist. Dazu wird die neue Frage in Trigrams zerlegt und jedes Trigram mit einem potenziellen Keyword gesucht. Danach wird aus der obigen Tabelle die Wahrscheinlichkeit abgelesen, dass es sich bei dem mittleren Wort in dem gerade untersuchten Trigram um ein Keyword handelt. Dazu wird die Tabelle um eine Spalte ergänzt, in der die bedingte Wahrscheinlichkeit P eingetragen wird. Diese Wahrscheinlichkeit P ist einfach jeweils das Verhältnis von positiven Treffern und der Gesamtzahl des Auftretens und errechnet sich demnach wie folgt: 154

P = Positiv / (Positiv + Negativ)

Die Tabelle mit der errechneten Wahrscheinlichkeit hat somit folgenden Inhalt: 155

Vorher-gehend	Keyword	Nachfolgend	Positiv	Negativ	P
ein	Rechtsge-schäft	**ENDE**	1	1	0.5
ein	Vertrag	ein	1	0	1

Die Wahrscheinlichkeit, dass bei Vorliegen des Trigrams „ein-Rechtsgeschäft-ENDE" das einschlägige Keyword „Rechtsgeschäft" ist, wird auf 0.5, also 50 % geschätzt. Für das Trigram „ein-Vertrag-ein" ist die Wahrscheinlichkeit bislang auf 100 % geschätzt. Der Computer ermittelt („lernt") daher die sog. bedingten Wahrscheinlichkeiten durch sehr einfaches Zählen. 156

Wendet man die Methode auf alle Fragen weiter an, erhält man folgende Tabelle: 157

Vorher-gehend	Keyword	Nachfolgend	Positiv	Negativ	P
ein	Rechtsge-schäft	**ENDE**	1	1	0.5

Vorher-gehend	Keyword	Nachfolgend	Positiv	Negativ	P
zwischen	Rechtsge-schäft	und	1	0	1
ein	Vertrag	ein	1	0	1
und	Willens-erklärung	**ENDE**	0	1	0
einer	Willens-erklärung	**ENDE**	0	1	0
einen	Vertrag	einer	1	0	1

158 Mit diesen ermittelten Wahrscheinlichkeitswerten kann man ein Programm so gestalten, dass bei Eingabe einer (unbekannten) Frage das Vorkommen aller Kombinationen (**Vorhergehend, Keyword, Nachfolgend**) untersucht wird und „vorhersagt", welches Keyword einschlägig ist.

159 Für die folgende Beispielfrage „Ist ein Vertrag ein Rechtsgeschäft?" bedeutet das: Wir zerlegen diese wieder in Trigrams und notieren die Wahrscheinlichkeiten aus der Wahrscheinlichkeitentabelle (→ Rn. 157).

			P
ANFANG	Ist	ein	0
Ist	ein	Vertrag	0
ein	Vertrag	ein	**1**
Vertrag	ein	Rechtsgeschäft	0
ein	Rechtsgeschäft	**ENDE**	**0.5**

160 Trigrams, die in der Wahrscheinlichkeitentabelle (→ Rn. 159) nicht auftauchten, haben per Definition eine Wahrscheinlichkeit von 0 – das können wir auch hier wieder rückübertragen. Aus der Tabelle lässt sich nun ablesen, dass das Trigram „ein-Vertrag-ein" mit 100 % Wahrscheinlichkeit das Keyword („Vertrag") vorgab. Das Trigram „ein-Rechtsgeschäft-ENDE" ist mit 50 % Wahrscheinlichkeit „Rechtsgeschäft". Man könnte sich strategisch immer nach der höchsten Wahrscheinlichkeit richten und hier „Vertrag" als das für die Frage relevante Keyword klassifizieren.

Möglich (und sinnvoll) wäre auch, zur Bestimmung des einschlägigen Schlüsselwortes einen Zufallsgenerator zu verwenden, der mit der in P berechneten Wahrscheinlichkeit eines der Keywords auswählt, die in der Frage vorkommen. Daher beträgt bei der Frage „Ist ein Vertrag ein Rechtsgeschäft?" die Wahrscheinlichkeit von „Vertrag" als einschlägiges Keyword mit **1/1.5 = 2/3** und die von „Rechtsgeschäft" **0.5/1.5=1/2**. Damit würde man dem Gedanken Rechnung tragen, dass wir bei nicht ganz sicherer Wahrscheinlichkeit nun auch mal selbst raten müssen – allerdings ein „educated guess", da wir zumindest eine Ahnung über die Wahrscheinlichkeiten in dem jeweiligen Kontext haben. Das können wir allerdings nur, wenn wir in unserem System Zufälligkeiten hinnehmen wollen. Das entstehende System würde jedenfalls dem Nutzer dynamischer erscheinen. **161**

Da wir jeweils nur die vorhergehenden Worte und die nachfolgenden Worte betrachten, generalisiert das Modell: Wir können sogar beliebig lange Fragen eingeben und der Computer kann eine Antwort finden. Der Preis der Generalisierung ist natürlich die einhergehende Unsicherheit beim Finden des Ergebnisses: Letztlich kann man nur schätzen, was am wahrscheinlichsten ist. Man könnte präzisere Ergebnisse erhalten, wenn man im Beispiel nicht nur die vorhergehenden und nachfolgenden Worte betrachtet, sondern vielleicht jeweils die zwei vorhergehenden und nachfolgenden Worte. Dies könnte allerdings die Generalisierbarkeit des Modells einschränken. **162**

Die hier verwendete Methode entstammt dem Gebiet der „Natürlichen Sprachverarbeitung" (Natural Language Processing). Sie nennt sich „n-gram Language Models". Moderne Systeme lassen sich zum Teil noch verstehen, indem man ihre Funktionsweise auf diese Methode zurückführt. **163**

```
def answer_question_eliza_machine_
learning(path):
 print("Hallo, ich bin der FLUME-3000. Wie kann ich
 helfen?")
 STATE = 0
 keywords = {"geschäftsähnlich": 4,
             "Rechtsgeschäft": 3,
             "Willenserklärung": 2,
             "Vertrag": 1}
```

```
states = { 4: "Eine geschäftsähnliche Handlung
              besteht aus einer Willens- oder
              Wissensbekundung, an die das Gesetz
              Rechtsfolgen knüpft, aber nicht, weil
              sie privatautonom gewollt sind.",
           3: "Ein Tatbestand bestehend aus
              mindestens einer Willenserklärung
              und ggf. weiterer Handlungen, dessen
              Rechtsfolge eintritt, weil sie gewollt
              ist.",
           2: "Das hat etwas mit der
              Rechtsgeschäftslehre zu tun.
              Möchtest du mehr über das
              Rechtsgeschäft wissen?",
           1: "Ein Vertrag setzt Willenserklärungen
              voraus. Soll ich dir darüber mehr
              erklären?",
           0: "Was möchtest du?"}
frequencies, total_frequencies = learn_
keywords(path, keywords)

while(True):
 try:
  print(states[STATE])
 except:
  print("Wir sollten über etwas anderes sprechen!")
  STATE = 0
  continue
 question = input("Frage>")
 question = question.replace("?","")
 #keine Sonderzeichen berücksichtigen
 question = question.replace(".", "")
 tokens = question.strip().split(" ")
 #aufteilen in einzelne Wörter (Liste von Wörtern,
 sog. tokens)
 if("ja" in question.lower() and STATE >0):
  STATE += 1
  continue
 valid = False
 keyword = predict_keyword(tokens, keywords,
 frequencies, total_frequencies)
 if(keyword is None):
  print("Keine Ahnung. Frage mich einfach was
  anderes!")
  STATE = 0
  continue
 state = keywords[keyword]
```

```
  if(state < STATE):
   print("Du kommst vom Thema ab. Na gut, lass uns
   einfach nochmal von vorne beginnen.")
   STATE = 0
  elif(state == STATE):
   print("Das hast du doch schon gefragt!")
  else:
   STATE = state

def learn_keywords(path, keywords):
 frequencies = {}
 total_frequencies = {}
 #lernt die Häufigkeiten von bestimmten Keyword-
 Abfolgen
 f = open(path, encoding="utf-8")
 lines = f.read()
 lines = lines.split("\n")#\n steht für Zeilenumbruch
 if(len(lines) % 3 != 0):
  print("Ungültige Eingabedatei")
  quit()
 for i in range(0, len(lines), 3):
  sentence = lines[i]
  keyword = lines[i+1]
  words = sentence.strip().replace("?", "").
  replace(".","").split(" ")
  for j in range(0, len(words)):
   if(words[j] in keywords):
    left = words[j-1] if j> 0 else "<BEGINN>"
    right = words[j+1] if j<len(words)-1 else "<ENDE>"
    if(keyword == words[j]):
     try:
      frequencies[(left,keyword,right)] += 1
     except:
      frequencies[(left,keyword, right)] = 1
    try:
     total_frequencies[(left,keyword,right)] += 1
    except:
     total_frequencies[(left,keyword, right)] = 1
   else:
    continue
 return frequencies, total_frequencies

def predict_keyword(words, keywords, frequencies,
total_frequencies):
 most_probable_keyword = None
 max_probability=0
 for j in range(0, len(words)):
  if(words[j] in keywords):
```

```
    if(most _ probable _ keyword is None):
     most _ probable _ keyword = words[j]
    left = words[j-1] if j> 0 else "<BEGINN>"
    right = words[j+1] if j<len(words)-1 else "<ENDE>"
    try:
     f _ positive = frequencies[(left, words[j], right)]
     f _ negative = total _ frequencies[(left,words[j],
     right)]
     p = f _ positive / (f _ positive + f _ negative)
     if(p > max _ probability):
      max _ probability = p
      most _ probable _ keyword = words[j]
     except:
      continue
  return most _ probable _ keyword
answer _ question _ eliza _ machine _
learning("keywords.txt")
```

c) Was ist das Besondere an „Machine Learning"?

> **Eingangsfrage:**
> *Was ist ein künstlich neuronales Netz?*

164 Im Beispiel wird ein einfaches statistisches Modell trainiert, um das Problem zu lösen. Bei solchen Verfahren spricht man von maschinellem Lernen (Machine Learning). (Fast) allen Methoden des Machine Learning ist es gemein, dass man mittels Beispieldaten statistische Zusammenhänge (Wahrscheinlichkeiten) errechnet und diese zur Lösung des Problems nutzbar macht. Es ist nicht mehr zentral, die „eine, korrekte" Lösung zu finden, sondern eine Lösung zu finden, die die höchste Wahrscheinlichkeit gegeben hat (bzw. ein System zu entwickeln, dessen Lösungen nah an der Wahrscheinlichkeitsverteilung der Trainingsdaten sind).

165 Das Ergebnis hängt stark von den verwendeten Trainingsdaten ab. Schlechte Trainingsdaten führen zu einer Verzerrung der errechneten Verteilung. Wird das Modell zu sehr auf einen Trainingsdatensatz trainiert, kann es sein, dass das Modell zwar sehr treffende Ergebnisse für den Trainingsdatensatz erzielt, aber für weitere, unbekannte Ergebnisse schlechte. Man spricht dann von „Überanpassung" (Overfitting).

166 Moderne Methoden des Machine Learnings umfassen insbesondere den Bereich der „künstlichen neuronalen Netze" (Artificial Neural Networks). Während klassische Methoden des Machine Learnings (wie im Beispiel oben) stark an das Problem angepasst werden müssen, haben neuronale Netze die interessante Eigenschaft, dass sie

universell sind: Es lässt sich für jedes wohldefinierte Problem ein neuronales Netz finden, dass dieses mit ausreichender Präzision löst (allerdings bedeutet das nicht, dass man für jedes Problem auch effizient ein Netz **trainieren** kann). Daher lohnt sich ein kurzer Blick auf diese ganz besonders:

Ein „neuronales Netz" ist mathematisch gesehen eine Funktion f(x). **167**
X ist eine Eingabe, die bestimmten Anforderungen genügt. Der Funktionswert (Ausgabe) genügt ebenfalls bestimmten Anforderungen. Das Besondere ist, dass in einem neuronalen Netz verschiedenartige Unterfunktionen systematisch und sich wiederholend aneinander gekettet werden:

$$F(x) = a(b(c(\ldots y(x))$$

Die Eingaben müssen mathematisch und vor allem in einem Compu- **168**
ter beschreibbar sein. Wie bereits dargestellt, braucht man in einem Computer letztlich immer eine Zahlendarstellung. Die Eingabe muss also in Zahlenform vorliegen. Da eine einzige Zahl für die meisten Anwendungen nicht genügt, nimmt man eine „Liste" von Zahlen. Mathematisch sind dies Vektoren der Form (v1, v2, ..., vn) mit n der Dimension der Vektoren (Anzahl der Zahlen in einem Vektor). Wenn man beispielsweise einen Text eingeben will, muss man den zunächst in eine Liste (Vektor) von Zahlen umwandeln und kann diesen dann in das Netz eingeben.

Jetzt werden schrittweise die Funktionen y, x, ... usw auf die Eingabe **169**
und die jeweiligen Zwischenergebnisse angewandt (wie ein Fließband), bis man die letzte Funktion (die Ausgabeschicht) erreicht.

Was macht nun diese Funktionen aus? Es gibt zwei verschiedene Arten **170**
von Funktionen, die man in das Netz einbaut.

(1) Lineare Abbildungen

Lineare Abbildungen müssten aus der Schule bekannt sein aus dem **171**
Bereich der Matrizenrechnung. Hier wird die Eingabe zu einem neuen Vektor kombiniert. Die Matrix gibt für jede Komponente der Ausgabe das „Mischverhältnis" der einzelnen Komponenten der Eingabe an.

$$\text{Beispiel: } \begin{pmatrix} a & b \\ c & d \end{pmatrix} \times \begin{pmatrix} 1 \\ 2 \end{pmatrix} = \begin{pmatrix} a+2b \\ c+2d \end{pmatrix}$$

Die Rechenregel hier ist per Definition „Zeile" (der Matrix) mal „Spal- **172**
te" (dem Vektor). Hierdurch entsteht ein neuer Vektor als Ergebnis.

173 Lineare Abbildungen dieser Art, die also durch die Multiplikation einer Matrix und eines Vektors entstehen, haben mathematisch eine große Bedeutung. Sie sind aber auch in ihrer Ausdrucksfähigkeit stark beschränkt. Für eine lineare Funktion $f(x)$ gilt stets: $f(x + y) = f(x) + f(y)$ und $af(x) = f(ax)$. Diese Eigenschaft nennt sich Linearität und es lässt sich leicht zeigen, dass dies für alle diese Funktionen, die mittels einer Matrixmultiplikation dargestellt werden können, gilt. Interessant sind aber auch gerade Funktionen, bei denen dies nicht gilt! Stellen Sie sich vor, Sie wollen eine Funktion darstellen, bei der Sie zwei Punktwolken voneinander trennen wollen:

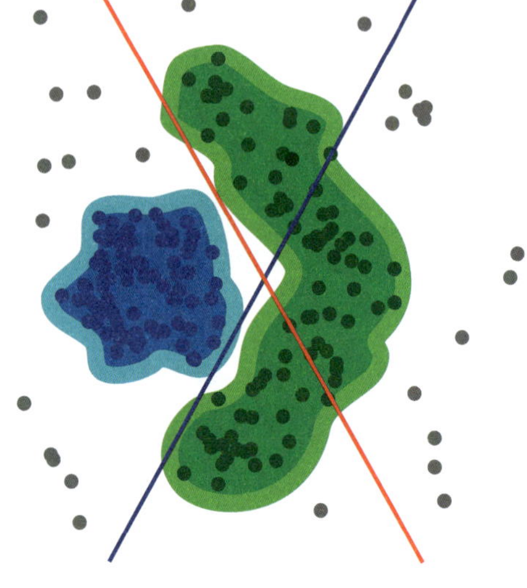

174 Diese beiden Punktwolken lassen sich nicht sauber durch eine Gerade trennen (versuchen Sie selbst, eine Gerade zu finden – sie wird immer durch die grüne Punktwolke durchgehen!). Links von der beispielhaften blauen Geraden befinden sich immer noch grüne Punkte. Wählen Sie einen grünen Punkt links von der blauen Geraden, ganz in der Mitte über der blauen, in der grünen Punktwolke und sagen, dass dieser Punkt A die Koordinaten (0,0) habe. Wählen Sie einen Punkt B möglichst unten in der grünen Wolke, unterhalb der blauen Punktwolke. Sagen wir, dieser Punkt hätte die Koordinaten (0,30).

175 Eine Funktion $f(x)$ sagt nun zB für einen Punkt, ob er grün oder blau ist. Beispielsweise (0,1) kodiert, dass ein Punkt blau ist, (1,0), dass er grün ist. Entscheidend ist dabei lediglich, welcher Wert größer ist. Es muss anhand der Daten gelten: $f(A) = (0,1)$, $f(B) = (0,1)$. Jetzt stellen wir uns einen dritten Punkt C vor, der sich als Kombination von A und B schreiben lässt: $f(C)=f\left(\frac{1}{2}(A+B)\right)=f\left(\frac{1}{2}B\right)=f\begin{pmatrix}0\\15\end{pmatrix}$. Dem Bild zufolge liegt der Punkt $\begin{pmatrix}0\\15\end{pmatrix}$ in der blauen Wolke (ungefähr, ansons-

ten nehmen Sie es an!). Daher müsste nach Definition gelten $f\begin{pmatrix}0\\15\end{pmatrix}=(1{,}0)$. Gäbe es eine lineare Abbildung (also eine Gerade, die die beiden Punktwolken trennt), dann müsste aber gelten: $f(C)=f\left(\frac{1}{2}(A+B)\right)=f\left(\frac{1}{2}B\right)=\frac{1}{2}f(B)=(0{,}0.5)$, damit müsste der Punkt grün sein.

Beachten Sie, dass dies kein formaler mathematischer Beweis ist, sondern nur der Veranschaulichung dienen soll. 176

Diese große Einschränkung von linearen Funktionen kann man überwinden, indem man nicht-lineare Funktionen einführt. 177

(2) Aktivierungsfunktion

Die sog. Aktivierungsfunktion ermöglicht es, „Schwellenwerte" einzubauen. Hintergrund ist, dass, wenn man lineare Abbildungen miteinander verknüpft, lediglich eine lineare Abbildung insgesamt besteht. Viele Probleme lassen sich jedoch nicht lediglich „linear" lösen. Stellen Sie sich eine Handschrifterkennung vor: Möglicherweise kommt es auf bestimmte Bereiche der Eingabe nicht mehr an, wenn eine bestimmte Form bereits entdeckt wurde. Linearität bedeutet aber vereinfacht ausgedrückt, dass jeder Teil der Eingabe proportional in das Ergebnis einfließen muss. Mittels Aktivierungsfunktionen kann man dies verhindern, indem man bestimmte Bereiche der Eingabe ignorieren oder „stummschalten" kann (bzw. das Modell lernt, dass es bestimmte Bereiche ignorieren kann). 178

Überlegen Sie im obigen Bild (→ Rn. 173), wie Sie sich dem Problem der linearen Separierbarkeit mittels einer nichtlinearen Funktion annähern können. Wählen Sie folgende nichtlineare Funktion f(x): 179

f(x) ist 0, falls x kleiner 0
ansonsten ist f(x) = x

Mögliche Lösungsidee: 180

1. Zunächst separieren wir die Punktmenge grob mittels einer Geraden. Dies könnte in der ersten „Schicht" eines neuronalen Netzes geschehen und passiert durch eine linearen Abbildung. Hierzu entstehen zwei neue Koordinaten in der Ausgabe der Schicht. Die Ausgabe entspricht dieser neuen linearen Abbildung. Die ursprünglichen Koordinaten werden unverändert weitergeschickt.

2. In einer weiteren linearen Schicht werden nur diese zusätzlichen Koordinaten so transformiert, dass ein Wert entsteht, der negativ ist, falls der Punkt auf der linken Seite der Gerade lag, und ansonsten positiv. Dies entspricht einfach einer Subtraktion der Koordinaten und ist eine lineare Abbildung.
3. Die oben genannte Aktivierungsfunktion wird angewandt, sodass die neue „verschmolzene Koordinate" 0 ist, falls der Punkt links von der Geraden ist, und 1, falls rechts.
4. In einer weiteren linearen Schicht werden jetzt entsprechend der roten Linie die beiden linken Teilmengen der Punktmengen geteilt und mit weiteren zwei Koordinaten „angereichert" entsprechend Schritt Nr. 1.
5. Entsprechend Schritten Nr. 2 und 3 wird wieder eine Subtraktion durchgeführt und die Aktivierungsfunktion angewandt.

181 Falls beide neu entstandenen Koordinaten 0 sind, liegt der Punkt in der unteren linken Seite der Punktmenge und gehört der blauen Punktwolke an! Ansonsten liegt der Punkt in der grünen Punktwolke.

182 Dies kann man auch noch einmal schöner darstellen, indem man diese beiden Koordinaten addiert und als (skalares) Endergebnis alleinig schreibt (ebenfalls eine lineare Abbildung). Ist das Ergebnis null, so ist klar, dass es sich um einen blauen Punkt handelt, da der Punkt nicht im unteren linken Quartil in der Zeichnung liegt.

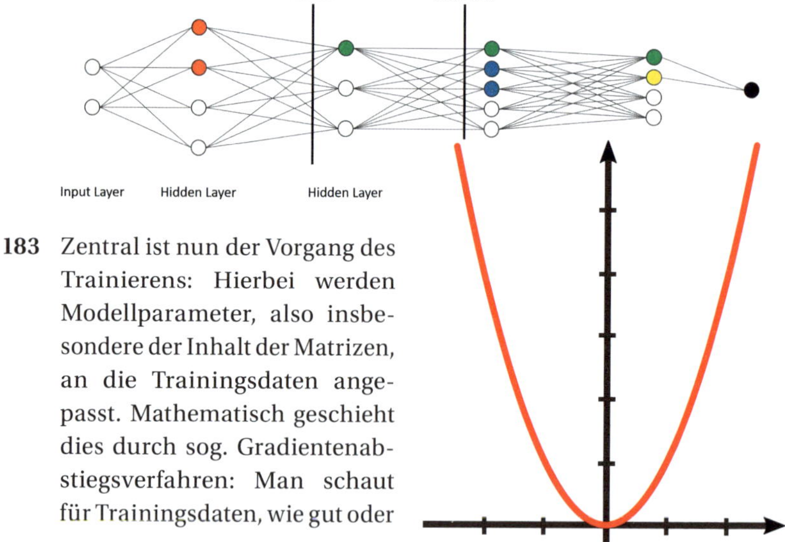

183 Zentral ist nun der Vorgang des Trainierens: Hierbei werden Modellparameter, also insbesondere der Inhalt der Matrizen, an die Trainingsdaten angepasst. Mathematisch geschieht dies durch sog. Gradientenabstiegsverfahren: Man schaut für Trainingsdaten, wie gut oder

schlecht die Ausgabe mit den bisherigen Parametern ist. Dies sagt eine sogenannte **Loss**-Funktion. Im einfachsten Fall könnte man zum Beispiel schauen, wie die (absolute) Differenz zwischen dem Ergebnis des Modells und dem richtigen Ergebnis (nach den Trainingsdaten) ist. Man kann nun diese Verlustfunktion nach den Modellparametern ableiten, also berechnen, wie sich der Verlust ändert, wenn man die Modellparameter verändert. Wenn man das weiß, kann man die Modellparameter entsprechend so ändern, dass das Modell besser wird. Dies wiederholt man immer wieder mit unterschiedlichen Trainingsdaten und erhält am Ende im besten Fall ein hinreichend gutes Modell.

Stellen Sie sich vor, die obige Parabel sei der Graph der Lossfunktion bezüglich eines einzelnen Gewichtes des Netzes. Momentan liegt der Wert von x bei x=4. Wie müssen Sie x bestimmen, damit das Gewicht optimal ist? Wie sähe ein Lernschritt aus?

Antwort: Die erste Ableitung von x^2 ist $f'(x)=2x$.

Die Nullstelle der ersten Ableitung ist ein Kandidat für das Minimum **184**
(notwendige Bedingung, Schulmathematik!).

$$0=2x \leftrightarrow 0=x$$

Die zweite Ableitung ist $f''(x)=2$ und $2>0$ (hinreichende Bedingung für Minimum).

Im sog. numerischen Verfahren bei neuronalen Netzen will (und kann **185**
man) die gesamte Loss-Funktion für alle Werte nicht ausrechnen. Daher bedient man sich des Gradientenabstiegs, indem man folgende Rechenvorschrift immer weiter wiederholt

$$x := x - \epsilon f'(x)$$

mit einer sehr kleinen sog. Lernrate $\epsilon = 0.0001$.

Dadurch nähert sich x immer weiter dem Optimum an, ohne dass man **186**
die gesamte Loss-Funktion ausrechnen muss, sondern nur in jedem Schritt $f'(x)$ lokal errechnen muss.

3. Fragen zum Weiterdenken

a) Was ist Opazität und welche Bedeutung hat sie in der Rechtsanwendung?

Opazität (engl. opacity, Undurchsichtigkeit) eines KI-Systems bedeu- **187**
tet, dass es zwar mit statistisch schätzbarer Wahrscheinlichkeit bei

einer bestimmten Eingabe jeweils das korrekte Ergebnis liefert, aber ansonsten nicht ersichtlich ist, was innerhalb dieses Systems passiert, also wie das System zu dem Ergebnis kommt. Es wird häufig davon gesprochen, dass Künstliche Intelligenz eine „black box" sei: Man könne nicht in sie hineinschauen.

188 Dies stimmt nur teilweise: Viele, gerade klassische Methoden des maschinellen Lernens sind interpretierbar und erklärbar. Die Methode, die wir für den FLUME3000 verwendet haben (angelehnt an **n-gram** language models) ist sehr leicht interpretierbar: Die entstehende Tabelle beschreibt bedingte Wahrscheinlichkeiten einschlägiger **Keywords** abhängig von bestimmtem Kontext, in welchem das Keyword erscheint. Ein weiteres Beispiel sind Entscheidungsbäume, die man automatisch generiert und die es durch ihre einheitliche, konkrete Struktur erlauben, die problementscheidenden Eingabegrößen zu interpretieren.

189 In jedes Modell kann man aber auch „hineinschauen". Man kann nämlich üblicherweise die einzelnen Parameter des Modells im Speicher des Systems abrufen und beobachten. Wenn man sagt, man könne in neuronale Modelle nicht „hineinschauen", dann ist eigentlich gemeint: Man kann sie nicht interpretieren und damit auch ihre Eigenschaften nicht allgemein beweisen. Dass man die Parameter (Gewichte) eines Modells nicht interpretieren kann, hängt vor allem mit der Universalität zusammen: Die Bedeutung eines einzelnen Gewichtes hängt von dem konkreten Problem ab, für welches das Modell trainiert hat. Die Anpassung eines Gewichtes erfolgt automatisch durch Gradientenabstieg. Um zu ermitteln, was die einzelnen Gewichte machen und welche Teile des Netzes welches Unterproblem lösen, müsste man das, was das Modell macht, eigentlich damit abgleichen, wie man mittels eines konventionellen Algorithmus das Problem lösen würde. Allerdings möchte man an sich gerade vermeiden, mit großem Aufwand einen konventionellen Algorithmus zu finden, der das Problem löst.

190 Das Ziel, Entscheidungen von KI-Systemen transparent zu gestalten, ist aus rechtlicher Sicht sehr nachvollziehbar. Ein Subsumtionsautomat zum Beispiel müsste nicht nur **klassifizieren**, ob ein geltend gemachter Anspruch existiert, sondern auch eine juristische Begründung **generieren**. Dazu müsste die Künstliche Intelligenz selbst interpretierbar sein.

191 Autonome Systeme, die als Black Box ausgestaltet sind, können schon softwareseitig bestimmte Mindestzusicherungen nicht garantiert erfüllen, soweit sie mittels Methoden maschinellen Lernens implementiert wurden. Ob ein Staubsauger die Katze oder das Baby rechtzeitig erkennt, bevor es sie überfährt, kann nicht garantiert werden, da sich aufgrund der Opazität des Bilderkennungsmoduls (typischer Anwendungsfall neuronaler Netze) nicht mathematisch beweisen lässt, dass es jederzeit die entsprechenden Hindernisse erkennt. Dies birgt Probleme in der Haftung: Dürfen Unternehmen dann überhaupt Gebrauch machen von effizienten, aber ungenauen Methoden des maschinellen Lernens?

b) Welche Bedeutung hat die Opazität in Schadensfällen?

Die mit Opazität beschriebene Intransparenz von „Entscheidungs- **192**
vorgängen“ im Rahmen des Einsatzes von Systemen Künstlicher Intelligenz führt zur Frage der Auswirkung der Verantwortlichkeit bei Schadensfällen. Nicht nur die Komplexität, sondern auch die im Rahmen des Trainings erfolgten Bewertungen einzelner gefundener Knotenpunkte sind im Ergebnis kaum identifizierbar. In der Regel ist es so, dass der Weg zu dem konkret präsentierten oder initiierten Ergebnis nur durch aufwendige (automatisierte) Dokumentierung der jeweiligen Entscheidungswege nachvollzogen werden könnte. Weil die Bearbeitung der Trainingsdaten allerdings sehr komplex und aufwendig ist, steht der Umfang der dabei anfallenden Dokumentierungsdaten häufig in keinem angemessenen Verhältnis zum Nutzen. Häufig wird eine solche Dokumentierung der Anpassung der Trainingsdaten daher nicht vorgenommen. Werden auf der Grundlage solcher Trainingsdaten Maschinen gesteuert, ist letztlich nicht nachvollziehbar, warum die Maschine in einer bestimmten Weise reagierte. In der Regel tritt diese Problematik bei erkennbaren Fehlentscheidungen zu Tage, die sich in konkreten Schäden manifestieren. Hat beispielsweise bei einem Fahrassistenzsystem die Auswertung der Kameradaten unter Zuhilfenahme der Mustererkennung dazu geführt, dass eine Plastiktüte auf der Autobahn als ein hartes Hindernis eingestuft wurde und daraufhin eine Gefahrenvollbremsung eingeleitet wurde, die den nachfolgenden Verkehr gefährdete und Fahrzeuge schädigte, kann häufig die konkrete Ursache dieser fehlerhaften Einstufung des Hindernisses in der Fahrzeugsteuerung nicht mehr vorgenommen werden.

Solche strukturellen Aufklärungsdefizite führen allerdings aus haf- **193**
tungsrechtlicher Sicht nicht automatisch aus der Verantwortung. Sofern eine Schadensersatzhaftung (wie üblich im Bürgerlichen Recht)

an eine verschuldete Handlung anknüpft, scheitert freilich der Fahrlässigkeitsvorwurf an einer Erkennbarkeit und Verhinderbarkeit der Einhaltung der Sorgfaltspflichten, wenn das System derart komplex ausgestaltet ist, dass der Fahrer des Fahrzeugs keinen Einfluss auf dessen Steuerung nehmen kann und ihm insbesondere die technischen Vorgänge nicht einmal im Ansatz nachvollziehbar sind. Andererseits greift die Gefährdungshaftung verschuldensunabhängig ein. Eine solche besteht für den Halter eines Fahrzeugs gem. § 7 I StVG. Da beide Risiken von einer Haftpflichtversicherung abgedeckt sein müssen (§ 1 I PflVG), greift für Schäden, die durch eine fehlerhafte Fahrzeugsteuerung hervorgerufen werden, üblicherweise die auf die Halterhaftung gestützte Einstandspflicht der Haftpflichtversicherung ein. Da es sich bei der Haftpflichtversicherung um eine Vergesellschaftung von Risiken handelt, ist allerdings überaus fraglich, warum derjenige, der an dem Verkauf von automatisierten Fahrzeugen letztlich einen ökonomischen Gewinn erzielt (Hersteller), sich an den Kosten der Vergesellschaftung dieser Risiken nicht zu beteiligen braucht. Der Hersteller von Kraftfahrzeugen wird derzeit nicht unmittelbar für die Kosten der Halterhaftung (im Rahmen der Pflichtversicherung) herangezogen. Es besteht lediglich aus übergegangenem Recht die Möglichkeit des Versicherers, dass der Pflichtversicherer des Halters bei dem Hersteller im Falle eines Produktfehlers, gestützt auf die Produkthaftung gem. § 1 I ProdHaftG bzw. die Produzentenhaftung gem. § 823 I BGB, Rückgriff nehmen kann. Diese Fälle sind allerdings äußerst selten. Zu der Verteilung der Risiken zwischen Fahrer, Halter und Hersteller vgl. Schrader NJW 2015, 3537.

c) Ist Künstliche Intelligenz schlauer als Menschen?

194 Systeme Künstlicher Intelligenz werden häufig in einem begrenzten Bereich eingesetzt, insbesondere für die Erledigung abgrenzbarer Aufgaben, beispielsweise Strategiespiele (Schach, Go), Gesichtserkennung und Fahrzeugsteuerung. Diesen begrenzten – und gerade nicht universellen – Einsatzbereich zeichnet aus, dass diese Systeme in den vorgesehenen Bereichen sehr hoch entwickelt sein können. Dies führt teilweise dazu, dass sie (früher von Menschen erledigte) Aufgaben sehr viel schneller und präziser erledigen können. Wegen dieser hohen Entwicklung in den Teilbereichen werden diese Systeme oft Expertensysteme bezeichnet. Die Fähigkeiten der Expertensysteme zeichnen aus, dass sie in der Regel die Fähigkeiten von Menschen übersteigen.

Bei der naheliegenden Folgerung, dass Künstliche Intelligenz daher schlauer sei als Menschen, muss man sich allerdings vergegenwärtigen, dass diese Aussage zumindest in zweierlei Richtungen begrenzt ist: **195**

Erstens ist das Expertensystem nur in dem vorgesehenen Anwendungsbereich dem Menschen überlegen; den Menschen zeichnet aber gerade die Universalität seiner Fähigkeiten aus. Beispielsweise kann ein Mensch zwar wesentlich langsamer eine Datenmenge (Akte) nach einer (auch nur diffus vorgegebenen) Information durchsuchen, ein System Künstlicher Intelligenz, das diese Aufgabe durch Training und Mustererkennung wesentlich effizienter und teils genauer erledigen kann, würde in einer unbekannten Umgebung eines Waldes schlicht der Korrosion ausgesetzt sein, anstatt eine Überlebensstrategie zu entwickeln; umgekehrt würde ein Expertensystem für Überlebenstraining die Aktenanalyse nicht entwickeln können. So verhält es sich auch bei anderen Expertensystemen im juristischen Bereich: Künstliche Intelligenz ist in der Masse anfallender Daten vielfach effizienter als der Mensch. Bei einer Qualifikation einer Vertragsklausel ist denkbar, dass ein angelerntes System viel schneller tausende von Verträgen nach bestimmten Klauseln durchsucht. Die Qualität solcher Arbeit wird jedoch hinter der menschlichen Begutachtung durch einen qualifizierten Juristen zurückbleiben. Je komplexer das Problem wird, desto mehr wird das KI-Ergebnis qualitativ an seine Grenzen kommen. Künstliche Intelligenz ist schließlich der Versuch, dem Computer Fähigkeiten zu verschaffen und Aufgaben zu lösen, die bislang nur für Menschen als lösbar galten. Nicht das, was der Computer gut kann, definiert die „Intelligenz" in diesem Sinne, sondern was der Mensch gut kann. **196**

Zweitens ist der Vergleich des Menschen mit einer Maschine im Hinblick auf deren „Schlauheit" schwierig. Die Überlegenheit technischer Systeme gegenüber menschlichen Fähigkeiten ist ein bekanntes Phänomen. Beispielsweise fährt ein Kraftfahrzeug wesentlich schneller, als ein Mensch jemals laufen könnte. Auch können Menschen nicht fliegen und ein Flugzeug als technisches System kann dies. Diese punktuelle Überlegenheit kann mittlerweile auch bei der Informations- bzw. Datenverarbeitung beobachtet werden. Dies bildet in den technischen Systemen oftmals menschliches Denken nach und übertrifft die Fähigkeiten oft bei weitem. Teilweise werden dadurch auch Lösungen mit Hilfe der Künstlichen Intelligenz gefunden, die von Menschen nicht aufgefunden werden könnten. Allerdings ist **197** der Schluss daraus, dass solche Systeme daher „schlauer" sind als Menschen, kaum gerechtfertigt. Maschinelles „Denken" funktioniert dabei anders und fördert daher auch andere Lösungen zu Tage; teils überschneiden sich die Lösungen, teils weichen beide (!) Ergebnisse voneinander ab, vor allem ist aber nicht gesichert, dass Lösungen der Künstlichen Intelligenz immer qualitativ hochwertiger oder brauchbarer sind als die Lösungen eines Menschen.

d) Dürfen wir Künstliche Intelligenz einfach abschalten?

198 Die Problematik dieser Frage liegt in der partiellen Annäherung der Fähigkeiten von Systemen Künstlicher Intelligenz und denen von Menschen. Dabei werden bisherige banal erscheinende Antworten im Bereich der Abgrenzungskriterien unscharf: Die Antwort auf die Frage, ob man ein technisches System abschalten darf, kann man freilich damit beantworten, dass man es ja schließlich auch selbst eingeschaltet und damit samt seinen Fähigkeiten auch erst erschaffen hat. Die Antwort ist nicht mehr ganz so leicht, wenn man sich die andere – ebenso klar zu beantwortende – Frage ins Gedächtnis ruft: Nur, weil zwei Menschen ein Kind kausal mit dessen Fähigkeiten in die Welt gesetzt haben, steht es ihnen dennoch nicht frei, über dessen künftige Existenz zu entscheiden. Worin besteht aber der Unterschied zwischen beiden Fällen?

199 Eine Annäherung an die Beantwortung dieser Frage ist derzeit am besten aus zwei Perspektiven zielführend: einer rechtlichen und einer moralischen.

200 Aus **rechtlicher Perspektive** könnte einer Abschaltung von Systemen Künstlicher Intelligenz entgegenstehen, dass damit Rechte verletzt werden, die unter dem Schutz der Rechtordnung stehen. Die Rechtsordnung ist anthropozentrisch ausgerichtet, dh, der Mensch steht im Mittelpunkt des Regelungsansatzes. Dies spiegelt sich bei zentralen verfassungsrechtlichen Normen (Menschenwürde, Persönlichkeitsrecht) ebenso wider wie bei abgeleiteten Rechten, die die Beziehung von Menschen untereinander oder zu Rechtsobjekten zum Gegenstand haben, aber auch im Verhältnis des Staates zu seinen Bürgern als Menschen. Dabei ist die Ausgestaltung des Schutzes in der Regel ausgehend vom Menschen gedacht und geregelt: Die Würde des Menschen ist unantastbar (Art. 1 I 1 GG); jeder hat das Recht auf freie Entfaltung seiner Persönlichkeit (Art. 2 I GG) sowie auf Leben und körperliche Unversehrtheit (Art. 2 II 1 GG). Die Verbindung der Unantastbarkeit der Würde zu dem Träger dieser Würde ist in der Verfassung über den Begriff des „Menschen" in Art. 1 I 1 GG ausgedrückt. Das bedeutet einerseits, dass allen Menschen diese Würde zukommt, andererseits aber auch dass Entitäten, die keine Menschen sind, nicht von der Regelung des Art. 1 I 1 GG erfasst sind. Die individuelle Würde ist daher auf die menschliche Gattung beschränkt. Letztlich ist der in Art. 2 I GG geregelte Lebensschutz eine Folge der Unmöglichkeit, den Würdeschutz vom Lebensschutz zu entkoppeln (Sachs/Höfling, Grundgesetz, 9. Aufl. 2021, GG Art. 1 Rn. 56). Damit ist allerdings die Frage, welche Entität ein Mensch ist, ebenso wenig beantwortet wie mit folgender Feststellung (BVerfGE 39, 1 (41) = BeckRS 1975, 105561):

> „Wo menschliches Leben existiert, kommt ihm Menschenwürde zu; es ist nicht entscheidend, ob der Träger sich dieser Würde bewußt ist und sie selbst zu wahren weiß. Die von Anfang an im menschlichen Sein angelegten potenziellen Fähigkeiten genügen, um die Menschenwürde zu begründen." **201**

Dagegen stellt das BVerfG deutlich auf die Zugehörigkeit zur Gattung Mensch ab (BVerfGE 87, 209 (228) = BeckRS 1992, 1669): **202**

> „Menschenwürde in diesem Sinne ist nicht nur die individuelle Würde der jeweiligen Person, sondern die Würde des Menschen als Gattungswesen. Jeder besitzt sie, ohne Rücksicht auf seine Eigenschaften, seine Leistungen und seinen sozialen Status. Sie ist auch dem eigen, der aufgrund seines körperlichen oder geistigen Zustands nicht sinnhaft handeln kann. Selbst durch „unwürdiges" Verhalten geht sie nicht verloren. Sie kann keinem Menschen genommen werden. Verletzbar ist aber der Achtungsanspruch, der sich aus ihr ergibt." **203**

Damit ist aber auch gesagt, dass es für die Bestimmung des Trägers der Würde gerade nicht auf dessen Fähigkeit und Können ankommt. Das verbietet zweierlei: Die Aberkennung der Würde wegen fehlender Fähigkeiten, aber auch die Zuerkennung von Würde aufgrund des Vorliegens von Fähigkeiten, auch wenn diese mit menschlichen Fähigkeiten vergleichbar sind oder diese gar übertreffen. Diese Diskussion ist bereits im Hinblick auf Tiere geführt worden mit dem klaren Ergebnis, dass Tiere keine Menschenwürde haben und daher nicht vom verfassungsrechtlichen Würdeschutz erfasst sind (v. Mangoldt/Klein/Starck/Starck, Grundgesetz, 7. Aufl. 2018, GG Art. 1 Rn. 26). Allerdings kommt die Verantwortung des Menschen für seine Umwelt – auch der Tiere – in der Staatszielbestimmung in Art. 20a GG zum Ausdruck. **204**

205 Die Künstliche Intelligenz wird daher nicht in einem „Recht auf Leben“ durch ihre Abschaltung verletzt. Daher beschränkt sich der Schutz gegen die Abschaltung eines Systems Künstlicher Intelligenz auf die damit beeinträchtigten Rechte von an dem System bestehenden Rechten (anderer Personen), beispielsweise einen betriebsbezogenen Eingriff in den eingerichteten und ausgeübten Gewerbebetrieb gem. § 823 I BGB oder auch den Schadensersatzanspruch gem. § 823 II BGB iVm § 303a StGB wegen einer rechtswidrigen Löschung, Unterdrückung, Unbrauchbarmachung oder Veränderung von Daten.

206 Eine weitere Dimension eröffnet die **moralische Perspektive** auf diese Frage. Diese Frage richtet sich nicht auf die rechtliche Zulässigkeit der Abschaltung, sondern auf den moralischen Status eines Akteurs. Solche bekannten Akteure sind beispielsweise Menschen oder Tiere. Bei der Bestimmung, welche moralische Schutzwürdigkeit einer Entität zukommt, können die Begriffspaare „sentience“ und „sapience“ helfen: Unter den Ausdruck „sentience“ fallen bestimmte Eigenschaften wie phänomenales Bewusstsein, Empfindungs- und Leidensfähigkeit, Emotionalität, einen Lebenswillen zu haben, oder „das Herz an etwas hängen“ zu können. „Sapience“ hingegen beschreibt höhere kognitive Fähigkeiten wie etwa Vernunft, Autonomie, Kreativität und Selbstbewusstsein. Welcher moralische Status einem Individuum zukommt und ob ihm moralische Rechte zustehen, ist davon abhängig, wie das Individuum ist und was es kann. Dabei sind Abstufungen möglich, dh, es geht nicht darum, einen vorliegenden moralischen Status zu bejahen oder diesen zu verneinen. Vielmehr gibt es ein Spektrum an Abstufungen: angefangen von leblosen Entitäten (zB Steine), die keinerlei Anspruch auf moralische Rechte haben, bis hin zu Personen, die über den höchsten moralischen Status verfügen und damit verbunden auch Schutzrechte für sich beanspruchen können. Die Einordnung von Systemen Künstlicher Intelligenz in dieses Spektrum muss an den Merkmalen orientiert erfolgen, die diese Systeme aufweisen. Dabei wird die Frage uneinheitlich beantwortet, ob Systeme Künstlicher Intelligenz über Merkmale von „sapience“ verfügen können und falls ja, welche (moralischen) Folgen sich daraus ergeben, vor allem wenn Merkmale von „sentience“ fehlen. Expertensysteme können zahlreiche Merkmale von „sapience“ aufweisen. „Sentience“-Merkmale hingegen werden bisher nur simuliert und in ihren Ausprägungen nachgeahmt. Die hier skizzierte Unterscheidung zwischen Merkmalsgruppen „sapience“ und „sentience“ verläuft ähnlich der häufig verwendeten (allerdings recht unscharf verlaufenden) Differenzierung zwischen „schwacher“ und „starker“ Künstlicher Intelligenz (vgl. hierzu auch → Rn. 139).

Bei Systemen Künstlicher Intelligenz stellt sich darüber hinaus das Problem der Personalität, dh des Trägers des moralischen Status, denn solche Systeme zeichnen sich häufig durch ihre Fragmentierung (Trainingsdaten, Steuerungscode usw) aus. Sogar der Speicherort ist häufig nicht zentral, sondern in cloudbasierten Systemen kaum lokalisierbar. Dadurch wird eine Zuordnung etwa bestehender moralischer Rechte praktisch schwierig. 207

4. Weiterführende Literatur

Kremp, M., „Eliza-Effekt“: Google-Ingenieur hält KI für fühlendes Wesen – und wird beurlaubt, https://www.spiegel.de/netzwelt/web/google-beurlaubt-ingenieur-der-einer-ki-gefuehle-zuschreibt-a-3d873abb-6a82-444d-b319-699a42841ca1#ref=rss; Lischka, K., Chatbots: „Ich hab immer ein Ohr für Dich ...“, https://www.spiegel.de/netzwelt/web/chatbots-ich-hab-immer-ein-ohr-fuer-dich-a-90924.html; Holland, O., Machine Consciousness. Journal of Consciousness Studies, Bd. 10, 2003; Müller, V. C., Philosophy and Theory of Artificial Intelligence, 2018.

- Überblick über die verschiedenen Methoden der Künstlichen Intelligenz (mit besonderem Augenmerk auf die künstlichen neuronalen Netze):

Konertz, R./Schönhof, R., Das technische Phänomen „Künstliche Intelligenz“ im allgemeinen Zivilrecht, 2020, S. 34.

B. Recht und dessen Anwendung: Methoden des Rechts

I. Was ist Recht?

Bevor man die Frage beantworten kann, wie ein Schraubenschlüssel funktioniert, muss man sich mit den Fragen beschäftigen, was eine Schraube ist und wozu man diese benötigt sowie welche Grundprinzipien man für die Erreichung der angestrebten Funktion nutzt (teils in Abgrenzung zu anderen Systemen, zB einem Nagel). Mit diesem Vorwissen kann man dann die notwendigen Eigenschaften (Beschaffenheit) eines Schraubenschlüssels sowie dessen Einsatz verstehen. **208**

Eingangsfrage: *Was ist Recht?*

1. Recht als Werkzeug – geschriebenes und ungeschriebenes Recht

So ähnlich verhält es sich mit dem Recht auch, wenn man dieses als Werkzeug, dh als ein Mittel begreift, mit dem man ein Ziel erreichen will, dh, dass mit der Anwendung des Rechts ein bestimmter Zweck verfolgt wird. Daher steht vor der Frage, was Rechtsanwendung ist und wie diese funktioniert, die Frage, was Recht ist. Diese Frage ist alles andere, als einfach zu beantworten und gewinnt an Dimension, je länger man über sie nachdenkt und versucht, sie zu beantworten (vgl. Rüthers/Fischer/Birk, Rechtstheorie, 11. Aufl. 2020, Rn. 48 ff.). Im hiesigen Zusammenhang soll diese Frage auch nur gestreift und für den besonderen – hier interessierenden – Betrachtungswinkel skizziert werden. Man kann die Frage, was Recht ist, aus verschiedenen Perspektiven betrachten: Beispielsweise kann nach dem Zweck gefragt werden, den das Recht erfüllen soll. Dies eröffnet den Blick für die Funktion, das menschliche Zusammenleben zu regeln. Um diese **209**

Funktion zu erfüllen, ist es zweckmäßig, dass Recht einheitlich ist, dh in einer Form besteht, die für alle verbindlich ist. Außerdem erscheint es notwendig, dass Recht nicht nur in Form von Verhaltensregeln (bzw. -empfehlungen) besteht, sondern einen Geltungsanspruch erhebt, dh einerseits verbindlich gilt und auch im Streitfall durchgesetzt werden kann (Zwangsmoment). Eine andere Perspektive ist die Frage nach der Rechtsquelle, dh, woher Recht kommt bzw. wie es entsteht. Vereinfachend betrachtet kann man hier zwei Bereiche erkennen: Auf der einen Seite gibt es Rechtsnormen, die staatlich gesetzt und anerkannt sind (positives Recht), auf der anderen Seite existieren eine ganze Reihe ungeschriebener Regeln, die das menschliche Zusammenleben beeinflussen. Von diesen ungeschriebenen Regeln hat nur ein kleiner Teil die Qualität von Rechtsnormen, so zum Beispiel die Materie des Arbeitskampfrechts. Sitten, Gebräuche und Moralvorstellungen haben als Sozialnormen für sich keinen Rechtscharakter, da es ihnen an der Verbindlichkeit oder zumindest an der staatlichen Sanktionsfähigkeit fehlt. Es ist beispielsweise möglich, dass Sitten und Gebräuche ein bestimmtes Verhalten missbilligen (rülpsen und popeln am Esstisch), sich jedoch weder im geschriebenen noch im ungeschriebenen Recht eine Rechtsfolge hierfür finden lässt. Teilweise werden durch Öffnungsklauseln im geschriebenen Recht Einfallstore für Sozialnormen geöffnet. Ein Beispiel dafür ist der in § 138 BGB und § 826 BGB enthaltene Verweis auf die „guten Sitten", die durch diese Inkorporierung einen Rechtscharakter erhalten.

210 Häufig decken sich die Ergebnisse der beiden Bereiche (geschriebenes und ungeschriebenes Recht). Wenn es zu Abweichungen kommt, stellt sich die Frage der Auflösung dieses Konflikts. Dabei sind verschiedene Konstellationen denkbar. Andererseits sind Fälle denkbar, in denen das geschriebene Recht für ein Verhalten eine Rechtsfolge vorsieht, die gegen Moralvorstellungen (und teils Naturrecht) verstößt. Mediale Aufmerksamkeit hat dieser Konflikt beispielsweise bei den Mauerschützenprozessen auf sich gezogen. In den damals in der DDR erlassenen (dh geschriebenen) Rechtsnormen war ein strafrechtlich wirkender Rechtfertigungsgrund enthalten, auf „Republikflüchtlinge" zu schießen, um diese am Grenzübertritt zu hindern. Dabei stellte sich allerdings auch die Frage, ob das positive Recht durch ungeschriebenes Recht überlagert wird. Die Frage der Abweichung der Ergebnisse von geschriebenem und ungeschriebenem (übergesetzlichem) Recht stellt sich in der Regel erst nach politischen Systemwechseln sowie im Völkerrecht.

2. Konkretisierungsgrad im positiven Recht

Lässt man einmal die in den Randbereichen bestehenden genannten Abweichungen außer Betracht und fokussiert die geschriebenen Rechtsregeln, fällt auf, dass diese Rechtsregeln zwar für einzelne Konflikte eine Rechtsfolge vorsehen, jedoch der Regelungsansatz abstrakt ist. Geregelt wird kein Einzelfall, sondern es wird für eine Gruppe von Konflikten eine Rechtsfolge angeordnet. Streiten sich beispielsweise Käufer und Verkäufer darüber, ob der Käufer dem Verkäufer den Kaufpreis zahlen muss, regelt §433 II BGB, dass der Verkäufer gegen den Käufer einen entsprechenden Anspruch hat. In dem Gesetz wird aber nur der abstrakte Fall des Kaufvertrags geregelt, nicht der Fall von Max Mustermann und Berta Breitner. Die Konkretisierung der im Gesetz enthaltenen abstrakten Regelung auf den Einzelfall ist Teil der Rechtsanwendung. Je konkreter die Regelung ist, desto genauer können die Gerechtigkeitserwägungen des Gesetzgebers im Einzelfall umgesetzt werden. Je abstrakter die Regelung ist, desto unterschiedlicher können die Ergebnisse bei der Rechtsanwendung ausfallen. Ein extrem hoher Abstraktionsgrad des BGB wäre erreicht, wenn man dieses auf den Regelungsgehalt von §242 BGB reduzieren und dem Rechtsanwender überlassen würde, den konkret auftretenden Konflikt unter Berücksichtigung von Treu und Glauben und der Verkehrssitte zu entscheiden. Die andere Extremsituation wäre, jeglichen Einzelfall kodifizieren zu wollen und damit dem Rechtsanwender den Wertungsspielraum im Einzelfall so stark wie möglich zu verjüngen bzw. zu entziehen. In die Richtung dieser Extremsituation tendierte das „Allgemeine Landrecht für die Preußischen Staaten", was das aufklärerische Ziel verfolgte, Rechtsmissbrauch durch Richter zu verhindern und jedermann jede Regelung allgemeinverständlich nachlesbar zu machen und somit den Anspruch hatte, jeden Fall regeln zu können. 211

Allerdings wurden alsbald die Grenzen der gesetzespositivistischen Ansichten deutlich. Es erscheint (insbesondere aus heutiger Sicht) nahezu unmöglich, sämtliche mögliche Konflikte jeglicher Lebensbereiche im geschriebenen Recht erfassen zu wollen. Es ist eine der entscheidenden Erkenntnisse, dass Recht durch seine Anwendung nicht nur im Einzelfall konkretisiert, sondern auch weiterentwickelt wird. Nach Art. 20 III GG ist der Richter an Gesetz und Recht gebunden. In Verbindung mit Art. 97 I GG, wonach Richter unabhängig und nur dem Gesetz unterworfen sind, ergibt sich daher zunächst eine Bindung an das Gesetz. Gleichzeitig eröffnet es allerdings auch die Möglichkeit richterlicher Rechtsfortbildung, was allerdings inso- 212 weit eine Regelungslücke voraussetzt und den verfassungsrechtlichen Rahmen wahren muss (insoweit lesenswert zur Begründung eines zivilrechtlichen Schmerzensgeldanspruchs wegen Verletzung des allgemeinen Persönlichkeitsrechts: BVerfG NJW 1973, 1221 = BeckRS 1973, 107005 – Soraya).

3. Bindung des Richters an die „Rechtsprechungslinie"

213 Zwar ist der Richter an Recht und Gesetz gebunden, jedoch ist es gerade seine Aufgabe, den in einer geltenden Rechtsnorm enthaltenen (abstrakt formulierten) Rechtsanwendungsbefehl auf den Einzelfall anzuwenden. Hierbei ist er unabhängig, Art. 97 I GG. Dies gilt nicht hinsichtlich der Anwendung anerkannter Auslegungsmethoden und der Begründungslogik. Allerdings ist der erkennende Richter nicht an vorausgegangene Entscheidungen (auch höherrangigen – mit Ausnahme verfassungsgerichtlicher Entscheidungen, die Gesetzesrang haben, § 31 I BVerfGG) gebunden. Der Richter muss daher nur begründen, welchen Regelungsinhalt er aus der abstrakten Rechtsnorm ableitet und auf den konkreten Fall anwendet. Er muss nicht begründen, warum er von einer Rechtsauffassung eines anderen Gerichts abweicht. Daher spielt es vom Grundsatz her keine Rolle, dass es beispielsweise eine ständige Rechtsprechung gibt. Freilich besteht eine hohe Wahrscheinlichkeit, dass ein höherrangiges Gericht die Entscheidung aufheben wird, wenn sie von der bisherigen Rechtsprechungslinie abweicht. Eine Begründung hierfür muss allerdings im Einzelfall erfolgen und kann nicht bloß im Verweis auf die ständige Rechtsprechung bestehen. Dies gilt auch, wenn es eine Vielzahl von Entscheidungen zu einer bestimmten Rechtsfrage gibt. Die Quantität vorliegender Entscheidungen ist kein Sachargument. Das folgt bereits aus der Überlegung, dass sich gesellschaftliche Umstände grundlegend ändern können und ein bislang in einer bestimmten Weise entschiedener Fall nunmehr unter gewandelten gesellschaftlichen (und/ oder auch technischen) Gegebenheiten und Möglichkeiten anders zu entscheiden ist. So verhält es sich beispielsweise mit der Zuerkennung eines Schadensersatzanspruchs für Verletzungen des allgemeinen Persönlichkeitsrechts, den das Reichsgericht in ständiger Rechtsprechung abgelehnt hatte und der heute – im Übrigen entgegen des eindeutigen Wortlauts von § 253 I und II BGB – als allgemein im Rahmen richterrechtlicher Rechtsfortbildung anerkannt gilt.

II. Rechtsanwendung

1. Konditionalnormen

Unter Rechtsanwendung versteht man im Kern das Finden einer Lösung im konkreten Einzelfall anhand eines abstrakten Rechtssatzes. Dieser abstrakte Rechtssatz ist in der Regel ein Gesetz. Das Gesetz enthält in der Regel abstrakte Rechtsbegriffe und ordnet dafür eine konkrete Rechtsfolge an. Typisch sind sog. Konditionalnormen, die nach dem Wenn-Dann-Schema aufgebaut sind: Wenn die (genannten) Voraussetzungen erfüllt sind, dann gilt die (angeordnete) Rechtsfolge. 214

Eingangsfrage:
Was ist Rechtsanwendung und wie funktioniert sie?

2. Formallogik und Justizsyllogismus

Kernfrage der Rechtsanwendung ist daher, ob der zu entscheidende Sachverhalt unter das Gesetz „passt“, dh der Sachverhalt die Voraussetzungen der Norm erfüllt. Ist dies der Fall, gilt die in der Norm angeordnete Rechtsfolge. Dieser Vorgang wird häufig bezeichnet als Subsumtion. Hierbei wird der zu beurteilende Fall unter den Normtext gestellt. Die Frage, ob der konkrete Sachverhalt unter den Normtext passt, wird häufig anhand logischer Regeln vollzogen. Hierbei fällt eine gewisse Ähnlichkeit zur Syllogistik des Aristoteles auf. Ein Syllogismus ist der Schluss aus zwei Prämissen auf einen Schlusssatz. Abstrakt betrachtet kann dies wie folgt dargestellt werden: 215

216

Prämisse eins:	A = **B**
Prämisse zwei:	**B** = C
Schlusssatz:	A = C

Dieser Schluss ist nur zulässig, wenn der vermittelnde Mittelbegriff (B) etwas vermitteln kann, was nicht der Fall ist, wenn er in beiden Prämissen nur partikulär gilt, dh, wenn es einen Bereich von B gibt, der außerhalb von A und C liegt. Eine grafische Darstellung und weitere Erklärungen mit Beispielsfällen finden sich bei Haft, Juristische Rhetorik, 7. Aufl. 2007, S. 79 ff. 217

Das Grundprinzip dieser formalen Logik eines Syllogismus liegt auch der Subsumtion zugrunde. Dabei werden die obigen Buchstaben mit Begriffen ersetzt. Außerhalb eines rechtlichen Kontextes kann dafür folgendes Beispiel dienen: 218

219

Prämisse eins:	**Menschen** sind sterblich.
Prämisse zwei:	Aristoteles ist ein **Mensch**.
Schlusssatz:	Daher ist Aristoteles sterblich.

220 Auf den ersten Blick erscheint das Ergebnis zwingend vorgegeben zu sein und die Logik als eine verblüffend objektive Möglichkeit, Lösungen zu finden. Ein anderes Beispiel führt die Grenzen dieser Vorgehensweise vor Augen:

221

Prämisse eins:	Füchse sind **schlau**.
Prämisse zwei:	Juristen sind **schlau**.
Schlusssatz:	Juristen sind Füchse.

222 Dieses Beispiel zeigt die Beeinflussung der Richtigkeit des Ergebnisses von dem den Prämissen zugrundeliegenden Vorverständnis. Diese Problematik zeigt sich im juristischen Kontext noch viel deutlicher. Die Anwendung dieser formalen Logik im Bereich der Rechtsanwendung wird auch Justizsyllogismus genannt. Zwei Beispiele zeigen, dass die Beeinflussung der Richtigkeit des Ergebnisses auch (und vor allem) beim Justizsyllogismus von der Formulierung und dem Verständnis der Prämissen beeinflusst wird:

223

Prämisse eins:	Eigentümer können mit einer Sache nach Belieben verfahren (§ 903 S. 1 BGB).
Prämisse zwei:	Julia ist Eigentümerin der Sandschaufel.
Schlusssatz:	Julia kann mit der Sandschaufel nach Belieben verfahren.

224 Ein leicht abgewandeltes Beispiel zeigt das obige Problem im juristischen Kontext:

Prämisse eins:	Eigentümer können mit einer Sache nach Belieben verfahren (§ 903 S. 1 BGB).
Prämisse zwei:	Max gehört eine Sandschaufel.
Schlusssatz:	Max kann mit der Sandschaufel nach Belieben verfahren.

225 Bei diesem Beispiel stellt sich die Frage, ob Max die Schaufel ebenso wie Julia auch zerstören darf. Die Rechtsfolge „nach Belieben verfahren“ schließt dies mit ein. Aber während bei Julia feststeht, dass sie Eigentümerin der Schaufel ist, kann es im Fall von Max aber sein, dass der Begriff „gehören“ besitzrechtlich gemeint war, dh, dass sich Max diese Schaufel (vielleicht sogar von Julia) für einen Tagesauflug auf den Spielplatz geliehen hat. Dann geht Max davon aus, dass ihm diese

Schaufel „gehört". Besitzrechtlich ist dies auch zutreffend, nur kommt es für die Rechtsfolge von § 903 BGB darauf an, ob Max Eigentümer, nicht bloß Besitzer der Sache ist. Da der Besitzer die Sache an den Eigentümer gem. § 985 BGB (nach Ablauf der Leihzeit, dh nach Wegfall des Rechts zum Besitz gem. § 986 BGB) wieder herausgeben muss, wird klar, dass die Zerstörung der „an dem Tag ihm gehörenden" Schaufel nicht von den aus § 903 BGB folgenden Befugnissen erfasst sein kann.

Diese Beispiele verdeutlichen, dass Rechtsanwendung nicht bloß rei- **226** ne Logik ist, sondern zu einem großen Teil auch auf Wertung beruht. Diese Wertung ist jedoch nicht frei. Vielmehr setzt sie bei der Gewinnung der Begriffe an, die in das logische Verfahren des Syllogismus eingestellt werden.

Unschärfen treten nicht nur bei der korrekten Erfassung des Sach- **227** verhalts auf (was bedeutet „gehören" im Hinblick auf das Eigentum?). Vielmehr kann auch das Gesetz häufig unbestimmte Rechtsbegriffe enthalten. Dies gilt auf Tatbestandsebene ebenso wie auf Rechtsfolgenebene. Ein Beispiel hierfür ist die Regelung des § 313 I BGB. Auf Tatbestandsebene enthält die Norm eine ganze Reihe unbestimmter Rechtsbegriffe: Was bedeutet schwerwiegende Veränderung der Umstände? Was bedeutet Unzumutbarkeit des Festhaltens am unveränderten Vertrag? Aber auch auf Rechtsfolgenebene bleibt offen, welchen konkreten Inhalt die „Anpassung des Vertrages" hat. Solche Unschärfen sind vom Gesetzgeber gewollt, um möglichst viele Fälle erfassen zu können und dem Rechtsanwender so weit nur die groben Eckpunkte des Regelungsziels zu vermitteln. Ob unter die schwerwiegende Veränderung einer Vertragsgrundlage beispielsweise eine enorme Inflation oder eine Pandemie fällt, ist vom Einzelfall ebenso abhängig wie die Rechtsfolge, die auf Aufhebung des Vertrages oder Anpassung von Leistung und Gegenleistung gerichtet sein kann.

3. Juristische Begriffsbildung und deren Überprüfung

a) Tatsachen und Rechtsfragen

Das Vorverständnis der in dem Verfahren der Rechtsanwendung zu **228** berücksichtigenden Begriffe kann in zwei Bereiche geteilt werden: Tatsachen und Rechtsbegriffe bzw. Tatfragen und Rechtsfragen. Knapp formuliert betreffen Tatfragen das, was tatsächlich geschehen ist. Dagegen beinhalten Rechtsfragen die Einordnung dieses Geschehens in die Rechtsordnung. Man könnte meinen, die Zuordnung sei einfach und entspreche bei der Rechtsanwendung der Bildung der Prämisse eins (Gesetz) und der Prämisse zwei (Sachverhalt). Doch bereits bei der Frage, wie Rechtsanwendung im Allgemeinen funktioniere, verwies Engisch (Logische Studien zur Gesetzesanwendung 3. Aufl., 1963, S. 15) auf den zwischen Sachverhalt und Rechtsnorm hin und her wandernden Blick. Die Abgrenzung zwischen Tat- und Rechtsfrage wirkt sich einerseits auf die Prüfungsmöglichkeit der Revisionsinstanz aus, da der BGH beispielsweise bezüglich der Beweiswürdigung (Allgemeine Erfahrungssätze als normenähnlich, BGH NJW 1954, 550) oder Auslegung von Individualvereinbarungen (vgl. zB BGH NJW 2021, 872 = BeckRS 2021, 971 Rn. 8) darauf beschränkt ist, zu prüfen, ob Verstöße gegen gesetzliche Auslegungsregeln, anerkannte Auslegungsgrundsätze, sonstige Erfahrungssätze oder die Denkgesetze vorliegen oder, ob die Auslegung auf Verfahrensfehlern beruht. Der Grund dafür liegt darin, dass das Berufungsurteil gem. § 545 I ZPO iVm § 546 ZPO nur in rechtlicher, nicht aber in tatsächlicher Hinsicht überprüfbar ist. Die Auslegung von Individualvereinbarungen wird im Wesentlichen als eine Tat- und keine Rechtsfrage behandelt, sofern es auf die Umstände des Einzelfalls ankommt; anders ist dies allerdings, wenn es sich um generalisierbare Auslegungsregeln von Klauseln handelt, die für eine Vielzahl von Fällen Anwendung finden (vgl. dazu Schrader JA 2021, 684). Bezüglich Rechtsfragen, also insbesondere Fragen der Gesetzesauslegung und -anwendung, besteht eine solche Einschränkung nicht. Sie sind grundsätzlich voll revisibel.

229 Aber nicht nur in der Revisionsinstanz wirkt sich die Unterscheidung zwischen Tat- und Rechtsfrage aus, sondern auch bei der Beweisaufnahme: Eine solche ist grundsätzlich nur über Tatsachen, nicht über Rechtsfragen zulässig (*iura novit curia*); eine Ausnahme gilt eingeschränkt für das in einem anderen Staat geltende (und dem Gericht unbekannte) Recht, wenn ein Gericht dieses anwenden muss, § 293 ZPO.

230 Die nicht gesetzlich geregelte Frage, wie man Tat- von Rechtsfragen abgrenzt, kann durch zwei verschiedene Ansätze erfolgen. Die untenstehende Zusammenfassung ist der Anmerkung zur Entscheidung BGH BeckRS 2021, 5754 („Auslegung der Vollständigkeitsklausel: ‚Mündliche Nebenabreden bestehen nicht'", abgedruckt in der JA 2021, 684 (686)) entnommen. In der Entscheidung kam es maßgeblich darauf an, ob die Auslegung von Individualvereinbarungen eine Tat- oder Rechtsfrage ist. Die Nachweise sind hier entfernt; bei Interesse wird auf den dortigen Abdruck verwiesen:

231 1. Nach dem teleologischen Ansatz richtet sich die Abgrenzung von Tat- und Rechtsfrage nach der mit der Revision verfolgten Aufgabe: Vereinheitlichung und Fortbildung des Rechts. Daher sind die von der Revision zu entscheidenden Rechtsfragen diejenigen Fragen, die einheitlich beantwortet werden müssen und eine über den Einzelfall hinausgehende Bedeutung (im Sinne eines „Richtliniencharakters") haben. Richtlinienmäßige, generelle und typische Fragen sind daher Rechtsfragen; individuelle, atypische und auf den Einzelfall bezogene Fragen sind Tatfragen. Hat eine Frage daher allgemeine Bedeutung, ist sie eine Rechtsfrage; ist sie dagegen „nur in ihrer Besonderheit erkennbar, wertbar und wägbar", ist sie eine Tatfrage.

2. Nach dem begrifflichen Ansatz erfolgt die Abgrenzung zwischen Tat- und Rechtsfrage parallel zur Unterscheidung von Alltags- und Rechtsbegriff. Um einen Sachverhalt subsumieren zu können, muss dieser „versprachlicht" werden, dh das, was tatsächlich geschehen ist („Sachverhalt als Geschehen"), muss zunächst in einen „Sachverhalt als Aussage" in dem Medium der Sprache bereitgestellt werden. Bei diesem Vorgang der „Versprachlichung" gibt es zwei Verfahrensweisen: Entweder wird der Sachverhalt „sprachlich-begrifflich" erfasst oder „außersprachlich". Diese Unterscheidung ist identisch mit der Abgrenzung von Tat- und Rechtsfrage und ist folgendermaßen vorzunehmen: Wird ein Sachverhalt mit alltäglichen Begriffen rein faktisch festgestellt und ist der Bedeutungsgehalt der Begriffe unstreitig, wird daher dem Begriff ein Faktum gegenübergestellt, handelt es sich um einen „Sachverhalt als Geschehen" und demnach um eine Tatfrage. Die Kontrollfrage, ob das Faktum der Aussage entspricht, kann nur mit „ja" oder „nein" beantwortet werden. Bei Rechtsfragen ist das anders, denn bei diesen wird der Aussage ein Begriff gegenübergestellt, dessen Begriffsinhalt (Bedeutung) vor einem Vergleich geklärt werden muss. Die Kontrollfrage wird daher nicht mit „ja" oder „nein" beantwortet, sondern mit „es kommt darauf an, wie man den Begriff versteht".

b) Alltagsbegriffe und Rechtsbegriffe

Wie aber gewinnt man einen Rechtsbegriff, dh, wie findet man heraus, 232
was unter einen Begriff, der im Gesetz verwendet wird, zu verstehen ist? Allgemein muss man insoweit Alltagsbegriffe („Anschauungsbegriffe", vgl. Rüthers/Fischer/Birk, Rechtstheorie, 11. Aufl. 2020, Rn. 203) von Rechtsbegriffen unterscheiden (Wank, Die juristische Begriffsbildung, 1985, S. 5 f., 90 ff.). Vielmehr sind die Gesetzesbegriffe (Rechtsbegriffe) vor der Funktion zu bilden, die sie im Recht wahr-

nehmen (funktionsgebundene Begriffsbildung). Dadurch erlangen sie ihre konkrete Bedeutung, insbesondere aus dem Schutzzweck und dem Zusammenhang der einschlägigen Rechtsnormen. Welcher Inhalt und welche Grenzen ein Rechtsbegriff hat, ist durch Auslegung zu ermitteln. Bei dieser Auslegung spielt nicht nur der Wortlaut der konkreten Norm, in der der Rechtsbegriff verwendet wird, eine Rolle, sondern sie ist im Gesamtzusammenhang der Rechtsordnung (Systematik) anzuwenden sowie im Hinblick auf das Regelungsziel der Norm (Telos) und deren Entstehung (Historie) einzubeziehen. Dies führt dazu, dass Rechtsanwendung nicht die Anwendung einer speziellen Rechtsnorm ist, sondern immer die Anwendung der gesamten Rechtsordnung (Rüthers/Fischer/Birk, Rechtstheorie, 11. Aufl. 2020, Rn. 663).

4. Juristische Auslegungsmethoden als Kernstück der Rechtsanwendungstechnik

233 Juristische Auslegungsmethoden sind nicht kodifiziert. Der sog. juristische Auslegungskanon geht auf die Formulierung von vier grundlegenden Auslegungsregeln zurück, die Savigny formulierte. Sie gelten unter einigen Erweiterungen bis heute als Standardrepertoire für die Auslegung von Rechtsnormen. Der BGH hat in einer Entscheidung sehr umfassend zu diesen Auslegungsregeln Ausführungen getroffen, weil er die Anwendung des Rechts durch das Berufungsgericht für fehlerhaft hielt – und dies auch dezidiert auf den Punkt bringt. Daher kann der Fall BGH NJW-RR 2022, 80 = BeckRS 2021, 36632 (Mietnachzahlung in der Schonfrist bei Kündigungsdoppel) als anschaulicher Beispielsfall der juristischen Methodik angesehen werden. Dabei ist zu beachten, dass dem BGH nicht gebührt, Auslegungsregeln verbindlich festzusetzen, sondern er nur die Rechtsanwendung durch das Gericht auf Rechtsfehler und hierbei die an die juristische Methodik zu stellenden Anforderungen prüfen kann. Allerdings darf das nicht zu dem Schluss verleiten, dem Berufungsgericht stünde ein Ermessen hinsichtlich der Auslegung zu. Gesetzesauslegung und Rechtsanwendung unterliegen voller revisionsrechtlicher Kontrolle. Das ergibt sich bereits aus der Funktion der Revision durch den BGH, eine einheitliche Rechtsprechung zu sichern, § 543 II 1 Nr. 2 ZPO.

234 Aus der genannten BGH-Entscheidung (NJW-RR 2022, 80 = BeckRS 2021, 36632) stammen folgende gekürzte Ausführungen. In der Entscheidung ging es um die Anwendung des § 569 III Nr. 2 S. 1 BGB auch auf die ordentliche Kündigung. Der Normtext lautet: „Die Kündigung wird auch dann unwirksam, wenn der Vermieter spätestens bis

zum Ablauf von zwei Monaten nach Eintritt der Rechtshängigkeit des Räumungsanspruchs hinsichtlich der fälligen Miete und der fälligen Entschädigung nach §546a Abs. 1 befriedigt wird oder sich eine öffentliche Stelle zur Befriedigung verpflichtet." Die amtliche Überschrift des §569 BGB lautet: „Außerordentliche fristlose Kündigung aus wichtigem Grund". In dem zugrundeliegenden Fall hatte der Vermieter sowohl außerordentlich gekündigt (gestützt auf den wichtigen Grund des Zahlungsverzuges gem. §543 II 1 Nr. 3 lit. b BGB) als auch die ordentliche Kündigung (unter Einhaltung der Kündigungsfrist und gestützt auf das berechtigte Interesse wegen der nicht unerheblichen Verletzung der vertraglichen Pflichten durch den Mieter gem. §573 II Nr. 1 BGB) ausgesprochen. Da der Mieter kurze Zeit nach Erhebung der Räumungsklage den gesamten ausstehenden Betrag zahlte, wurde die außerordentliche Kündigung gem. §569 III Nr. 2 S. 1 BGB unwirksam. Daher kam es darauf an, ob diese Norm auch auf die ordentliche Kündigung anwendbar ist, dh, welche Bedeutung der Begriff „Kündigung" in dieser Norm hat.

Von besonderem Interesse sind die Ausführungen des BGH zum Verhältnis der einzelnen Auslegungsmethoden: 235

(34) Diese Anforderungen an eine den anerkannten Methoden entsprechendes Vorgehen zur Ermittlung der Regelungskonzeption des §569 III Nr. 2 S. 1 BGB hat das Berufungsgericht grundlegend verkannt. 236

(35) Denn es hat die systematische Betrachtung der Norm als maßgebliches Auslegungskriterium herangezogen und ist schon allein hiernach zu dem – aus seiner Sicht eindeutigen – Ergebnis gelangt, die Schonfristzahlung sei auch bei einer ordentlichen Kündigung zu berücksichtigen. Die übrigen Auslegungsmethoden hat es nicht gleichrangig, sondern lediglich insoweit angewandt, als es geprüft hat, ob diese das zuvor gefundene Ergebnis widerlegen. Denn aus der methodisch angreifbaren Sicht des Berufungsgerichts bedarf es eines „anderweitigen zwingenden Grundes", wenn trotz der systematisch gebotenen „Heilung der Kündigung" die Schonfristzahlung auf die ordentliche Kündigung dennoch nicht angewandt werden solle.

(36) Es hat daher ein einzelnes Kriterium aus dem Kanon der Auslegungsmethoden herausgegriffen und diesem rechtsirrig von vornherein eine herausragende Aussagekraft beigemessen. Infolgedessen hat es den Wortlaut der Vorschrift des §569 III Nr. 2

S. 1 BGB nicht zum Ausgangspunkt seiner Auslegung gemacht. Es hat ihn vielmehr nur dahingehend in seine (weitere) Betrachtung eingestellt, ob sich das (bereits) zuvor – aufgrund vermeintlicher systematischer Überlegungen – gefundene Ergebnis „überwinden" lasse bzw. ob es der Wortlaut als „zwingend erscheinen ließe (oder auch nur nahelegen würde)", von der „systematisch gebotenen Anwendung der Schonfristregelung abzusehen". Zudem hat es nicht – wie geboten – den Regelungszweck des Gesetzes und historische Entwicklungen mit dem ihnen jeweils zukommenden Gewicht im Rahmen einer Gesamtbetrachtung berücksichtigt, sondern nur insoweit, als sie „nicht zu einer Abweichung von der systemgerechten Anwendung" der Schonfristzahlung auf die ordentliche Kündigung „zwingen".

(37) Damit hat das Berufungsgericht weder der eigenständigen Bedeutung der einzelnen Auslegungskriterien Rechnung getragen noch deren Zusammenwirken im Rahmen einer gebotenen Gesamtschau beachtet und sich dadurch bereits im Ausgangspunkt den Blick für eine umfassende Auslegung verstellt.

(38) b) Das Berufungsgericht hat den – den Ausgangspunkt der Auslegung bildenden Wortlaut – weder hinreichend erfasst noch – wie ausgeführt – mit dem ihm gebotenen (eigenständigen) Gewicht bei der Prüfung von Inhalt und Reichweite der Norm des § 569 III Nr. 2 S. 1 BGB berücksichtigt. Anders als das Berufungsgericht meint, erfasst der Wortlaut der Schonfristregelung ausschließlich die fristlose Kündigung.

(39) aa) Der im Text des § 569 III Nr. 2 S. 1 BGB ohne Zusatz verwandte Begriff der „Kündigung" ist nicht als Oberbegriff zu verstehen, der – so das Berufungsgericht – jede Kündigung erfasse, die aus dem (ausgeglichenen) Mietrückstand abgeleitet werde.

(40) Vielmehr ist mit der „Kündigung" nach dem Sinnzusammenhang, in dem dieser Begriff verwendet wird, nur die fristlose Kündigung gemeint. Dies ergibt sich neben der eindeutigen amtlichen Überschrift der Norm („Außerordentliche fristlose Kündigung aus wichtigem Grund") aus deren Aufbau und dem sprachlichen Kontext. Die gesamte Norm des § 569 BGB betrifft ausschließlich die fristlose Kündigung. § 569 I BGB bis § 569 II a BGB konkretisieren für den Bereich der Wohnraummiete den wichtigen Grund aus § 543 I BGB. Damit einhergehend legt § 569 III BGB die Voraussetzungen der auf einen Zahlungsverzug gestützten fristlosen

Kündigung aus § 543 II 1 Nr. 3 BGB „ergänzend" fest. Dabei spricht § 569 III Nr. 3 BGB, der die Zahlungsverzugskündigung nach einer Mieterhöhung (§§ 558–560 BGB) regelt, ausdrücklich von „der außerordentlichen fristlosen Kündigung".

(41) Es fehlt an jeglichem Anhaltspunkt dafür, warum trotz des für § 569 III Nrn. 1–3 BGB gleichlautenden Einleitungssatzes § 569 III Nr. 1 BGB und § 569 III Nr. 3 BGB nur die fristlose Kündigung, § 569 III Nr. 2 BGB dagegen auch die ordentliche Kündigung betreffen sollte. Vielmehr ergibt sich aus dem sprachlichen Zusammenhang, dass der in § 569 III Nr. 2 BGB verwendete Begriff der „Kündigung"– wie in der gesamten Norm einheitlich – nur die fristlose Kündigung erfasst.

(42) bb) Dafür spricht auch, dass die Vorschrift des § 569 BGB gerade die eine solche fristlose Kündigung regelnde Vorschrift des § 543 BGB ergänzt, wodurch ein eindeutiger Bezug hergestellt ist. Soweit das BerGer. im Rahmen der Wortlautbetrachtung die Auswirkungen der mit dem Gesetz zur Neugliederung, Vereinfachung und Reform des Mietrechts vom 19.6.2001 (Mietrechtsreformgesetz; BGBl. 2001 I 1149) geschaffenen Systematik heranzieht und ausführt, dieser „Ergänzung" habe es nur deshalb bedurft, weil der Bezug der späteren Norm des § 569 BGB zur früheren des § 543 BGB habe deutlich gemacht werden müssen, sieht es in dem Begriff „ergänzend" lediglich eine der Systematik geschuldete Bezeichnung und spricht dem deutlichen Wortlaut zu Unrecht eine eigenständige Bedeutung ab. Von diesem (Wortlaut-)Verständnis gehen auch die Gesetzesmaterialien aus. Dort heißt es (BT-Drs. 14/4553, 64):

„Die Vorschrift ergänzt § 543 Entwurf und enthält besondere Regelungen zum außerordentlichen fristlosen Kündigungsrecht aus wichtigem Grund bei Wohnraummietverhältnissen".

Die folgenden Randnummern 43–54 enthalten Ausführungen zur Systematik der Regelung, insbesondere der Systematik des Mietrechts und dessen Bedeutung für das Normverständnis. In den Randnummern 55–63 führt der BGH zum Telos der Norm aus. Zur Entstehungsgeschichte und Historie der Norm führt der BGH in den folgenden Randnummern 64–71 aus. Diese detailreichen Ausführungen sollen hier aus Gründen der Übersichtlichkeit nicht im Einzelnen wiedergegeben werden. Für die Einordnung der Entscheidung für die Studienrelevanz vgl. die Entscheidungsbesprechung in JA 2022, 508. 237

5. Besonderheiten richterlicher Rechtsanwendung

a) Kein vollständiges und eindeutiges Gesetz

238 Nachdem die Parallelität zwischen Konditionalnormen und einem Programmablauf eines Computers nahezu augenfällig ist, drängt sich die Frage auf, ob die Anwendung der im Gesetz enthaltenen Rechtsnormen (nach dem Wenn-Dann-Schema) mit Computerprogrammen automatisiert werden könnte. Auf den ersten Blick liegt dies nahe. Bestärkt wird diese Euphorie durch die Grundlagen der Logik, die auch der Rechtsanwendung zugrunde liegen. Voraussetzung für das Funktionieren einer solchen Automatisierung ist, dass die Rechtsfolge aus dem Gesetz lediglich abgelesen werden muss. Das setzt jedoch ein sehr genaues Gesetz voraus, aus dem jede Rechtsfolge und jeder Fall zweifelsfrei enthalten ist. Solche Bestrebungen gab es bereits vor einiger Zeit: Schon in der Zeit der Aufklärung versuchte man, durch genau gefasste Normen eine absolute Rechtsklarheit und damit Rechtssicherheit zu begründen (Engisch, Einführung in das juristische Denken,12. Aufl. 2018, S. 156). In einem Beitrag von Bockelmann (FS Smend, 1952, 25) beschrieb dieser diese Idee sehr treffend wie folgt: „Die richterliche Gesetzesanwendung soll m.a.W. funktionieren wie ein Automat, mit der einzigen Besonderheit, daß der funktionierende Apparat kein mechanischer, sondern ein logischer Automatismus ist."

b) Auslegung als Wertung

239 Allerdings hat die Rechtsanwendung wenig mit dem Ablesen einer bloß zutreffend aufgefundenen Norm zu tun. Wie bereits skizziert, setzt die Anwendung einer Norm deren Verständnis voraus. Dieses wird durch Auslegung gewonnen. Auslegung ist Wertung in Reinform, denn die Rechtsanwendung beschränkt sich gerade nicht auf die jeweilige Norm selbst und schon gar nicht auf den jeweiligen Begriff, sondern bezieht immer die gesamte Rechtsordnung ein. Dies wird vor allem bei der systematischen Auslegung besonders deutlich.

c) Bedeutung von Vergleichsfällen und deren Ähnlichkeitsanalyse

240 Häufig werden bei der Argumentation und dem Finden von Grenzen eines Begriffs ähnliche Fälle angeführt, für die bereits eine Entscheidung vorliegt. Das Vorgehen kann man beispielsweise beobachten, wenn im Kommentar unter einem Tatbestandsmerkmal nicht bloß eine abstrakte Definition angegeben ist, sondern zahlreiche Einzelfälle aus der bisherigen Rechtsprechung mit dem Verweis darauf, ob der Fall innerhalb oder außerhalb der Grenze des Begriffs liege.

Oftmals zieht man dann diesen Einzelfall heran, um die eigene Argumentation zu stützen und stellt die Ähnlichkeit des Falles zu dem bereits entschiedenen Fall heraus. Dieser auf der angloamerikanischen Rechtstradition beruhende Vergleich (reasoning from case to case) wird hierzulande als „Vergleichsfallmethode" (Möllers, Juristische Methodenlehre, 4. Aufl. 2021, § 7 Rn. 44) bezeichnet und ist methodisch der Einzelanalogie ähnlich (Würdinger FS Roth, 2021, 141 (152)). Bei dem insoweit vorzunehmenden Fallvergleich handelt es sich im Kern um nichts anderes als der Anwendung des Gleichheitsgrundsatzes: Wesentlich gleiche Fälle sollen daher gleichbehandelt werden und wesentlich ungleiche Fälle ungleich (Zippelius, Juristische Methodenlehre, 12. Aufl. 2021, S. 60). Die Herausarbeitung der Vergleichbarkeit der Fälle ist jedoch ebenfalls eine wertende Entscheidung – und zwar eine Entscheidung des jeweiligen Einzelfalls (BGH NJW 2018, 1542 = BeckRS 2018, 2352 Rn. 7 – Störerhaftung „kann nur in wertender Betrachtung von Fall zu Fall festgestellt werden"). Es reicht für die Gewinnung einer für die Rechtsanwendung dienlichen Erkenntnis nicht aus, dass zwei Fälle ähnlich sind, sondern sie müssen vergleichbar sein. Diese Erkenntnis ist die Wertung der Gemeinsamkeiten und Unterschiede. Dabei spielt auch eine Rolle, ob es sich bei dem zu entscheidenden Fall um einen „Normalfall" oder um einen „Problemfall" handelt (Haft, Juristische Rhetorik, 7. Aufl. 2007, S. 70 ff.). Der Normalfall wird jedoch in der Regel auch unproblematisch unter die allgemeine Definition des Tatbestandsmerkmals zu fassen sein. Für den Problemfall gilt dies gerade nicht und erfordert weiterer Begründung. Da jeder Fall in irgendeiner Hinsicht anders gelagert ist als ein anderer, ist aber auch schon häufig die Einordnung eines Falles als „Normalfall" schwierig und hat auch schon einen wertenden Charakter. Insbesondere im Zivilprozess muss der Richter mit der Relationsmethode erhebliches Vorbringen von unerheblichem Vorbringen trennen. Mit rein begrifflicher Subsumtion unter Aufbauschemata läuft man daher immer Gefahr, erhebliche Tatsachen zu verkennen, die eine andere Bewertung als Problemfall rechtfertigen könnten. Insofern ist auch in unserem Rechtssystem eine genaue Analyse der Besonderheiten des Einzelfalls (wie in der Fallrechtsmethode) unabdingbar.

d) Schöpferische Rechtsfindung

Besonders deutlich wird die erweiterte Aufgabe des Richters im Hinblick auf die Rechtsanwendung, wenn es an geschriebenen Regelungen fehlt oder die vorhandenen gerade den zu entscheidenden Fall nicht einschließen, die Rechtsordnung es jedoch gebietet, für diesen **241**

Fall eine nicht im Gesetz vorgesehene Rechtsfolge auszusprechen. Davon zu unterscheiden ist die unzulässige Loslösung des Richters von dessen Bindung an Recht und Gesetz. Allerdings ist im Wege der Analogie eine Lücke immer dann zu schließen, wenn diese auf einer unbewussten (planwidrigen) gesetzgeberischen Unvollständigkeit beruht. Zahlreiche Rechtsprechung zu Analogien belegen die methodisch weit verbreitete Üblichkeit der analogen Gesetzesanwendung.

242 Zudem kann es geboten sein, dass eine (Ausschluss-)Norm auf einen Fall nicht angewendet wird (zB § 253 BGB, vormals § 847 BGB), wenn dies aus dem Gesamtgefüge der Rechtsordnung geboten ist. Dies kann sogar so weit gehen, dass die Rechtsprechung den Gesetzgeber „überholt" und letztlich die richterrechtlich entwickelten Grundsätze ausdifferenzierter sind und einer geplanten Gesetzesänderung vorgezogen werden. Dies ist beispielsweise der Fall gewesen bei der Zuerkennung eines Geldzahlungsanspruchs wegen der Verletzung des allgemeinen Persönlichkeitsrechts. Dieses Recht ist als sonstiges Recht iRd § 823 I BGB anerkannt worden und kann entgegen des Wortlauts von § 847 BGB (aF bis 2002, fortan § 253 BGB) auch einen Geldzahlungsanspruch auslösen. Die Rechtsprechung begründet dieses Vorgehen mit dem aus der Verfassung folgenden Gebot, das allgemeine Persönlichkeitsrecht auch durch das Zivilrecht gegen Eingriffe schützen zu müssen, obwohl damals zeitgleich an einer entsprechenden Regelung gearbeitet wurde (BT-Drs. III/1237). Eine sehr gute Zusammenfassung der Entwicklung dieses Anspruchs und auch der verfassungsrechtlichen Einordnung ist in der Entscheidung des BVerfG NJW 1973, 1221 = BeckRS 1973, 107005 – Soraya enthalten. Dort findet sich auf S. 1225 eine klare Ausführung zur richterlichen Tätigkeit:

243 „Richterliche Tätigkeit besteht nicht nur im Erkennen und Aussprechen von Entscheidungen des Gesetzgebers. Die Aufgabe der Rechtsprechung kann es insbesondere erfordern, Wertvorstellungen, die der verfassungsmäßigen Rechtsordnung immanent, aber in den Texten der geschriebenen Gesetze nicht oder nur unvollkommen zum Ausdruck gelangt sind, in einem Akt des bewertenden Erkennens, dem auch willenhafte Elemente nicht fehlen, ans Licht zu bringen und in Entscheidungen zu realisieren. Der Richter muß sich dabei von Willkür freihalten; seine Entscheidung muß auf rationaler Argumentation beruhen. Es muß einsichtig gemacht werden können, daß das geschriebene Gesetz seine Funktion, ein Rechtsproblem gerecht zu lösen, nicht erfüllt.

> Die richterliche Entscheidung schließt dann diese Lücke nach den Maßstäben der praktischen Vernunft und den „fundierten allgemeinen Gerechtigkeitsvorstellungen der Gemeinschaft“ (BVerfG NJW 1959, 1579).
>
> Diese Aufgabe und Befugnis zu „schöpferischer Rechtsfindung” ist dem Richter – jedenfalls unter der Geltung des Grundgesetzes – im Grundsatz nie bestritten worden ...“

III. Weiterführende Fragen und Diskussionsansätze

1. Welche Gemeinsamkeiten haben Computerprogramme und Gesetzesanwendung?

Die auffälligste Gemeinsamkeit zwischen Ablaufplänen von Computerprogrammen und der Gesetzesformulierung liegt in der Verwendung des Konditionalstils: Wenn eine Bedingung eintritt, dann führe den nächsten Schritt aus, ansonsten nicht. Diese Formulierung findet man in Gesetzen auch: Wenn der Tatbestand einer Norm erfüllt ist, dann gilt die Rechtsfolge, andernfalls gilt die Rechtsfolge **dieser** Norm nicht (was aber nicht bedeutet, dass sich diese Rechtsfolge nicht aus einer anderen Rechtsnorm ergeben kann). Die Umsetzung der Idee vom Rechtsanwendungsautomaten setzt allerdings voraus, dass die Normen genauso exakt formuliert sind wie die Anweisung an einen Computer, dh vor allem, dass die Variablen klare Werte (oder auch feste Wertebereiche) aufweisen, mit denen ein exakter Vergleich möglich ist. Eine solche Rechtsordnung ist in der Aufklärung angestrebt worden (wie schon im erwähnten Allgemeinen Landrecht Preußens), allerdings ist dieser Gedanke alsbald wieder verworfen worden, da eine solch starre Rechtsordnung ungeeignet ist, die Komplexität der Konflikte in einer Gesellschaft hinreichend zu erfassen und zu regeln. Insbesondere muss die Rechtsanwendung offen sein für die Berücksichtigung (nicht nur von besonderen Ausnahmefällen, sondern vor allem) von dem sich in der Entscheidung zeigenden Wertesystem der jeweiligen Gesellschaft, in der die Entscheidung getroffen wird. Daher verbleibt bei einer Gesetzesformulierung immer eine gewisse Ungenauigkeit. Diese kann entweder unbewusst erfolgt und vom Rechtsanwender im Wege der Analogie zu schließen sein oder vom Gesetzgeber 244 auch als offene Lücken bewusst in dem Gesetz formuliert worden sein, um dem Rechtsanwender bei der Entscheidung Spielraum in diesem Punkt zu lassen. Bekannt ist ein solcher Spielraum durch die Verwendung unbestimmter Rechtsbegriffe. Die Schließung dieser Lücken ist Aufgabe der Rechtsanwendung.

245 Analogiebasiertes Denken bedeutet, Vergleichsmaßstäbe und Abgrenzungskriterien aus einer theoretisch unendlichen Zahl von Vergleichsfällen herauszuarbeiten. Jene sind ebenfalls theoretisch unbegrenzt. Der menschliche Geist scheint aus seinem konkreten Erfahrungsschatz, aber auch aus seiner weltanschaulich-konzeptuellen Bildung heraus spontan in der Lage zu sein, Analogien intuitiv zu sehen und aus diesen Analogien die entsprechenden Wertungskriterien von selbst zu finden. Man könnte darin im Wesentlichen menschliche **Kreativität** gefordert sehen. Die Philosophie des Geistes hat sich ausführlich mit diesem Problem unter dem Stichwort „**frame problem**" beschäftigt. Fodor (The Modularity of Mind, 1983) beispielsweise sieht als zentrale Eigenschaft des menschlichen Denkens die „informationelle Unverkapselung" (**informationally unencapsulated**). Der menschliche Geist könne Schlussfolgerungen aus allem ziehen, was ihm zur Verfügung steht. Dies unterscheide ihn von Maschinen. Die zentrale Herausforderung, vor der Maschinen stehen, ist heutzutage wahrscheinlich jedoch gar nicht der mangelhafte Wissens- bzw. Informationsschatz, sondern die Einordnung der Relevanz der einzelnen Informationen effektiv errechnen zu können. Allerdings beziehen sich diese Aussagen auf den Bereich von „klassischer Künstlicher Intelligenz". Inwieweit der Bereich des maschinellen Lernens und Big Data dazu beitragen wird, diese Hürde zu überwinden, ist eine offene Frage. Denkbar ist, dass ein Modell, das mittels natürlicher Sprachverarbeitung juristische Texte anlernt, auch eine Art normatives Verständnis entwickelt, wenn es von den Trainingsdaten Abgrenzungskriterien abstrahiert, die freilich implizit sind. Zum Frame-Problem vertiefend: https://plato.stanford.edu/entries/frame-problem/

2. Was ist der Unterschied zwischen Hermeneutik und Heuristik?

246 Rechtsanwendung setzt das Verständnis des Gesetzes voraus. Dessen Inhalt wird durch Auslegung ermittelt, wofür in der Rechtswissenschaft Auslegungsmethoden entwickelt wurden.

247 In anderen Wissenschaftsbereichen erfolgt das Verstehen von Texten durch **Hermeneutik**. Das Ziel der Hermeneutik ist das Textverständ-

nis und dessen Interpretation. Bekannt ist der sog. Hermeneutische Zirkel. Dabei geht es um das Vorverständnis der Interpreten und des Texterstellers von in dem Text verwendeten Begriffen. Dieses Verständnis ist in der Regel nicht identisch und nähert sich mit jeder Interpretation an. Diese Annäherung wird auch oft als „Hermeneutische Spirale" bezeichnet. Es nähern sich daher die beiden Verständnishorizonte der in dem Text verwendeten Begriffe an und dies trägt dazu bei, den Text zu verstehen.

Eine **Heuristik** ist eine Art logischer Folgerungen. Obwohl meist die 248
Folgerungen genauso gewonnen werden wie bei zwingenden Schlüssen, unterscheidet sich die Heuristik davon, denn ihre Annahmen beruhen auf Mutmaßungen. Daher kommt man mit der Heuristik nicht zwingend zu einer optimalen Lösung, sondern meist zu einer angenäherten. Das Besondere dabei ist aber die Verkürzung des Weges zu dieser Lösung (Suche). Bekannt in der Anwendung ist beispielsweise der sog. „A*-Algorithmus", der zu den informierten Suchalgorithmen gehört und auf einer Heuristik basiert. Mit dessen Hilfe ist die Strecke zwischen zwei Punkten über Knoten „berechenbar", indem für die Strecke immer derjenige Knoten gewählt wird, der nachweisbar zur geringsten Wegstrecke führt. Dieses Vorgehen ist für ein Navigationssystem einsetzbar, um die Route zwischen Start und Ziel zu berechnen. Da die „Berechnung" auf Schätzungen der Kantenlängen zwischen zwei Punkten beruht (Städten oder Kreuzungen), können auch unterschiedliche Routenvorschläge bei unterschiedlichen Navigationsprogrammen herauskommen (was aber auch noch an anderen Faktoren liegen kann).

Das genannte Beispiel des „A*-Algorithmus" arbeitet zwar heuris- 249
tisch, allerdings ist das Ergebnis optimal, da das Ergebnis auf der vollständigen Information aller Kantenlängen beruht. Der Vorteil bei der Geschwindigkeit des zu gewinnenden Ergebnisses im Austausch zu dessen Korrektheit kann anhand eines weiteren (dafür bekannten) Beispiels verdeutlicht werden: das „Rucksackproblem". Sie haben eine Menge an Gegenständen: zB eine Hantel (10 kg), eine Flasche Bier (0,5 kg), eine Bowlingkugel (4 kg), eine Schnapsflasche (0,7 kg) und einen Campingstuhl (3 kg). Ihr Rucksack hat ein Fassungsvermögen von 15 kg. Welche Gegenstände passen in den Rucksack, sodass Sie möglichst viel Gewicht mit in den Rucksack nehmen? Wie geht man vor, um auf jeden Fall eine optimale Lösung zu finden? Sie müssten alle möglichen Reihenfolgen von Gegenständen überprüfen, um zu schauen, wie viel maximal in den Rucksack passt. Im besten Fall fin-

den Sie auf Anhieb schon eine Kombination, die in jedem Fall optimal ist, die Summe der Gewichte nämlich 15 kg beträgt. In unserem Fall gibt es eine solche Kombination überhaupt gar nicht. Das bedeutet, dass im schlechtesten Fall das Ergebnis erst mit dem letzten Versuch feststeht. Insgesamt gäbe es 5! = 1*2*3*4*5 = 120 verschiedene Möglichkeiten, die auszuprobieren sind. Wie viele Möglichkeiten gibt es bei 60 Gegenständen? Man spricht dabei auch von „kombinatorischer Explosion“. Es gibt etwas bessere Algorithmen, die aber stets im schlechtesten Falle kombinatorisch explodieren.

250 Falls es ausreicht, sich der Lösung nur anzunähern, kann man Heuristiken finden. Überlegen Sie, wie Sie am wahrscheinlichsten eine Lösung finden, die nahe am Optimum ist. Man könnte versuchen, immer den größten Gegenstand hineinzulegen („gierige“ (greedy) Methode). Dies ist eine typische Heuristik: Man betrachtet nur einen kleinen Aspekt des Problems (nämlich die Tatsache, dass man maximieren möchte) und richtet die Problemlösungsstrategie ausschließlich daran aus, um das Problem möglichst schnell zu lösen.

251 Die Heuristik kommt daher zu einem Ergebnis unter Zugrundelegung unvollständiger Informationen. Zwar könnte man einen „neuen“ juristischen Fall, der noch nicht exakt so von der Rechtsprechung entschieden wurde, als unvollständige Information ansehen und mit einer Heuristik versuchen, eine Lösung zu finden, doch wird das Ergebnis immer eine Schätzung bleiben. Um die Dimension der Problematik zu begreifen, muss man sich zwei Dinge vor Augen halten: Beispielsweise funktioniert ein Scanner für Spam-Mails in der Regel auch auf einer Heuristik (verschiedene Begriffe und Faktoren wie Absender, Schlüsselwörter usw). Wird eine Mail fälschlich als Spam eingestuft, wird diese Mail nicht im Posteingang, sondern im Spam-Ordner des Postfachs angezeigt und geht entweder verloren oder wird erst später zur Kenntnis genommen. Wird dagegen ein Tatbestandsmerkmal einer Norm unzutreffend erfasst, wird der Streit unzutreffend entschieden. Das Ziel des Rechtsfriedens durch die Entscheidung des Streits von einem unabhängigen Dritten (Richter) wird damit nicht nur nicht erreicht, sondern konterkariert. Als weiteres besteht ein wesentlicher Unterschied zwischen den durch Wertungen gewonnenen Rechtsbegriffen und den durch Schätzungen ermittelten Ergebnissen.

252 Eine besondere Form heuristischen Denkens ist die Fuzzylogik (vom englischen Begriff „fuzzy“ für „verschwommen“, „unscharf“). Der Fuzzylogik liegt die Idee zugrunde, das Unpräzise präzise zu erfassen. Diese Vorgehensweise findet vor allem in der Mustererkennung

Anwendung. Obwohl die Kanten nur unpräzise erkannt wurden, können Aussagen über den erfassten Gegenstand getroffen werden, beispielsweise zu welcher Kategorie er gehört oder wozu er Ähnlichkeiten aufweist. Es ist bereits der Versuch unternommen worden, die Vorgehensweise der Fuzzylogik auch auf rechtswissenschaftliche Begriffe (insbesondere die unscharfen Begriffe) anzuwenden und somit zu Ergebnissen zu gelangen. Problematisch dabei erweisen sich doch die gefundenen Ergebnisse, die meist mit Wahrscheinlichkeiten angegeben werden. Ein Ergebnis, dass das auf dem Bild wiedergegebene Motiv zu 98% einem Hund ähnlich ist, kann nützlich sein, während das Ergebnis, dass ein Vertrag zu 98% geschlossen ist, für das juristische Denken kaum brauchbar ist; im Gegenteil beeinflusst ein solches Ergebnis den Bewertungsvorgang einer juristischen Prüfung auch mit, indem sachfremde Ähnlichkeitserwägungen in den Erkenntnisprozess gelangen können. Im Kern muss allerdings auch zugegeben werden, dass Juristen zwar nicht mit prozentualen Wahrscheinlichkeiten rechnen, die Rechtsanwendung aber dennoch eine gewisse Ähnlichkeit aufweist. Schließlich entscheidet sich ein Rechtsanwender auch regelmäßig auf der Grundlage einer gewissen Rechtsunsicherheit. Kaum ein Fall ist so klar, dass das Ergebnis für jeden gleichermaßen feststeht. Entscheidungsgrundlage ist dann häufig die Überzeugung des Rechtsanwenders von den einzelnen Argumenten für und gegen das eine oder andere Ergebnis. Auch im Rahmen der Beweiswürdigung (dh der Tatsachenwürdigung) obliegt es dem Richter, „nach freier Überzeugung zu entscheiden, ob eine tatsächliche Behauptung für wahr oder für nicht wahr zu erachten sei“, §286 I 1 ZPO. Der entscheidende Unterschied liegt allerdings in der fehlenden Quantifizierbarkeit der Überzeugung, dh der Angabe, zu welchen Prozentsätzen die Überzeugung vorliegt.

3. Könnten unbestimmte Rechtsbegriffe mit KI geschärft werden?

Unbestimmte Rechtsbegriffe sind bewusste Unvollständigkeiten bzw. 253
eine Unschärfe des Gesetzes. Teilweise wird diese geplante Unvollständigkeit auch als Lücke bezeichnet, die aber wegen ihrer fehlenden Planwidrigkeit nicht im Wege der Analogie zu schließen ist, sondern eine Delegation an Wissenschaft und Rechtsprechung beinhaltet (Rüthers/Fischer/Birk, Rechtstheorie, 11. Aufl. 2020, Rn. 832ff.). Die Bestimmung der Grenzen eines unbestimmten Rechtsbegriffs ist Aufgabe der Rechtsanwendung. Ob der Tatbestand erfüllt ist, muss

im Einzelfall zunächst durch die Ermittlung dessen Grenzen erfolgen. Diese begrifflichen Grenzen können im tatsächlichen (zB „Dunkelheit“: § 17 I 1 StVO oder „Nässe“: Anlage 2 zu § 41 I StVO Zeichen Nr. 49.1) oder im rechtlichen Bereich (zB „Wohle der Allgemeinheit“: Art. 14 II 2 GG) liegen.

254 Unserem Rechtssystem liegt ein deduktiver Ansatz zugrunde (Haft, Juristische Rhetorik, 7. Aufl. 2007, S. 75, 103). Das bedeutet, dass das Gesetz einen abstrakten Begriff verwendet und der Rechtsanwender die Aufgabe hat, zu prüfen, ob der jeweilige Einzelfall unter den abstrakten Begriff fällt oder außerhalb dessen definitorischer Grenzen liegt. Allerdings kann man vor einer eher „annähernden“ Suche nach den definitorischen Grenzen nicht die Augen verschließen. Dabei hat sich die aus dem angloamerikanischen Rechtskreis bekannte Vergleichsfallmethode etabliert. Auch wenn dieses Eingeständnis methodisch nicht unumstritten ist, so beobachtet man bei Rechtsanwendern regelmäßig bei der Frage, welche Grenze der jeweilige im Gesetz verwendete Begriff hat, den Blick in den Kommentar zu dieser Vorschrift. Dort finden sich häufig weitere abstrakte, aber etwas abgrenzungsschärfere Definitionen, gefolgt von zahlreichen Einzelbeispielen, die in der Rechtsprechung bereits zu einer Entscheidung führten. Aus diesen Einzelfällen ergibt sich häufig ein ungefähres Bild über die Grenzen eines Rechtsbegriffs. Häufig wird dabei nicht mehr auf den abstrakten Rechtsbegriff zurückgegriffen, sondern ein unmittelbarer Vergleich eines bereits vorliegenden und entschiedenen Falles zu dem derzeit zur Entscheidung vorliegenden Fall geführt. Auf dieser unmittelbaren Vergleichsebene können Systeme Künstlicher Intelligenz durchaus hilfreich eingesetzt werden, sei es auch zunächst nur zur Grobsichtung und der erleichterten Suche nach bereits vorhandenem Entscheidungsmaterial. Die von Systemen Künstlicher Intelligenz durchgeführte Fallähnlichkeitsanalyse kann in tatsächlicher Hinsicht zu verblüffenden Ergebnissen führen. Die wertende Entscheidung hingegen, ob der zu entscheidende Fall unter den im Gesetz verwendeten abstrakten Begriff fällt oder nicht, hängt jedoch nicht nur von bereits entschiedenen Einzelfällen und deren Ähnlichkeit zum zu entscheidenden Fall ab. Dies liegt einerseits an der fehlenden Bindung des entscheidenden Richters an bereits zuvor entschiedene Fälle und insbesondere daran, dass der entschiedene Fall im Hinblick auf seine Besonderheiten bei der Rechtsanwendung gewertet werden muss. Dies ist kein Ergebnis einer Berechnung, sondern einer Wertung.

Trotz aller augenfälligen Unterschiede zwischen der Rechtsanwendung einschließlich der Verwendung unbestimmter Rechtsbegriffe und der Funktionsweise von Systemen Künstlicher Intelligenz erscheint denkbar, dass zukünftig der Bedeutungsgehalt unbestimmter Rechtsbegriffe mittels Künstlicher Intelligenz repräsentiert und hergeleitet werden könnte. Das Feld der Symbolischen Künstlichen Intelligenz (**Symbolic Artificial Intelligence**) beschäftigt sich mit der expliziten Repräsentation von Wissen und Schlussfolgerungen (**reasoning**) in Computersystemen. Eine intuitive Form der Repräsentation sind Ontologien (im Sinne der Informatik) und semantische Netze. Bei den Ontologien werden Begriffe zueinander in Beziehung gesetzt. Diese Beziehungen kann man grafisch aufzeigen. Den Begriff des Rechtsgeschäfts könnte man beispielsweise durch folgende Ontologie definieren: 255

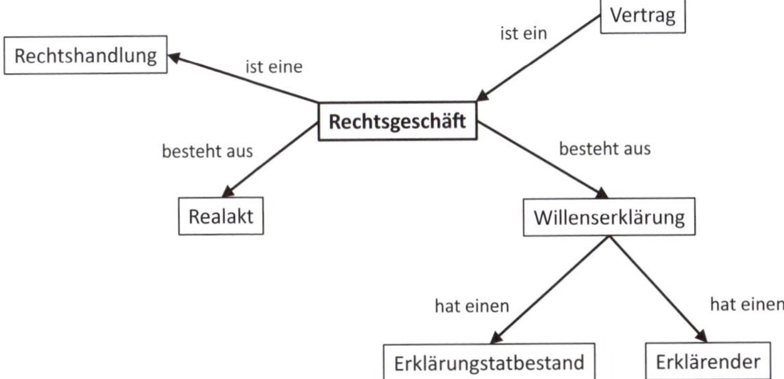

Praktisch wäre es freilich, wenn man derartige Graphen automatisch aus juristischen Texten extrahieren könnte. Solche Ansätze gibt es bereits. In den letzten Jahren gab es dabei viele Durchbrüche im Bereich der Textverarbeitung von natürlicher Sprache (**Natural Language Processing**). Die automatische Erstellung solcher Graphen setzt allerdings voraus, dass man einerseits Trainingsdaten braucht, die man manuell erzeugen müsste, und zwar für juristische Texte. Dann kann man aber auch einfach die dem BGB zugrundeliegende Konzeption händisch in obige Form bringen. Andererseits sind momentane Architekturen von Machine-Learning-Modellen durch eine Begrenzung der Länge von Eingabesequenzen geprägt. Man kann nicht einfach ganze Bücher in diese Modelle stecken. Derzeitige State of the Art-Modelle wie der „**Longformer**" wurden mit maximal 20.000 Wörtern bestückt, was schon eine bahnbrechende Sequenzlänge ist (vgl. Beltagy/Peters/Cohan, Longformer: The Long-Document Transformer, 256 https://arxiv.org/pdf/2004.05150.pdf). Zur Einordnung: Das Grundgesetz hat ca. 23.000 Wörter, das BGB hat ungefähr 215.000 Wörter. Dabei muss man bedenken, dass es für die Erstellung eines solchen Graphen wie dem obigen nicht ausreicht, nur die Wörter des BGB in Verbindung zu bringen, was die Auswahl der oben dargestellten Begriffe deutlich zeigt.

4. Welche Aufgaben können KI-Systeme im Rahmen der Rechtsanwendung übernehmen?

257 Systeme Künstlicher Intelligenz zeichnen sich dadurch aus, dass sie wesentlich effizienter als Menschen Datenmengen strukturieren können. Jedem Referendar wird in der Zivilstation die Herstellung einer Relation abverlangt. Die Relationstechnik ist eine Möglichkeit, den vorgetragenen Tatsachenstoff im Zivilprozess zu strukturieren, insbesondere daraufhin zu prüfen, welche Tatsachen zugestanden und welche bestritten wurden, dh eines Beweises bedürfen. Diese Aufgabe ist bei Referendaren wegen ihres Arbeitsumfangs häufig nicht besonders beliebt. Die Strukturierung und damit Feststellung des dem Streit zugrundeliegenden Sachverhalts kann je nach Trainingsausrichtung von einem System Künstlicher Intelligenz vorbereitet und unterstützt werden.

258 Die Abstraktion, welcher Konflikt die Streitparteien tatsächlich zu dieser gerichtlichen Auseinandersetzung über den vorgetragenen Sachverhalt geführt hat, wird von Systemen Künstlicher Intelligenz wesentlich schwieriger herauszufinden sein. Dazu bedarf es mehr als die bloße Strukturierung von Daten. Freilich lässt sich erahnen, dass bei einem Nachbarschaftsstreit bezüglich eines über die Grundstücksgrenze gewachsenen Strauchs eigentlich ein ganz anderer sozialer Konflikt besteht als derjenige, dessen Sachverhalt vor Gericht vorgetragen wurde und den Anlass zur Klage gab. Sollte das Ziel eines gerichtlichen Verfahrens die Schaffung von Rechtsfrieden (zwischen den Personen – nicht nur in dem vorgetragenen Sachverhaltsausschnitt) sein, so wäre die formale Lösung des Rechtsstreits dafür weniger geeignet, dieses Ziel zu erreichen. Daher ist die Sachverhaltsfeststellung für das Verständnis des Streits, den die Parteien vor Gericht bringen, umfangreicher als eine bloße Strukturierung einzelner Informationen. Die Vorarbeit der Strukturierung der vorgetragenen Tatsachen und deren Replik kann jedoch zum Verständnis auch komplexer Problemkonstellationen und Streitstände hilfreich sein.

Vollautomatisierte Rechtsanwendung im Sinne eines „Subsumtionsautomaten“ ist bislang eher eine Utopie (schöne und friedliche, aber unausführbare Zukunftsvision), für manche eine Dystopie (fiktionale Zukunftserzählung mit negativem Ausgang). Die Schwierigkeiten, ein solches System eines Subsumtionsautomaten zu kreieren, liegen auf mehreren Ebenen. Die natürliche Sprachverarbeitung ist zwar die größte Hürde, auf diesem Gebiet sind jedoch große Entwicklungsschritte zu verzeichnen. Dennoch haben neuronale Netze und Methoden des maschinellen Lernens noch nicht die Komplexität, die an künstliche allgemeine Intelligenz („starke KI“) heranreicht. Als Referenzbeispiel kann man sich einmal den „Generative Pre-trained Transformer 3 (GPT-3)“ anschauen. Dieses Modell hat anhand von sehr vielen Texten gelernt, eigene Texte als eine Art „Antwort“ auf einen eingegebenen Text zu generieren. Hierbei ist denkbar, dass das Modell dadurch, dass es nur eine solch abstrakte Aufgabe hat (Antworten zu geben), irgendwann eine generelle Künstliche Intelligenz darstellt. 259

Ähnliche Modelle (wie beispielsweise BERT (Bidirectional Encoder Representations from Transformers), das von Google entwickelt wurde) wurden mittels großer Textkorpora trainiert und haben intern eine statistische Repräsentation der Sprache gelernt. Sie können nicht nur für Generierungsaufgaben (zB Textzusammenfassungen) genutzt werden, sondern beispielsweise trainiert werden, Texte zu klassifizieren in verschiedene Dokumenttypen sowie positive oder negative Meinungen zu erkennen (**sentiment analysis**). Wahrscheinlich sind diese Aufgaben die bislang am meisten erforschten Aufgaben neben der maschinellen Übersetzung. 260

Die Frage, wie man diese Fortschritte für die juristische Welt nutzbar machen kann, ist durchaus ein aktuelles Forschungsthema (**Legal Natural Language Processing**). Man könnte zunächst versuchen, ein Modell anzutrainieren, das aus folgenden Trainingsdaten besteht: 261

Tatbestand – Tenor und Entscheidungsgründe

Damit würde man versuchen, eine Subsumtionsmaschine zu bauen. Wenn man davon ausgeht, dass neuronale Netze die Eigenschaft haben, universell zu sein, warum gibt es diese Subsumtionsautomaten noch nicht – und welches Ergebnis würde ein solcher Automat zu Tage fördern? 262

Ein generatives Modell war bei einer Recherche nicht zu finden. Aber mit dem **Lawformer** haben chinesische Forscher ein Modell entwi- 263 ckelt, das mit vielen tausend chinesischen Gerichtsurteilen antrainiert wurde (Xiao/Hu/Liu/Tu/Sun, Lawformer: A Pre-trained Language Model for Chinese Legal Long Documents, https://arxiv.org/pdf/2105.03887.pdf). Eine Aufgabe, auf die dieses Modell hintrainiert wurde, ist die Vorhersage von Urteilen – man könnte hier von einer Art Subsumtionsautomat sprechen.

264 Als Eingabe und Ausgabe als Trainingsdaten wurden Sachverhalte von Entscheidungen (weniger die Entscheidungsgründe) angegeben. Während das Modell sehr sicher aus dem Eingabesachverhalt folgern konnte, welcher Tatvorwurf beispielsweise angeklagt worden ist (mit ca. 90-prozentiger Sicherheit), konnte es die verhängte Gefängnisstrafe mit durchschnittlich 18 Monaten Abweichung vorhersagen (es gab Strafen von 0–18 Monaten in dem Datensatz).

265 Dass man den Tatvorwurf relativ gut extrahieren kann, liegt wohl daran, dass der Sachverhalt eines Urteils sehr stark auf den rechtlichen Tatbestand zugeschnitten ist. Sie könnten wahrscheinlich auch einen viel einfacheren Algorithmus programmieren, der anhand bestimmter Schlüsselwörter im Sachverhalt („töten, erstechen, erschießen") ungefähr ermitteln kann, dass es sich um ein Morddelikt handelt. Diese Aufgabe ist wohl sehr nahe an den übrigen Klassifikationsaufgaben, die bereits sehr gut erforscht sind.

266 Sehr schlecht schneidet das Modell allerdings bei der Ermittlung von einschlägigen Zivilrechtsnormen ab. Es dürfte jedem Juristen einleuchten, dass gerade bei stark verschachtelten, dogmatischen, begrifflich-abstrakten Rechtsgebieten die bloße heuristisch-linguistische Analyse zur Anwendung von Rechtsnormen nicht ausreicht. So können in einem Sachverhalt lange Ausführungen zu einem Vertragsschluss gemacht worden sein und dann in wenigen Sätzen festgestellt werden, dass der Vertrag unwirksam sei. Es dürfte sich als äußerst schwierig – nicht unbedingt unmöglich – erweisen, ein Modell so zu trainieren, dass es letzterer Information dermaßen viel Gewicht beimisst, dass die heuristische Vermutung, es ginge um primäre Vertragsansprüche, erschüttert wird.

267 Fraglich erscheint allerdings, ob ein solches Modell Methodik erlernen könnte. Hierfür müsste es eine Art wertendes Bewusstsein entwickeln, also ein „Verständnis" für Gerechtigkeitskriterien. Dieses könnte denkbar aus Trainingsdaten extrahiert werden. Wenn das Modell sieht, dass gleiche Fälle gleichbehandelt werden, kann es diesen Gleichheitsgedanken implizit erlernen. Auch Wertungswidersprüche zu erkennen, ist eine denkbare Eigenschaft eines solchen Systems, wenn es von den eingegebenen Entscheidungen abstrahiert. Das Problem wird aber sein, das System so zu trainieren, dass es mit diesen Nuancen umgehen kann und seine Schlüsse nicht viel zu voreilig zieht. Die Komplexität des Netzwerks ist dafür sehr wichtig: Es bedarf vieler Abzweigungen, vieler „Neuronen“ bzw. Parameter. Momentan kommen State-of-the-Art-Modelle wie GPT-3 auf 1/300 der „Synapsen“ des Gehirns (→ Rn. 171: die Werte in den Matrizen entsprechen den „Synapsen“ im Gehirn). Anders ausgedrückt: Aktuelle Technologien sind wohl einfach noch zu unausgereift für diese Aufgaben. Allerdings sind die genannten Klassifikationsaufgaben schon derart ausgereift, dass sie auch in Kanzleien verwendet werden. In Massenverfahren wäre es hilfreich, eingegangene Dokumente grob zu klassifizieren (zB Klageschrift, Klageerwiderung) und zum Beispiel Klauseln bestimmten Typs aus Dokumenten automatisch auszulesen. Eine Software, die so etwas ermöglicht, ist KIRA (https://kirasystems.com/).

5. Können Chat-Bots das Mandantengespräch im Rahmen der Rechtsberatung übernehmen?

Um den Textgenerator ChatGPT gab es zuletzt einen ausgeprägten Hype. Er ist eine Art Chatbot, der auf Nutzereingaben realistisch wirkende, sinnvoll wirkende Texte als Antwort generiert. Eine technologische Revolution war damit allerdings nicht verbunden. Letztlich hat ChatGPT der breiten Öffentlichkeit nur gezeigt, was nach dem Stand der Technik in dem Bereich des Natural Language Processing (NLP) heute schon möglich ist. Ausgangspunkt für die Entwicklung ist die Entwicklung der sog. Transformer-Modelle, die auf die sehr speicheraufwendigen Recursive Neural Networks (RNNs) verzichtet haben und das Training wesentlich effizienter ermöglichen. **268**

Zudem werden moderne NLP-Modelle nicht für eine spezifische Aufgabe trainiert. Man trainiert zunächst mit großen Textmengen auf eine allgemeine Aufgabe (sog. Pretraining), nämlich zB einen Lückentext auszufüllen (sog. Masked Language Modelling, wie beim bereits oben genannten System „BERT“ von Google → Rn. 267). **269**

ChatGPT beruht auf dem GPT-3 Language Model, das auf eine solche allgemeine Aufgabe trainiert wurde. Man kann sich vorstellen, dass das Ausfüllen eines Lückentexts bzw. das Erraten des nächsten Wortes einer Sequenz eine schwierige und wichtige Aufgabe ist, da man letztlich alle sprachlichen Regeln und das gesamte Vokabular an sich verstanden haben muss, um diese Aufgabe zu erfüllen. **270**

271 Im zweiten Schritt wird eine weitere Schicht auf das vortrainierte Modell aufgesetzt, was eine spezifische Aufgabe löst, wie zum Beispiel einen Text zu generieren. Entscheidend ist: Der meiste Trainingsaufwand ist dabei für das Pretraining erforderlich. Modelle wie GPT-3 (es gibt noch ganz viele weitere) ermöglichen es also, mit wenig Rechenaufwand neue sprachliche Probleme zu lösen, da das grundlegende Sprachmodell gleich bleibt (man spricht bei diesem zweiten Schritt von sog. Finetuning).

272 ChatGPT wurde auf die Aufgabe „Conditional Text Generation" trainiert: Man gibt einen Text ein und das Modell gibt einen anderen Text aus. Welche Trainingsdaten OpenAI (der Entwickler von ChatGPT) verwendet, teilt dieser nicht mit. Denkbar wäre es, dass dafür Artikel aus dem Internet entnommen wurden und aus den gefundenen Überschriften sowie Metadaten anschließend Fragen und Anregungen an den Chatbot als Eingabedaten produziert wurden. Spezifisch neu ist das Training auf realistisches Unterhaltungsverhalten, was nach Angaben von OpenAI durch „Reinforcement Learning with Human Feedback" verbessert werden konnte. Beim Training würde dann eine zusätzliche Funktion genutzt, welche das Ausgabeverhalten daraufhin bewertet, ob die Ausgabe besonders authentisch menschlich wirkt.

273 Wie ist diese Entwicklung im Hinblick auf das Gespräch zwischen Anwalt und Mandanten zu bewerten? ChatGPT ist zunächst ein sehr plastisches und für den Laien zugängliches Exempel dafür, wie weit fortgeschritten moderne Systeme im Bereich „Natural Language Processing" (NLP) bereits sind. Für die Fachwelt dürfte ChatGPT angesichts der bisherigen Erfolge der NLP aber nicht überraschend unangekündigt und plötzlich gekommen sein. Wenn man anfängt, das Modell zu verstehen, wird man sich schnell die Grenzen des Modells klarmachen, die auch in diversen differenzierenden medialen Berichterstattungen herausgestellt werden: Es ist ein sehr komplexes, vieldimensionales statistisches Modell unserer Sprache. „Sprache" ist dabei nicht lediglich syntaktisch zu verstehen, dh als Menge von Regeln zur Bildung von Sätzen über ein bestimmtes Vokabular. Vielmehr modelliert es auch die Semantik, weswegen die Aussagen, die es trifft, für Menschen oftmals einen Sinn ergeben können. Inwieweit diese statistischen Beziehungen von Wörtern zueinander etwas mit „Verstehen" im menschlichen Sinne zu tun haben, bleibt unklar. Das, was das Modell „verstanden" hat, ist dabei jedoch lediglich eine statistische Repräsentation der Trainingsdaten. Die „Denkprozesse" im

Modell werden mit großer Wahrscheinlichkeit, je komplexer die tatsächlichen Sachverhalte sind, unterkomplex im System repräsentiert sein. Es ist eine noch nicht beantwortete Frage, ob Sprachmodelle, wenn sie ähnlich komplex (dh viele Parameter aufweisen) würden wie das menschliche Gehirn, auch eine ähnliche Leistung wie dieses erbringen könnten. Möglicherweise muss man aber auch in qualitativer Hinsicht die Modelle weiter verändern, um ähnliche Leistungen wie das Gehirn zu erreichen. Die inhaltliche Erfassung der Begriffe in einem Gespräch sind mit dem Chat-Bot damit bisher nicht vergleichbar möglich, wie es in einem Gespräch zwischen Anwalt und Mandant erfolgt.

IV. Vertiefung: Weiterführende Literatur

- Beiträge und Monografien:

Bockelmann, P., Richter und Gesetz, FS Smend, 1952, 25; Oppermann, B., Das Recht als Gesetzliches und die Rechtsautomaten, in Buck-Heeb, P./Oppermann, B., Automatisierte Systeme, 2022, Kap. 2.4, S. 95.
Engisch, K., Einführung in das juristische Denken, 12. Aufl. 2018; Fodor, J., Modularity of Mind, 1983; Haft, F., Juristische Rhetorik, 7. Aufl. 2007; Möllers, T., Juristische Methodenlehre, 4. Aufl. 2021; Rüthers, B./Fischer, C./Birk, A., Rechtstheorie und Juristische Methodenlehre, 12. Aufl. 2022; Wank, R., Die juristische Begriffsbildung, 1985; Würdinger, M., Ähnlichkeiten im juristischen Denken und Arbeiten, FS Roth, 2021, 141; Zippelius, R., Juristische Methodenlehre, 12. Aufl. 2021.
Alpaydin, E., Maschinelles Lernen, 3. Aufl. 2022; Gumm, H.-P./Sommer, M., Einführung in die Informatik, 10. Aufl. 2012; Meder, S., Recht ex machina? Von Urteilsmaschinen, Paragraphen- und Subsumtionsautomaten zur Entscheidung durch ‚lernfähige' Systeme, in Buck-Heeb, P./Oppermann, B., Automatisierte Systeme, 2022, Kap. 2.3, S. 77; Russell, S./Norvig, P., Künstliche Intelligenz: ein moderner Ansatz, 3. Aufl. 2012; Tanenbaum, A. S./Austin, T., Rechnerarchitektur. Von der digitalen Logik zum Parallelrechner, 6. Aufl. 2014; Tanenbaum, A. S./Bos, H., Moderne Betriebssysteme, 4. Aufl. 2016; Wagner, K., Theoretische Informatik: Eine Kompakte Einführung, 2. Aufl. 2013.

- Rechtsprechung:

BVerfG NJW 1973, 1221 = BeckRS 1973, 107005 – Soraya
BGH NJW-RR 2022, 80 = BeckRS 2021, 36632 – Auslegungskanon (Stichwort „Kündigung")
BGH NJW 2003, 2601 (2603) = BeckRS 2003, 6184 – Rechtsfolgen vorbehaltloser Mietzahlung in Mangelkenntnis (Analogie)

C. Nutzung der Datenverarbeitung in der Rechtspraxis

I. „Legal Tech" als Automatisierung von Abläufen in der Rechtspraxis

Eingangsfrage:
Ist Legal Tech nur die Digitalisierung des Anwaltsbüros?

Die Nutzung der Datenverarbeitung wird in der Praxis häufig unter dem Begriff „Legal Tech" zusammengefasst. Es gibt allerdings keine allgemeingültige Definition. Daher werden in diesem Zusammenhang die bis jetzt zu verzeichnenden Entwicklungslinien in diesem Bereich skizziert. **274**

1. Juristische Abläufe und Rechtsdurchsetzung

Juristische Tätigkeitsbereiche werden bereits seit geraumer Zeit von computergestützter Automatisierung beeinflusst. Bereits frühzeitig war in Kanzleien und Gerichten eine Digitalisierung der Büroorganisation (zB Dokumentenverwaltung, Buchhaltung) ebenso zu beobachten wie die Automatisierung immer wiederkehrender Abläufe. Dies betraf interne Abläufe (Fristenkontrollen in Terminkalendern) sowie die Interaktion bzw. Kommunikation, wie beispielsweise die vollständige Automatisierung des gerichtlichen Mahnverfahrens. In jüngerer Vergangenheit sind in der Justiz weitere digitalisierte Abläufe zu beobachten, beispielsweise die Kommunikation zwischen Anwälten und Gerichten mithilfe des besonderen Anwaltspostfachs (beA). Besonders die Substitution von repetitiven (dh immer wiederkehrenden) Tätigkeiten in Anwaltskanzleien ist ein weitverbreitetes Anwendungsfeld von „Legal Tech". Der momentan entwicklungsreichste „Legal Tech"-Bereich betrifft die Anwendung von Automati- **275** sierungsstrategien bei der Fallbearbeitung gleichförmiger Verfahren. Dies bietet sich aus ökonomischer Perspektive aus zwei Gründen an: Erstens sind die Grenzkosten relativ gering, dh, für jeden weiteren zu bearbeitenden Fall ist der nötige Aufwand sehr gering bis Null, jeder Fall führt aber zur Möglichkeit der Abrechnung. Zweitens können durch die strukturierte Aufbereitung der zu veranlassenden Schritte erhebliche Einsparungen erzielt werden. Die strukturierte Aufbereitung bietet sich vor allem bei solchen Fällen an, bei denen weniger die juristische Wertung und Bildung wertungsgeladener Rechtsbegriffe im Vordergrund steht als vielmehr ein wertungsneutrales Ablesen der Rechtsfolge aus dem Gesetz bei feststehendem (dh vollständig aufgeklärtem) Sachverhalt. Ein Beispiel hierfür bietet das insoweit erfolgreich agierende Portal für die Geltendmachung von Erstattungsansprüchen bei Flugverspätungen („flightright"). Hierbei liegt die Besonderheit darin, dass der Zahlungsanspruch in der Höhe gesetzlich (Fluggastrechte-VO) festgelegt ist und sich nach der Dauer der Verspätung des Fluges richtet. Für die Geltendmachung des Anspruchs sind daher ausschließlich die Flugnummer und die Bordkarte erforderlich, denn die Verspätung kann aus öffentlichen Registern abgerufen werden. Somit ist für die Geltendmachung des Anspruchs keine juristische Wertung im herkömmlichen Sinn nötig. Ähnliche Bündelungseffekte und Einsparpotenziale führten zu den Internetangeboten für die Geltendmachung von Ansprüchen im Rahmen der Mietpreisbremse. Die genannten Beispiele betreffen zivilrechtliche Fragestellungen. Im öffentlichen Recht sind vor allem in der Automatisierung des Verwaltungshandelns erhebliche Fortschritte zu verzeichnen. Beispiele hierfür sind der Einsatz technischer Systeme in dem Verfahren wegen einer Geschwindigkeitsüberschreitung („Blitzer") sowohl im Hinblick auf die Sachverhaltsfeststellung als auch dem Erlass eines Bußgeldbescheides.

2. Argumentationsmuster

276 Weiteres Potenzial bei der Nutzung von Datenverarbeitungsanlagen bei juristischen Tätigkeiten wird bei dem Einsatz von Systemen Künstlicher Intelligenz gesehen. Dies betrifft insbesondere die Vorbereitung und Unterstützung klassischer juristischer Tätigkeiten wie dem Urteilen oder dem Entwerfen von Schriftsätzen. Hierbei können mit bereichsspezialisierten Expertensystemen im Rahmen der Suche nach musterähnlichen Fällen Argumente gefunden werden, die die eigene Argumentationsrichtung stützen. Eine Suche nach musterähnlichen

Fällen kann auch bei Prognoseentscheidungen hilfreich sein wie zum Beispiel als Risikomanagementsystem in der Finanzverwaltung oder aber auch im Strafrecht bei der Wahrscheinlichkeit der Begehung von Straftaten während der Bewährungszeit.

3. Automatisierte und autonome Erklärungen

Verträge können auch ohne unmittelbare Beteiligung menschlicher Personen geschlossen werden. Dies kann mithilfe automatisierter Willenserklärungen (sog. Computererklärungen) oder mithilfe autonomer Erklärungen geschehen. Die automatisierten Erklärungen kann man wiederum in teilautomatisierte und vollautomatisierte Erklärungen unterteilen. 277

Teilautomatisierte Erklärungen werden durch ein Programm abgegeben, dessen Algorithmus so gestaltet ist, dass beim Eintritt einer bestimmten Bedingung das Programm eine klar definierte, vorgefertigte Erklärung abgibt. Vollautomatisierte Erklärungen haben hingegen einen inhaltlichen „Entscheidungs"spielraum, lediglich die Abgabe steht unter einer klar definierten Bedingung (Kuntz in Buck-Heeb/Oppermann, Automatisierte Systeme, 2022, Kap. 3.1 Rn. 6). Teilautomatisierte und vollautomatisierte Erklärungen haben somit einige Gemeinsamkeiten: Inhalt und Abgabeanlass beruhen auf im Vorhinein klar definierten Vorgaben und sind somit auf das Handeln einer Person zurückzuführen (Kuntz in Buck-Heeb/Oppermann, Automatisierte Systeme, 2022, Kap. 3.1. Rn. 9). Diese Erklärungen sind dem Verwender deshalb auch ohne Weiteres zuzurechnen. 278

Schwieriger ist die Lage bei autonom erzeugten Erklärungen zu beurteilen. Autonome Systeme handeln völlig eigenständig und sind nicht mehr auf einen menschlichen Beitrag zurückzuführen. Sie beruhen auf einer KI, die losgelöst von den Handlungen ihres Benutzers auf multiple Ereignisse und Zustände ihrer Umwelt reagiert (Konertz/Schönhof, Das technische Phänomen „Künstliche Intelligenz" im allgemeinen Zivilrecht, 2020, S. 104). Es können allenfalls noch die technischen Rahmenbedingungen von einer Person kontrolliert werden. Die Voraussetzungen für die Abgabe einer Erklärung sind dementsprechend nicht klar definiert. Vielmehr kann das Programm selbst entscheiden, in welchen Situationen eine Erklärung abgegeben werden und wie diese Erklärung ausgestaltet sein soll. Es setzt sich daher selbstständig Rahmenbedingungen, die für den Verwender der KI nur begrenzt durchschaubar sind. Diese fehlende Transparenz und Kontrollierbarkeit ist ein fundamentaler Unterschied zu den automa- 279 tisierten Systemen. Da Programmen (oder auch der KI) keine eigene Rechtsfähigkeit zukommt und sie nicht die Fähigkeit zur „Willens"-Bildung haben, kommt eine eigene Willenserklärung des insoweit handelnden Programms nicht in Betracht. Es stellt sich deshalb die Frage, ob das nach außen hin Erklärte dem Verwender (bzw. Initiator) des autonomen Programms zugerechnet werden kann, sodass ihn die Rechtsfolgen der Erklärung treffen.

280 Damit die abgegebene Erklärung dem Verwender unmittelbar als eigene Willenserklärung zugerechnet werden kann, müssten die objektiven und subjektiven Anforderungen erfüllt sein, die an den Tatbestand einer Willenserklärung gestellt werden. Die objektiven Kriterien sind in der Regel erfüllt, weil äußerlich erkennbar eine Erklärung vorliegt, deren Inhalt äußerlich erkennbar den erklärten Willen beinhaltet. Subjektiv müssten jedoch auch ein Handlungs- und Geschäftswille sowie ein Erklärungsbewusstsein vorhanden sein. Zum Zeitpunkt der Abgabe der Erklärung durch das Programm hat der Benutzer keine Kenntnis und dementsprechend keinen Handlungswillen. Es wird vertreten, dass nicht der Zeitpunkt der Abgabe der Erklärung entscheidend ist, sondern der Zeitpunkt der Inbetriebnahme des Systems. Zu diesem Zeitpunkt sei sowohl ein Handlungswille als auch ein Geschäftswille des Verwenders gegeben (Spindler/Schuster/Spindler, Recht der elektronischen Medien, BGB Vorb. zu §§ 116 ff. Rn. 6). Zwar werden nicht die einzelnen Parameter durch den Verwender festgesetzt, jedoch gibt der Verwender ein Handlungsziel aus, nach dem sich die KI richtet. Aus Gründen der Risikoverteilung solle deshalb eine unmittelbare Zurechnung erfolgen (Kuntz in Buck-Heeb/Oppermann, Automatisierte Systeme, 2022, Kap. 3.1, Rn. 9 ff.).

281 Andere versuchen, das Problem rund um die Zurechnung der autonomen Erklärungen über die Regeln der Stellvertretung zu lösen (beispielsweise Specht/Herold MMR 2018, 40 (43)). Ihrer Ansicht nach tritt das Programm als Stellvertreter des Benutzers auf. De lege lata scheitert eine direkte Anwendung der §§ 164 ff. BGB allerdings bereits daran, dass die KI keine eigene Willenserklärung abgeben kann (→ Rn. 279). Dementsprechend kommt nur eine analoge Anwendung der §§ 164 ff. BGB oder eine Lösung de lege ferenda in Betracht, in der die sog. Agentenerklärung unmittelbar unter die §§ 164 ff. BGB gefasst werden könnte.

4. Computergestützte Vertragsgestaltung und automatisierte Vertragsabwicklung (smart contracts)

Von praktisch überragender Relevanz sind sog. smart contracts. Darunter versteht man eine Vielzahl von Automatisierungen im Bereich der Vertragsabwicklung. Da der Begriff weder eine rechtliche Kategorie bezeichnet noch legaldefiniert ist, variiert das Begriffsverständnis erheblich. Einigkeit besteht jedoch insofern, dass der smart contract keinen Vertrag im Rechtssinne darstellt, sondern ein Computerprogramm ist, das lediglich einen Vertrag abbildet. Die vertraglichen Inhalte, insbesondere die Pflichten und Folgen von Pflichtverletzungen werden als „Wenn-Dann-Regeln" programmiert (Kipker/Birreck/Niewöhner/Schnorr MMR 2020, 509). Ein weiterer Teil der Automatisierung betrifft die Beratungsleistung bei der Vertragsgestaltung, die computergestützt erfolgen kann. Beide Bereiche der Entwicklungen sind allerdings nicht neu. 282

Im Bereich der Vertragsgestaltung war es auch bislang üblich, mit Textbausteinen einen für den Willen der Vertragsparteien passenden Rahmen zu erstellen. Typischerweise beschränkte sich der Einsatz solcher vorbereiteten Formulierungen durch juristische Laien auf Bereiche, deren Regelungsintensität überschaubar war. So war es beispielsweise üblich, für einen Kaufvertrag über ein Kraftfahrzeug ein von einem Automobilclub bereitgestelltes Vertragsformular zu verwenden und ausschließlich die entsprechenden Daten der Vertragsparteien und des Vertragsgegenstandes einzutragen sowie durch Ankreuzen einzelner Regelungen das Formular an die eigene Interessenlage anzupassen (zB Gewährleistungsausschluss). Bei komplexeren Vertragsgestaltungen nahm der juristische Laie häufig Rechtsrat in Anspruch, wobei im Rahmen des von dem Rechtskundigen zu erstellenden Vertrages regelmäßig auf Formularsammlungen zurückgegriffen wurde. Eine nunmehr zu beobachtende Entwicklung ist die niederschwellige Zugänglichmachung von Formularen in Form von Textbausteinen, deren Kombination auch von Laien vorgenommen werden kann. Dazu werden häufig sog. Vertragsgeneratoren (oft als Internetangebot) verwendet, die häufig erklärende Ausführungen zu den einzelnen auswählbaren Klauseln enthalten. Solche Angebote sind beispielsweise bei „smartlaw" abrufbar. 283

Auch im Bereich der Vertragsabwicklung sind zahlreiche Automatisierungen seit langem bekannt. Beispielsweise ist die Einzugsermächtigung ein Teil einer automatisierten Erfüllungsmöglichkeit für wiederkehrende und betragsmäßig unterschiedliche Leistungen. Ein 284 weiteres Beispiel verdeutlicht den bereits seit langem bekannten Ursprung der Automatisierung und die sich nun zeigende Problematik: Während früher im Parkhaus oder auf einem Parkplatz eine Person die Ein- und Ausfahrt von Fahrzeugen überwachte und den geschuldeten Parktarif kassierte, wird dies mittlerweile ausschließlich über automatische Schrankensysteme bewerkstelligt. Die Schranke öffnet sich nur, wenn zuvor der Parktarif an einem Automaten bezahlt wurde und dies auf einer Parkkarte codiert wurde. Erst dann wird die Ausfahrt freigegeben. Ob diese Automatisierung mithilfe eines Parkscheins oder einer App auf einem Smartphone realisiert wird, ist für das Prinzip der Automatisierung der Vertragsabwicklung unerheblich. Solche Automatisierungen von Vertragsabwicklungen stellen im Kern keine Besonderheiten aus rechtlicher Perspektive dar. Herausforderungen können sich allerdings beispielsweise bei Besitzschutzansprüchen stellen, wenn automatisierte Systeme so programmiert sind, dass beispielsweise eingebrachte Gegenstände nicht mehr freigegeben werden oder auch mit einem „smart lock“ gesicherte Wohnungen nicht mehr betreten werden können, wenn die Miete nicht bezahlt wurde. (Hierzu: Riehm, Smart Contracts und verbotene Eigenmacht, in Fries/Paal, Smart Contracts, 2019, S. 86 und Eidenmüller/Wagner, Law by Algorithm, 2021, S. 234).

285 Die §§ 858 ff. BGB regeln das Institut der verbotenen Eigenmacht. Es untersagt die Entziehung oder sonstige Störung des Besitzes ohne den Willen des Besitzers. Dieses Verbot gilt unabhängig von der schuldrechtlichen Rechtslage. Es soll die Selbstjustiz des Gläubigers verhindern und somit den Rechtsfrieden sichern. Wird nun jedoch der Zugang zu einer mit einem „smart lock“-System gesicherten Wohnung automatisch verhindert, sobald der Mieter mit der Mietzinszahlung in Rückstand ist, stellt dies eine Besitzentziehung an der Wohnung dar. Dies geschieht regelmäßig ohne den Willen des Mieters. Folglich steht ein solches System im Widerspruch zum Rechtsinstitut der verbotenen Eigenmacht. Dies ist aber nicht zwingend auf den Automatisierungsgrad zurückzuführen. Auch vor der automatisierten Verschließung der Wohnung gab es Fälle, in denen der Vermieter ein herkömmliches Schloss ausgetauscht hat. Dies ist nur in ganz bestimmten Ausnahmefällen zulässig gewesen (zB in den Fällen, in denen der Mieter seine Sachen aus der Wohnung räumt, um das Vermieterpfandrecht zu vereiteln). Andernfalls ist der Mieter gem. § 858 III BGB berechtigt, sich auch mit Gewalt Zutritt zu der Wohnung zu verschaffen. Da § 858 III BGB als Rechtfertigungsgrund gilt, ist er dem Vermieter auch nicht zum Schadensersatz verpflichtet. Insofern besteht kein Unterschied zwischen dem Austausch des Schlosses zu dem automatischen Versperren der Wohnung durch eine elektronische Schließanlage. Das Aussperren des Mieters bei Mietrückständen ist in beiden Fällen unzulässig.

Eine weitere Besonderheit ergibt sich im Bereich der Initiativlast: 286
Während herkömmlicherweise bei einem Mietrückstand der Vermieter tätig werden und die Räumung (gerichtlich) veranlassen musste, ist es nunmehr der Mieter, der nicht mehr in seine Wohnung gelangt, der den Zugang erstreiten muss. Dadurch wird die Klagelast von dem Vermieter auf den Mieter übertragen. Obwohl in diesem Fall keine Vermutung für die Rechtmäßigkeit des „Handelns" des smart contracts besteht, setzt dieser das (vermeintliche) Recht des Vermieters faktisch durch (hierzu Riehm, Smart Contracts und verbotene Eigenmacht, in Fries/Paal, Smart Contracts, 2019, S. 89). Der Mieter hat zudem das praktische Problem, dass er ohne eine gerichtliche Verhandlung keinen Zutritt zu seiner Wohnung hat.

Des Weiteren birgt eine solche Automatisierung die Gefahr, dass Ge- 287
währleistungsrechte praktisch nicht mehr vollumfänglich geltend gemacht werden. Der Mieter, der wegen Mängeln an der Mietsache nicht die volle, sondern nur eine herabgesetzte Miete gem. § 536 I 2 BGB entrichtet, ist immer dem Risiko ausgesetzt, dass seine Wohnung durch das „smart lock"-System verschlossen wird. Der Algorithmus ist im Grundsatz so programmiert, dass er von einem Mietanspruch in voller Höhe ausgeht. Sobald der Mieter die Miete wegen (behaupteter) Mängel an der Mietsache herabgesetzt zahlt, erkennt der Algorithmus, dass nicht die volle Miete gezahlt wurde. Dementsprechend wird die Wohnung verschlossen. Dies kann dazu führen, dass der Mieter aus Vorsicht auf die Wahrnehmung seines Rechts verzichtet, eine geminderte Miete zu zahlen. Aufgrund dieser Probleme wird vertreten, dass als rechtskonformer Anwendungsbereich von smart contracts vor allem rein vermögensbezogene vertragliche Transaktionen verbleiben (Riehm, Smart Contracts und verbotene Eigenmacht, in Fries/Paal, Smart Contracts, 2019, S. 98).

Ein weiterer Nachteil bei der automatisierten Abwicklung von Verträ- 288
gen ist, dass teilweise Leistungen vorgenommen werden, die die Vertragsparteien gar nicht wollen. So kann es bei einem smart contract dazu kommen, dass eine Zahlung stattfindet, obwohl die Parteien sich darüber geeinigt haben, dass die Zahlung erst später erfolgen oder ausbleiben soll. Ist diese Einigung kein Bestandteil des smart contracts geworden, wird der Vertrag in seiner vorherigen Form auto-

matisch durchgeführt. Da auch bei einem smart contract das tatsächlich Gewollte und nicht das im Vertrag Niedergeschriebene gilt, kann eine automatische Durchführung zu einem bereicherungsrechtlichen Herausgabeanspruch führen.

289 Im Zusammenhang mit selbstausführenden Verträgen ist der Fall der „Fernsperrung" bekannt geworden, welcher bereits vom BGH entschieden wurde (NJW 2022, 3575 = BeckRS 2022, 30953). Dem lag folgender Sachverhalt zugrunde: Eine Bank vermietet Batterien für Elektrofahrzeuge an Kunden, die ein Elektrofahrzeug kaufen oder leasen. Bei Abschluss des Mietvertrags verwendet die Bank AGB, in der auch die folgende Fernsperre-Klausel enthalten ist: „Im Falle der außerordentlichen Vertragsbeendigung infolge Kündigung wird die Vermieterin die Sperre der Wiederauflademöglichkeit der Batterie zunächst mit 14-tägiger Frist vorher ankündigen. Die Androhung kann auch zusammen mit der Kündigung erfolgen. Die Vermieterin ist in diesem Fall nach Ablauf der Ankündigungsfrist berechtigt, ihre Leistungspflicht einzustellen und die Wiederauflademöglichkeit der Batterie zu unterbinden. Die Geltendmachung des Herausgabeanspruchs bleibt hiervon unberührt." Ein Verbraucherschutzverein verlangt gestützt auf das Unterlassungsklagengesetz von der Bank, die AGB im Rahmen geschäftlicher Handlungen nicht mehr zu verwenden.

290 Im Zentrum des Streits steht die Frage, ob ein Unternehmer nach einer Vertragsbeendigung die weitere Nutzung durch den Kunden per Fernzugriff unterbinden darf bzw. wie dies vertragsrechtlich in AGB ausgestaltet werden kann. Die Fernsperre wird durch den Einsatz von Software erreicht, welche den Kunden in tatsächlicher Hinsicht die Möglichkeit nimmt, die Batterie des Elektrofahrzeugs wiederaufzuladen. Damit steht in Rede, inwieweit neben einer gerichtlichen Durchsetzung von Ansprüchen auch die Durchsetzung durch den Einsatz tatsächlicher Mittel rechtlich zulässig ist. Diese Frage stellt sich nicht nur bei der Vermietung von Fahrzeugbatterien, sondern grundsätzlich bei jeder Sache, die durch Software (fern-)gesteuert werden kann (zB auch Smartphone, smartes Schloss einer Wohnungstür etc). Bei diesen softwaregesteuerten Sachen kann ein solcher Fernzugriff im Vorfeld bei der Programmierung vorbereitet und sogar automatisiert (gegebenenfalls gestützt durch Blockchain-Technologie) durchgeführt werden.

291 Der BGH entschied, dass die von der Bank verwendete Klausel wegen unangemessener Benachteiligung des Mieters als Verbraucher gem. § 307 I 1 BGB unwirksam ist. Die Bank versuche mit der Klausel, missbräuchlich die eigenen Interessen auf Kosten der Mieter durchzusetzen, ohne deren Interessen angemessen zu berücksichtigen. Die Last, sich die weitere Nutzung der Batterie zu sichern, werde auf den Mieter (in Umkehrung der gesetzlichen Risikozuweisung) abgewälzt. Dies sei jedenfalls dann eine unangemessene Benachteiligung des Mieters, wenn dieser die Weiterbenutzung seines Fahrzeugs (was gar nicht Vertragsgegenstand des Mietvertrages über die Batterien war) im Streitfall nur durch gerichtliche Geltendmachung einer weiteren Gebrauchsüberlassung der Batterie erreichen kann.

Zwar verfolge der Vermieter grundsätzlich ein legitimes Interesse, **292** wenn er die weitere Nutzung nach Vertragsbeendigung zu unterbinden versucht, jedoch habe auch der Mieter spiegelbildlich ein legitimes Interesse an der weiteren Vertragserfüllung. Im Streitfall könne sich der Mieter auf eine Mietminderung oder ein Zurückbehaltungsrecht wegen Mängeln berufen, was jedoch unterlaufen werde, wenn der Vermieter eine digitale Sperrung erreichen kann. Dies sei gerade dann von besonderer Bedeutung, wenn wie hier die fortgesetzte Benutzung des Mietobjekts für den Mieter von erheblichem Interesse ist, weil der Mieter dann auch sein (gegebenenfalls beruflich genutztes) Fahrzeug nicht mehr nutzen kann. Der Vermieter dagegen könne sich gegen dieses Risiko der Nutzung nach Vertragsbeendigung durch die Vereinbarung einer Mietkaution sichern und er sei überdies auch durch den Anspruch auf Nutzungsentschädigung gem. §546a BGB geschützt.

Da die gemietete Batterie herstellergebunden und mit dem Elek- **293** trofahrzeug verknüpft ist, habe der Mieter auch keine anderweitige zumutbare Möglichkeit, das Fahrzeug weiter betreiben zu können. Vielmehr wälze der Vermieter mit der Klausel entgegen der herkömmlichen Risikoverteilung die Klagelast auf den Mieter ab. Der Mieter müsse dann hinsichtlich der Rechtsverfolgungskosten in Vorleistung treten. Die Klausel sehe weiterhin auch keine Möglichkeit des Mieters vor, Einwendungen gegen die Kündigung vorzubringen.

Im Ergebnis sieht der BGH daher die verwendete Klausel als unwirk- **294** sam an, weil nicht nur das gesetzliche Leitbild der Anspruchsdurchsetzung mit der Sperrmöglichkeit umgekehrt wird, sondern auch wegen der damit verbundenen Einschränkung der Nutzung des Elektrofahrzeugs die Wirkungen einer solchen Sperre wesentlich über das Mietobjekt (Batterie) hinausgeht und das Interesse der Vermieterin an der Sicherung gegen eine weitere Nutzung einen solchen Vermögensschaden nicht rechtfertige.

5. Vertrags- und Leistungsdokumentation (Blockchain)

295 Ferner können Dokumentationen vertraglicher Regelungen, aber auch erfolgter Leistungen automatisiert werden. Dafür bieten sich insbesondere Speicherungssysteme an, die ausschließlich auf Fortschreibung (dh Ergänzung von Daten) unter Ausschluss von Änderungsmöglichkeiten bereits gespeicherter Daten angelegt sind. Dies betrifft namentlich die Nutzung der sog. Blockchain-Technologie. Diese zeichnet sich durch den Einsatz kryptografischer Verfahren aus, sodass einmal gespeicherte Daten nicht mehr verändert werden können. Die Daten werden anstatt auf einem einzelnen Server auf vielen miteinander verbundenen Computern gespeichert, von denen jeder eine Kopie des gesamten Datensatzes erstellt. Die Daten werden als Blöcke zusammengefasst und gespeichert. Sie verweisen in chronologischer Reihenfolge aufeinander und werden so miteinander verbunden. Bei dem Hinzufügen neuer Daten überprüfen die Computer, ob die neuen Informationen mit den bereits bestehenden Informationen vereinbar sind. Nur wenn eine Mehrheit der Computer dies bestätigt, wird ein entsprechender Eintrag in die Blockchain vorgenommen (Näheres dazu bei Kipker/Birreck/Niewöhner/Schnorr MMR 2020, 509). Dies führt dazu, dass eine Manipulation der Daten nur schwer möglich ist und die Daten nicht so einfach gelöscht oder verändert werden können. Aus rechtlicher Sicht kann eine solche Unveränderbarkeit aber auch zu Problemen führen. Als typisches Beispiel kann die Anfechtung dienen. Wird ein smart contract auf Blockchainbasis geschlossen und ein entsprechender Block in die Transaktionskette eingefügt, kann dieser nicht mehr gelöscht werden. Sollte nun aber eine Vertragspartei den Vertrag erfolgreich anfechten, so ist der Vertrag gem. § 142 I BGB als von Anfang an nichtig anzusehen (ex-tunc-Wirkung). Konsequenterweise müsste der Block wieder entfernt und der ursprüngliche Zustand wiederhergestellt werden. Dies ist bei einer Blockchain aber technisch wegen deren Aufbau und Wirkungsweise nicht möglich. Einige versuchen, diesen Umstand damit zu umgehen, dass zwar nicht der Eintrag an sich gelöscht, aber ein neuer Block mit der Anfechtungsinformation eingefügt wird (so beispielsweise Heckelmann NJW 2018, 504 (507)). So werde die zutreffende Rechtslage in der Blockchain abgebildet. Dennoch bleibt der vorherige Eintrag bestehen. Andere verweisen darauf, dass die wirtschaftliche Wiederherstellung des rechtlich zutreffenden Zustandes vollkommen ausreiche (Guggenberger in Hoeren/Sieber/Holznagel, Handbuch Multimedia-Recht. Rechtsfragen des elektronischen Geschäftsverkehrs, 58. EL März 2022, Teil 13.7 A., Rn. 19).

II. Derzeitige konkrete Streitfragen und aktuelle Entwicklungen

Die derzeit zu beobachtende Entwicklung aufkommender zivilrechtlicher Streitfragen im Zusammenhang mit Legal Tech, die zu gerichtlichen Entscheidungen führten, betreffen vor allem berufsrechtliche Fragestellungen von Rechtsanwälten (damit verbunden auch lauterkeitsrechtliche Fragen) sowie die Substantiierung des Sachvortrags im Prozess und die Anforderungen an den Sorgfaltsmaßstab der juristisch tätigen Personen bei dem Einsatz elektronischer Hilfsmittel. 296

Eingangsfrage:
Ist Legal Tech schon entschieden und geregelt?

Die jüngsten, unmittelbar den Bereich „Legal Tech" betreffenden Gesetzgebungsaktivitäten haben vorwiegend die Liberalisierung des Marktes für Rechtsdienstleistungen (national) sowie die Begrenzung des Einsatzes von Systemen Künstlicher Intelligenz (EU-VO) zum Gegenstand. Darüber hinaus wirken auch jüngere Gesetzesänderungen in den Bereich „Legal Tech" hinein, insbesondere Haftungsfragen für digitale Inhalte, die von Rechtsdienstleistern erbracht werden (§§ 327 ff. BGB). 297

1. Bisherige Rechtsprechung

a) Berufsrechtliche Fragen (Anwalt – Inkassodienstleistung)

In der höchstrichterlichen Rechtsprechung sind bislang einige Entscheidungen ergangen, die berufsrechtliche Fragestellungen von Anwälten betreffen. Vielen dieser Entscheidungen liegt der häufig ähnliche Sachverhalt zugrunde, dass ein Unternehmen (oft automatisiert) Forderungen geltend macht. Bei diesen Fallgestaltungen geht es um die Abgrenzung von Rechtsdienstleistungen, deren Erbringung Anwälten vorbehalten ist, zu solchen Rechtsdienstleistungen, die auch von einem eingetragenen Inkassodienstleister erbracht werden dürfen. Hier ist der ökonomische Hintergrund der Debatte für das Verständnis entscheidend: Wenn Legal-Tech-Unternehmen Forderungen geltend machen und nicht als Inkassodienstleister eingeordnet würden, sondern als Rechtsberater, fiele die ökonomische Grundlage für das Geschäftsmodell weg. Denn als Rechtsberater hätten Sie nach alter Rechtslage die Rechtsdienstleistung nach RVG abrechnen müssen so wie Anwälte auch – und damit insbesondere keine Erfolgshonorare vereinbaren dürfen. Diese sind jedoch gerade der Grund, warum Ver- 298 braucher sich eher an solche Unternehmen wenden, als einen Anwalt damit zu betrauen. Die Anwaltschaft sah hier entsprechend einen Wettbewerbsnachteil.

299 Exemplarisch sind für die Debatte zwei BGH-Urteile zu dem über das Internet abrufbare Angebot „wenigermiete" (BGH NJW 2020, 208 = BeckRS 2019, 30591; BGH NJW-RR 2020, 779 = BeckRS 2020, 8218). Im ersten Fall (BGH NJW 2020, 208 = BeckRS 2019, 30591) liegt der Sachverhalt zugrunde, dass ein Inkasso-Unternehmen seinen Kunden eine Überprüfung ihres Mietvertrages hinsichtlich etwaiger Verstöße gegen die Mietpreisbremse oder sonstiger mietrechtlicher Vorschriften anbietet. Gegen eine Provision aus der überschüssigen Miete lässt sich das Unternehmen die Forderung abtreten und setzt diese im eigenen Namen durch. In rechtlicher Hinsicht geht es dabei um die Reichweite des Begriffs in §§ 2 II 1, 10 I 1 Nr. 1 RDG (idF bis 2022) des eingetragenen Inkassodienstleisters. Die Leitsätze bringen diesen Konflikt kondensiert auf den Punkt:

300 1. Der Begriff der Rechtsdienstleistung in Gestalt der Inkassodienstleistung (Forderungseinziehung) gem. § 2 II 1 RDG, die ein im Rechtsdienstleistungsregister eingetragener Inkassodienstleister nach § 10 I 1 Nr. 1 RDG erbringen darf, ist unter Berücksichtigung der vom Gesetzgeber mit dem Rechtsdienstleistungsgesetz – in Anknüpfung an die Rechtsprechung des BVerfG – verfolgten Zielsetzung einer grundlegenden, an den Gesichtspunkten der Deregulierung und Liberalisierung ausgerichteten, die Entwicklung neuer Berufsbilder erlaubenden Neugestaltung des Rechts der außergerichtlichen Rechtsdienstleistungen nicht in einem zu engen Sinne zu verstehen. Vielmehr ist – innerhalb des mit diesem Gesetz verfolgten Schutzzwecks, die Rechtsuchenden, den Rechtsverkehr und die Rechtsordnung vor unqualifizierten Rechtsdienstleistungen zu schützen (§ 1 I 2 RDG) – eine eher großzügige Betrachtung geboten (im Anschluss an BVerfG NJW 2002, 1190; NJW-RR 2004, 1570 (jeweils zum RBerG)).

2. Für die auf dieser Grundlage vorzunehmende Beurteilung, ob sich die Tätigkeit eines registrierten Inkassodienstleisters innerhalb seiner Inkassodienstleistungsbefugnis gem. § 10 I 1 Nr. 1 RDG hält, lassen sich keine allgemeingültigen Maßstäbe aufstellen. Erforderlich ist vielmehr stets eine am Schutzzweck des Rechtsdienstleistungsgesetzes orientierte Würdigung der Umstände des Einzelfalls einschließlich einer Auslegung der hinsichtlich der Forderungseinziehung getroffenen Vereinbarungen. Dabei

sind die Wertentscheidungen des Grundgesetzes in Gestalt der Grundrechte der Beteiligten sowie der Grundsatz des Vertrauensschutzes zu berücksichtigen und ist den Veränderungen der Lebenswirklichkeit Rechnung zu tragen (im Anschluss an BVerfG NJW 2004, 672; NJW 2002, 1190 (1191 f.); NJW-RR 2004, 1570 (1571); BVerfGE 97, 12 (32) = NJW 1998, 3481 (jeweils zum RBerG)).

3. Überschreitet hiernach ein registrierter Inkassodienstleister seine Inkassodienstleistungsbefugnis nach § 10 I 1 Nr. 1 RDG, kann darin ein Verstoß gegen § 3 RDG liegen. Ein solcher Verstoß hat, wenn die Überschreitung bei einer umfassenden Würdigung der Gesamtumstände aus der objektivierten Sicht eines verständigen Auftraggebers des Inkassodienstleisters zum einen eindeutig vorliegt und zum anderen unter Berücksichtigung der Zielsetzung des Rechtsdienstleistungsgesetzes in ihrem Ausmaß als nicht nur geringfügig anzusehen ist, die Nichtigkeit nach § 134 BGB der zwischen dem Inkassodienstleister und dessen Auftraggeber getroffenen Inkassovereinbarung einschließlich einer in diesem Zusammenhang erfolgten Forderungsabtretung zur Folge (Anschluss an und Fortführung von BGH NJW 2013, 59 Rn. 34 ff.; NJW 2014, 847 Rn. 31; NJW 2015, 397 Rn. 5; NJW-RR 2017, 410 = VersR 2017, 277 Rn. 34; NJW 2018, 2254 Rn. 18; BVerfG NJW 2002, 1190 (1192)).

4. Von einer Nichtigkeit nach § 134 BGB ist danach insbesondere dann regelmäßig auszugehen, wenn der registrierte Inkassodienstleister Tätigkeiten vornimmt, die von vornherein nicht auf eine Forderungseinziehung im Sinne des § 2 II 1 RDG, sondern etwa auf die Abwehr von Ansprüchen gerichtet sind oder eine über den erforderlichen Zusammenhang mit der Forderungseinziehung hinausgehende Rechtsberatung zum Gegenstand haben oder wenn das „Geschäftsmodell“ des Inkassodienstleisters zu einer Kollision mit den Interessen seines Auftraggebers führt.

5. Nach diesen Maßstäben ist es von der Inkassodienstleistungsbefugnis eines nach § 10 I 1 Nr. 1 RDG registrierten Inkassodienstleisters (noch) gedeckt, wenn dieser auf seiner Internetseite einen „Mietpreisrechner“ zur – zunächst unentgeltlichen – Berechnung der ortsüblichen Vergleichsmiete zur Verfügung stellt und im Anschluss hieran dem Mieter die Möglichkeit gibt, ihn durch Anklicken eines Buttons mit der außergerichtlichen Durchsetzung von – näher bezeichneten – Forderungen und etwaigen Feststellungsbegehren gegen den Vermieter im Zusammenhang mit der

> „Mietpreisbremse“ – unter Vereinbarung eines Erfolgshonorars in Höhe eines Drittels der jährlichen Mietersparnis (vier Monate) sowie einer Freihaltung des Mieters von sämtlichen Kosten – zu beauftragen und in diesem Zusammenhang die genannten Ansprüche zum Zweck der Durchsetzung treuhänderisch an den Inkassodienstleister abzutreten, der im Fall einer Erfolglosigkeit der eigenen außergerichtlichen Rechtsdienstleistungstätigkeit einen Vertragsanwalt mit der anwaltlichen und gegebenenfalls auch gerichtlichen Durchsetzung der Ansprüche beauftragen kann, zum Abschluss eines Vergleichs jedoch grundsätzlich nur mit Zustimmung des Mieters befugt ist.
>
> 6. Da damit (auch) die in diesem Rahmen erfolgte treuhänderische Abtretung der genannten im Zusammenhang mit der „Mietpreisbremse“ stehenden Forderungen des Mieters (noch) nicht gegen ein gesetzliches Verbot (§ 3 RDG) verstößt und demzufolge nicht gem. § 134 BGB nichtig ist, ist der Inkassodienstleister im gerichtlichen Verfahren aktivlegitimiert, diese Ansprüche im Wege der Klage gegen den Vermieter geltend zu machen.“

301 Auch in dem Folgeurteil (BGH NJW-RR 2020, 779 = BeckRS 2020, 8218) ging es um eine ähnliche Konstellation. Es stellte sich die Frage der Aktivlegitimation des Inkassodienstleisters, die von der Wirksamkeit der Abtretungen der Forderungen abhängt. Der BGH entschied, dass die Abtretungen nicht gem. § 134 BGB nichtig waren, weil die in diesem Zusammenhang erbrachten außergerichtlichen Rechtsdienstleistungen von den gem. §§ 2 II 1, 10 I 1 Nr. 1 RDG erteilten Befugnissen gedeckt sind und nicht gegen das gesetzliche Verbot gem. § 3 RDG verstoßen. Von der Inkassolizenz sei die Beratung umfasst, über die Höhe von Ansprüchen und Erfolgsaussichten Auskunft zu geben.

302 In einem weiteren Urteil zu einem vergleichbar funktionierenden Portal zur Beauftragung einer Mietsenkung gegenüber dem Vermieter im Zusammenhang mit der sogenannten Mietpreisbremse hat der BGH (BGH BeckRS 2022, 9856) entschieden, dass auch „die Aufforderung, die im Wohnungsmietvertrag vereinbarte Miete auf das höchstzulässige Maß herabzusetzen, (...) nicht als eine – einem registrierten Inkassodienstleister nicht gestattete – Maßnahme der Anspruchsabwehr anzusehen (ist) (BGHZ 224, 89 Rn. 96, 219 = BeckRS 2019, 30591). Denn es handelt sich bei ihr nicht um eine Reaktion auf ein Verlangen der Vermieterin, sondern um eine in engem Zusammenhang mit der von der Klägerin zulässigerweise erhobenen Rüge und dem von ihr geltend gemachten Anspruch auf Rückerstattung zu viel gezahlter Miete stehende Maßnahme, die letztlich dazu dient, für die Zukunft die Geltendmachung weitergehender Rückzahlungsansprüche des Mieters entbehrlich zu machen" (Rn. 28). Damit legte der BGH den Begriff der Inkassodienstleistung sehr weit aus und verfestigt damit die Rechtsprechung der Zulässigkeit des sogenannten „Sammelklage-Inkassos" (BGH NJW 2021, 3046 = BeckRS 2021, 20906). Dies betrifft die Bündelung von Ansprüchen im Wege der Inkassozession und deren gemeinsame (auch gerichtliche) Geltendmachung. In diesem Zusammenhang entschied der BGH, dass vom Inkassobegriff auch Geschäftsmodelle erfasst werden, die ausschließlich oder vorrangig auf eine gerichtliche Einziehung der Forderung abzielen. Dies gilt auch für das sogenannte „Sammelklage-Inkasso", bei dem mehrere Forderungen gesammelt und gebündelt gerichtlich geltend gemacht werden (vgl. auch BGH NJW 2021, 3046 = BeckRS 2021, 20906).

Vielen der vorgenannten Fälle liegt die Situation zugrunde, dass es **303**
um die Wirksamkeit der Abtretung der Forderung an das Inkassounternehmen geht oder aber um einen Verstoß gegen berufsrechtliche Regelungen, die von der Anwaltskammer geltend gemacht wurden. Denkbar ist jedoch auch, dass ein Anwalt als Mitbewerber auf dem Markt der Rechtsdienstleistungen gegen ein Inkassounternehmen vorgeht und einen lauterkeitsrechtlichen Unterlassungsanspruch geltend macht, der auf den Rechtsbruchtatbestand (§ 3a UWG iVm § 3 RDG) gestützt ist. (Zu den Neuregelungen → Rn. 321)

b) Anwaltlicher Sorgfaltsmaßstab

Einen etwas geringeren, jedoch auch wahrnehmbaren Bereich von **304**
Entscheidungen betrifft die Frage der Veränderung anwaltlicher Sorgfalt bei der elektronischen Akte und elektronischer Fristenkontrollen. Hierbei setzte der BGH (NJW 2020, 2641 = BeckRS 2020, 17044) seine restriktive Linie im Hinblick auf sehr hohe Sorgfaltsanforderungen an den Anwalt fort und sah keine Veranlassung, zwischen einer elektronisch oder analog geführten Handakte zu unterscheiden.

c) Begründungslast und automatisiert erstellte Schriftsätze

Im Hinblick auf die Begründungspflicht aus § 520 III Nr. 2 ZPO (Be- **305**
stimmtheitsanforderung an die Berufungsbegründung) ist bezüglich automatisiert erstellter Schriftsätze keine Veränderung zu sonst auch gültigen Maßstäben zu verzeichnen. Insbesondere genügt eine Berufungsbegründung, die sich weitgehend nur aus anderen Rechtsstrei-

tigkeiten betreffenden Bausteinen und Schriftsätzen zusammensetzt, jedoch auf das erstinstanzliche Urteil nur sporadisch eingeht, nicht den Bestimmtheitsanforderungen gem. § 520 III ZPO (BGH NJW-RR 2008, 1308 = BeckRS 2008, 12340).

d) Diktierprogramme und Endkontrolle des Textes

306 Werden sogenannte „Sprache-zu-Text"-Werkzeuge (Diktierprogramme) eingesetzt, entbindet dies den Verwender nicht von einer Endkontrolle des Textes. Recht eindeutig sind dabei die Ausführungen des Kammergerichts (KG BeckRS 2022, 8702) als Berufungsinstanz gegen ein erstinstanzliches Urteil des Amtsgerichts Tiergarten:

307 1. Es kann offen bleiben, ob das Urteil bereits deshalb durchgreifend rechtsfehlerhaft und aufzuheben ist, weil es logisch unverständlich ist. Es scheint so, dass der Abteilungsrichter die Gründe mit einer Software diktiert und den in Teilen ungeordneten und wirren Text hiernach nicht mehr gelesen, sondern nur noch abgezeichnet hat. Dass ein solches Vorgehen den Bestand des Urteils gefährdet, ist dem befassten Bußgeldrichter bereits im Verfahren 3 Ws (B) 211/21 durch einen Beschluss des Senats, ersichtlich ungehört, mitgeteilt worden. Unabhängig davon, ob der Sinn der für sich unverständlichen Passagen durch Auslegung zu ermitteln ist, gefährdet die offenbar eingeschliffene Praxis der Abteilung nach Auffassung des hier entscheidenden Einzelrichters nicht nur den Urteilsbestand, sondern auch das Ansehen der Justiz. Die Urteilsgründe muten in Teilen satirisch an (zB „Schrittgeschwindigkeit von 70 km/h", „Hauptwarnung" statt Hauptverhandlung und viele mehr).

2. Im vorgenannten Senatsbeschluss ist auch die Wirksamkeit der Unterschrift des Abteilungsrichters in Frage gestellt worden, die in ihrer geringen Komplexität einen Buchstaben weder erkennen noch erahnen lässt. Auch dies hat zu keiner Abhilfe geführt. Aber auch über die Wirksamkeit der Unterschrift muss hier nicht entschieden werden.

e) Private Datenverarbeitung mithilfe Künstlicher Intelligenz

308 In einer datenschutzrechtlichen Rechtssache hat der EuGH auch Aussagen über die Zulässigkeit einer Datenverarbeitung getroffen, die durch Künstliche Intelligenz gestützt wird. Aufhänger ist die PNR-RL der Europäischen Union. Danach müssen bei der Überschreitung

einer EU-Außengrenze in großer Zahl systematisch Fluggastdaten verarbeitet werden. Damit sollen terroristische Straftaten und andere schwere Kriminalität verhindert und aufgedeckt werden. Zu den gespeicherten Daten gehören etwa Anschrift, Gepäckangaben, die Telefonnummer und die Namen der Mitreisenden. Diese Regeln können auch auf den Flugverkehr innerhalb der Europäischen Union erstreckt werden, was der Entscheidung der Mitgliedstaaten obliegt.

Der EuGH (ECLI:EU:C:2022:491 = BeckRS 2022, 13847) entschied, dass **309** der Einsatz Künstlicher Intelligenz dann europarechtswidrig ist, wenn der Bewertungsprozess der Daten ohne menschliche Einwirkung und Kontrolle stattfindet. Folglich kann zwar grundsätzlich Künstliche Intelligenz eingesetzt werden, es muss aber immer auch einen Menschen geben, der an der Bewertung beteiligt ist. Diese Argumentation wird, wenn es um den Einsatz Künstlicher Intelligenz geht, häufig bemüht: Die vollständige Überantwortung der Entscheidung an ein System Künstlicher Intelligenz wird als zu gefährlich und intransparent gesehen. Daher bedürfe es immer auch einer Beteiligung eines Menschen, der im Zweifel für eine rechtswidrige Datenverarbeitung und Bewertung verantwortlich gemacht werden kann (menschliche Letztverantwortung). Der EuGH folgt dieser Argumentation unter Zugrundelegung der Anforderungen der PNR-RL (Rn. 194 f.):

> Zu den Kriterien, die die PNR-Zentralstelle dabei heranziehen **310** kann, ist zunächst festzustellen, dass sie nach dem Wortlaut von Art. 6 Abs. 3 Buchst. b der PNR-Richtlinie „im Voraus festgelegt" worden sein müssen. Wie der Generalanwalt in Nr. 228 seiner Schlussanträge ausgeführt hat, steht dieses Erfordernis der Heranziehung von Technologien der künstlichen Intelligenz im Rahmen selbstlernender Systeme („machine learning") entgegen, die – ohne menschliche Einwirkung und Kontrolle – den Bewertungsprozess und insbesondere die Bewertungskriterien, auf denen das Ergebnis der Anwendung dieses Prozesses beruht, sowie die Gewichtung der Kriterien ändern können.
>
> Darüber hinaus brächte der Rückgriff auf solche Technologien die Gefahr mit sich, dass der nach den Bestimmungen der PNR-Richtlinie erforderlichen individuellen Überprüfung der Treffer und der Rechtmäßigkeitsprüfung die praktische Wirksamkeit genommen wird. Wie der Generalanwalt in Nr. 228 seiner Schlussanträge im Wesentlichen ausgeführt hat, kann es sich nämlich angesichts der für die Funktionsweise von Technologien der künstlichen Intelligenz kennzeichnenden mangelnden Nachvollziehbarkeit

als unmöglich erweisen, den Grund zu erkennen, aus dem ein bestimmtes Programm einen Treffer erzielt hat. Unter diesen Umständen könnte die Nutzung solcher Technologien den Betroffenen auch ihr in Art. 47 der Charta verankertes Recht auf einen wirksamen gerichtlichen Rechtsbehelf nehmen, das nach dem 28. Erwägungsgrund der PNR-Richtlinie auf hohem Schutzniveau gewährleistet werden soll, damit insbesondere gerügt werden kann, dass die erzielten Ergebnisse nicht frei von Diskriminierung seien.

f) BVerfG zur Polizei-Analysesoftware „hessenDATA"

311 Seit 2017 ist bei der Polizei in Hessen eine Software mit dem Namen „hessenDATA" im Einsatz. Es handelt sich dabei um eine Version der Analysesoftware „Gotham" vom amerikanischen Unternehmen Palantir Technologies. Sie kann Daten aus verschiedenen Quellen gemeinsam analysieren und sinnvolle Verknüpfungen herstellen. Dies soll dazu dienen, die polizeiliche Ermittlungstätigkeit zu vereinfachen und zu beschleunigen. Zu den verfügbaren Quellen zählen polizeiliche Datenbanken (wie POLAS, CRIME und ComVor), Verkehrsdaten aus Telekommunikationsüberwachung, von den Providern zur Verfügung gestellte Daten, „forensische Extrakte" (= Ergebnisse polizeilicher Maßnahmen wie Beschlagnahme von Mobiltelefonen), „polizeiliche Fernschreiben" und Informationen aus sozialen Netzwerken. Aus Sicherheitsgründen besteht jedoch kein direkter Internetzugriff.

312 Der Einsatz der Software „hessenDATA" beruht auf dem § 25a des Hessischen Sicherheits- und Ordnungsgesetzes (HSOG). § 25a HSOG ermöglicht in begründeten Einzelfällen zur vorbeugenden Bekämpfung schwerer Straftaten eine Weiterverarbeitung gespeicherter personenbezogener Daten durch eine automatisierte Anwendung zur Datenanalyse.

313 Gegen diesen § 25a HSOG richtete sich die von der Gesellschaft für Freiheitsrechte (GFF) und weiteren Bürgerrechtsorganisationen erhobene Verfassungsbeschwerde (Az. 1 BvR 1547/19). Die Beschwerdeführer trugen vor, dass § 25a HSOG das Grundrecht auf informationelle Selbstbestimmung (Art. 2 Abs. 1 GG iVm Art. 1 Abs. 1 GG) sowie weitere Grundrechte verletze und somit verfassungswidrig sei.

314 So sind in den polizeilichen Datenbanken nicht nur Verdächtige oder bereits verurteilte Straftäter aufgeführt, sondern auch jegliche Personen, die an einem Sachverhalt beteiligt waren, wie beispielsweise Zeugen und Opfer. Diese könnten bereits dadurch ins Visier der Ermittler geraten, dass sie im Kontakt mit Personen stehen, die als gefährlich gelten. Gerade Journalisten oder politische Aktivisten drohen dadurch anlasslos überprüft und durchleuchtet zu werden. Kritisiert wird weiterhin, dass es zu viele Berechtigte gäbe, die auf die entsprechenden Systeme Zugriff hätten. Im Moment können beispielsweise ca. 2.000 Polizisten auf „hessenDATA" zugreifen. Zudem sei nicht klar, wie die Einhaltung der Zweckbindung der bereits erhobenen Daten gewährleistet werden soll.

Bedenken bestehen auch bezüglich der Bestimmtheit der Norm. § 25a HSOG würde keine klaren Grenzen für den Einsatz von automatisierter Datenanalysesoftware vorgeben. Es sei aus dem Gesetz nicht zu erkennen, welche Kriterien für das Vorliegen eines „begründeten Einzelfalls" herangezogen werden müssen. Zudem sei der Wortlaut technikoffen formuliert. Ein Zugriff auch auf externe Datenbanken oder der Einsatz von KI sei dadurch nicht ausgeschlossen. Somit könnten auch soziale Netzwerke analysiert und komplette Profile einzelner Personen erstellt werden. Es drohe die Schaffung eines gläsernen Menschen. Diese Grundrechtseinschränkung sei unverhältnismäßig. **315**

Das BVerfG (BeckRS 2023, 1828) hat mit dem Urteil vom 16.2.2023 (1 BvR 1547/19, 1 BvR 2634/20) entschieden, dass der § 25a HSOG und die weitgehend gleichlautende Regelung in Hamburg § 49 PolDVG gegen das Recht der informationellen Selbstbestimmung verstoßen und somit verfassungswidrig sind. Das Eingriffsgewicht und die Anforderungen an die Rechtfertigung der automatisierten Datenverarbeitung ergäben sich zum einen aus dem Gewicht der vorausgegangenen Datenerhebungseingriffe, zum anderen aus der automatisierten Datenanalyse bzw. Datenauswertung an sich. Beide Vorgänge könnten eine eigene Eingriffsqualität besitzen. **316**

Die Rechtmäßigkeit der Datenerhebung richte sich dabei unter anderem nach den Grundsätzen der Zweckbindung und Zweckänderung. Diese Grundsätze müssten sich hinreichend klar in der entsprechenden Befugnisnorm wiederfinden, sodass die Einhaltung rechtlich und praktisch gesichert ist. Dies sei sowohl in § 25a HSOG als auch in § 49 PolDVG nicht der Fall. Sie erlaubten vielmehr eine über die Zweckwahrung hinausgehende zweckändernde Weiterverarbeitung. **317**

Auch die Regelungen zur automatisierten Datenanalyse bzw. -auswertung an sich entsprechen laut BVerfG nicht den verfassungsrechtlichen Anforderungen. Mit einer automatisierten Datenverarbeitung könnten spezifische Belastungseffekte einhergehen. Im Unterschied zur herkömmlichen Datenverarbeitung würden deutlich größere **318**

Mengen vorhandener Daten analysiert werden können, sodass es möglich sei, ansonsten nicht zugängliche persönlichkeitsrelevante Informationen zu gewinnen. Dies stelle potenziell eine eigene Eingriffsqualität dar und könne darüber hinaus auch eine besondere Rechtfertigungsbedürftigkeit begründen. Die Anforderungen richteten sich dabei nach der konkreten Reichweite der Befugnisnorm und seien deshalb nicht starr, sondern variabel. Faktoren, die einen Einfluss auf die Rechtfertigungsschwelle hätten, seien die Art und der Umfang der verarbeiteten Daten sowie die Methode der Datenanalyse. Handle es sich bei der automatisierten Datenanalyse oder -auswertung um einen schwerwiegenden Eingriff, so sei dies nur zulässig, wenn die engen Voraussetzungen vorliegen, die allgemein für eingriffsintensivere heimliche Überwachungsmaßnahmen gelten. Diese Voraussetzungen sind namentlich der Schutz besonders gewichtiger Rechtsgüter und das Vorliegen einer zumindest hinreichend konkretisierten Gefahr.

319 Sowohl der § 25a HSOG als auch der § 49 PolDVG enthalten solche Anforderungen nicht. Sie erlauben beide eine automatisierte Analyse, ohne auf eine konkrete Gefahr abzustellen oder die Methode der automatisierten Datenanalyse oder -auswertung einzuschränken. Aufgrund dieser daten- und methodenoffen formulierten Befugnis verstoßen beide Normen gegen den Grundsatz der Verhältnismäßigkeit und sind somit verfassungswidrig.

320 Letztendlich stellt das BVerfG klar, dass eine automatisierte Datenanalyse nicht grundsätzlich unzulässig ist. Entscheidend sei, dass die entsprechende Eingriffsschwelle im Gesetz ausdrücklich festgelegt ist oder die Methoden der automatisierten Datenanalyse/-auswertung durch das Gesetz beschränkt sind.

2. Gesetzgebungsaktivitäten

a) „Legal-Tech-Gesetz" 2021

321 Als Reaktion auf die Rechtsprechung rund um den berufsrechtlichen Konflikt zwischen Rechtsanwälten und Inkassodienstleistern hat der Gesetzgeber das Gesetz zur Förderung verbrauchergerechter Angebote im Rechtsdienstleistungsmarkt v. 10.8.2021 (BGBl. 2021 I 3415, Inkrafttreten: 1.10.2021) beschlossen, mit dem insbesondere das RDG und RVG angepasst wurden. Dies lag einerseits daran, dass insbesondere die Instanzgerichte teils vom BGH abweichende Entscheidungen getroffen haben (zB LG Ingolstadt BeckRS 2020, 18773), und andererseits auch daran, dass Teile der Anwaltschaft die weitreichenden Befugnisse der Inkassodienstleister (insbesondere die Möglichkeit, Erfolgshonorare zu vereinbaren) als Ungleichbehandlung kritisiert haben.

Dieses Gesetz wird häufig „Legal-Tech-Gesetz" genannt und stellt einen Kompromiss zwischen den beiden Seiten (Anwaltschaft und Inkassodienstleister) dar. Neu geregelt wurden insbesondere der Inkassobegriff, die Möglichkeit eines anwaltlichen Erfolgshonorars bei bis zu 2.000 EUR Streitwert sowie die Prüfungskompetenz der Registrierungsbehörde. 322

Die Befugnis der Inkassodienstleister zur rechtlichen Prüfung und Beratung bei der Forderungseinziehung wurde nunmehr ausdrücklich in § 2 II 1 RDG aufgenommen. In Abgrenzung zum weiten Verständnis in „wenigermiete" (BGH NJW 2020, 208 = BeckRS 2019, 30591) muss sich die Inkassotätigkeit nunmehr jedoch auf die Forderungseinziehung beziehen. Andere Tätigkeiten (vor allem Forderungsabwehr) sind nur dann zulässig, wenn sie gem. §§ 2 II 1, 5 I RDG als Nebenleistung ausnahmsweise erlaubt sind: vgl. Entwurf eines Gesetzes zur Förderung verbrauchergerechter Angebote im Rechtsdienstleistungsmarkt, Begr. zur Änderung des § 2 RDG, S. 42 f., abrufbar unter: 323

https://www.bmj.de/SharedDocs/Gesetzgebungsverfahren/Dokumente/RegE_Rechtsdienstleistungsmarkt.pdf

Nachdem es bisher Rechtsanwälten grundsätzlich nicht erlaubt war, ein Erfolgshonorar zu vereinbaren, hat sich dies mit der neuen Fassung des § 4a RVG geändert. Gemäß § 4a I 1 Nr. 1 RVG darf ein Erfolgshonorar bei jeder Forderung bis zu 2.000 EUR vereinbart werden. Damit soll die Durchsetzbarkeit geringer Geldforderungen gestärkt werden: „Denn bei einer Forderung dieser Größenordnung besteht bei den Rechtsuchenden in Anbetracht des insoweit im Verhältnis zur Höhe der Forderung hohen Kostenrisikos ein erhebliches Hemmnis, rechtliche Hilfe in Anspruch zu nehmen" (Entwurf eines Gesetzes zur Förderung verbrauchergerechter Angebote im Rechtsdienstleistungsmarkt, Begr. zur Änderung des § 4a I 1 RVG, S. 36). Vorher war die Vereinbarung eines solchen Erfolgshonorars nur dann zulässig, wenn der Auftraggeber im Einzelfall ohne die Vereinbarung eines Erfolgshonorars aufgrund seiner wirtschaftlichen Verhältnisse bei verständiger Betrachtung von der Rechtsverfolgung abgehalten würde, vgl. § 4a I 1 Nr. 3 RVG (nF seit 2021). 324

325 Im Registrierungsverfahren eines Inkassodienstleisters müssen nunmehr auch Nebenleistungen genauer angegeben werden, § 13 II RDG. Bisher genügten ein Sachkundenachweis und der Nachweis einer Versicherung. Damit wird die Möglichkeit der frühen Überprüfung des Geschäftsmodells der Inkassodienstleister durch die Registrierungsbehörde geschaffen. Damit sollen „Zweifel über die Vereinbarkeit der Tätigkeit der Antragsteller mit der Erlaubnis" frühzeitig mittels bindenden Verwaltungsakts ausgeräumt werden und „nicht erst Gegenstand eines zivilrechtlichen Erkenntnisverfahrens" werden (vgl. Entwurf eines Gesetzes zur Förderung verbrauchergerechter Angebote im Rechtsdienstleistungsmarkt, Begr. zur Änderung des § 13 RDG, BT-Drs. 58/21, 45). Dies soll die Rechtssicherheit stärken.

b) Geplante Europäische KI-VO

(1) Ziel eines europäischen Rechtsrahmens

326 Systeme Künstlicher Intelligenz haben besondere Bedeutung bei der Weiterentwicklung von Dienstleistungen in rechtsberatenden Bereichen. Da solche KI-Systeme jedoch in der Regel über Staatsgrenzen hinweg eingesetzt werden können, gab es bereits frühzeitig auf europäischer Ebene Bestrebungen, einen Regelungsrahmen für Künstliche-Intelligenz-Systeme zu schaffen (erster koordinierter Plan für Künstliche Intelligenz, COM(2018) 795). Inhaltlich reichen die Forderungen von einer Überarbeitung der Haftungsvorschriften (wie beispielsweise der Produkthaftungs-RL; KI-Haftung-RL-E), der Schaffung eines neuen speziellen Rechtsrahmens (beispielsweise der Vorschlag des EU-Parlaments für eine Haftung von Betreibern von KI-Systemen, Entschließung des EU-Parlaments, P9_TA(2020)0276) bis hin zu einer allgemeinen Rechtsgrundlage für die Zulässigkeit und Sicherheit von KI-Systemen (s. beispielsweise Künstliche-Intelligenz-Weißbuch, COM(2020) 65 final). Der Vorteil einer harmonisierten Regelung wird dabei in der Rechtssicherheit für Betrieb, Begriffsverständnis und Erforschung von Künstlicher Intelligenz im gesamten Binnenraum der Europäischen Union gesehen.

(2) Legal Tech Bezug und aktueller Stand

327 Die rechtsberatenden bzw. -anwendenden Bereiche standen nicht im initialen Fokus des Regelungsanliegens. Jedoch sind in zahlreichen einzelnen Regelungsbereichen Bezüge zu Legal-Tech-Anwendungen zu verzeichnen. Haftungsfragen, die im Zusammenhang mit Künstlicher Intelligenz stehen, waren anfangs auch Gegenstand im Rahmen

der Diskussion über einen Verordnungsentwurf für die allgemeine Regelung von KI-Systemen. Diese haftungsrechtlichen Fragen wurden jedoch im weiteren Verlauf abgesondert und sollen nicht mehr Gegenstand der Verordnung, sondern separater Richtlinienvorhaben (zur Regelung außervertraglicher Haftung) sein. Am 21.4.2021 erfolgte der Vorschlag für ein „Gesetz über Künstliche Intelligenz", COM(2021) 206 final, abrufbar unter: https://eur-lex.europa.eu/legal-content/DE/TXT/HTML/?uri=CELEX:52021PC0206&from=FR. Eine Übersicht über den Gesetzgebungsprozess ist abrufbar unter: https://eur-lex.europa.eu/procedure/DE/2021_106.

(3) Einzelne Regelungsbereiche

Im aktuellen Verordnungsentwurf (COM(2021) 206 final; im Folgen- 328
den: KI-VO-E) werden speziellere Thematiken wie die Produkt- oder Betreiberhaftung ausgeklammert. Stattdessen finden sich in dem 85 Artikel umfassenden Verordnungsentwurf Regelungen, die nach Erwägungsgrund 1 die Entwicklung, Vermarktung und Verwendung von KI normieren sollen und so dem Zweck eines funktionierenden Binnenmarktes dienen sollen. Darunter fallen ebenfalls das Inverkehrbringen und die Inbetriebnahme von KI-Systemen.

(4) Definitionen (vor allem von KI)

Der KI-VO-E wird insgesamt in 12 Titel unterteilt. Statt einer umfas- 329
senden Betrachtung soll hier nur ein möglichst detaillierter Überblick über die für Legal Tech relevanten Normen gegeben werden. Titel I (Art. 1–4 KI-VO-E) umfasst „Allgemeine Bestimmungen". Es werden der Gegenstand der Verordnung (Art. 1 KI-VO-E) und ihr Anwendungsbereich (Art. 2 KI-VO-E) geregelt. In Art. 3 KI-VO-E finden sich etliche Begriffsbestimmungen wie zum Beispiel für den Begriff des „Nutzers", für „Trainingsdaten", aber auch für „System(e) der künstlichen Intelligenz":

> Artikel 3: Begriffsbestimmungen 330
>
> Für die Zwecke dieser Verordnung bezeichnet der Ausdruck
>
> 1. „System der künstlichen Intelligenz" (KI-System) eine Software, die mit einer oder mehreren der in Anhang I aufgeführten Techniken und Konzepte entwickelt worden ist und im Hinblick auf eine Reihe von Zielen, die vom Menschen festgelegt werden, Ergebnisse wie Inhalte, Vorhersagen, Empfehlungen oder Ent-

> scheidungen hervorbringen kann, die das Umfeld beeinflussen, mit dem sie interagieren;

331 Als „Techniken und Konzepte“, die unter den Begriff Künstliche Intelligenz fallen sollen, führt Anhang I wie folgt aus:

332
> ANHANG I: TECHNIKEN UND KONZEPTE DER KÜNSTLICHEN INTELLIGENZ
>
> Gemäß Artikel 3 Absatz 1
>
> a) Konzepte des maschinellen Lernens, mit beaufsichtigtem, unbeaufsichtigtem und bestärkendem Lernen unter Verwendung einer breiten Palette von Methoden, einschließlich des tiefen Lernens (Deep Learning);
>
> b) Logik- und wissensgestützte Konzepte, einschließlich Wissensrepräsentation, induktiver (logischer) Programmierung, Wissensgrundlagen, Inferenz- und Deduktionsmaschinen, (symbolischer) Schlussfolgerungs- und Expertensysteme;
>
> c) Statistische Ansätze, Bayessche Schätz-, Such- und Optimierungsmethoden.

333 Es ist davon auszugehen, dass im zukünftigen europäischen Rechtsrahmen eine einheitliche Definition von KI-Systemen erfolgt. Daher wird diese erste Definition, wenn sie im Gesetzgebungsprozess auch möglicherweise noch verändert wird, eine für die EU für folgende Rechtsakte verbindliche Begriffsbestimmung sein. Die Definition weist erhebliche Unterschiede zum ersten Definitionsversuch einer von der EU beauftragten Expertenkommission auf. In dem HEG-Bericht (Hochrangige Expertengruppe, April 2019, Ethik-Leitlinien für eine vertrauenswürdige KI, S. 47 (Rn. 143)) findet sich eine spezifischere Definition, die sich auf die Datenerfassung, -strukturierung und -interpretation stützt. Dagegen legt die Definition des KI-VO-E größeren Wert auf die Zieldefinierung durch einen Menschen. Der enge Bezug zu von Menschen festgelegten Zielen wird auch vom Deutschen Anwaltverein in einer Stellungnahme (Stellungnahme DAV, November 2021, S. 7) kritisiert, da dadurch zukünftig Probleme auftreten könnten, wenn KI autonom Ziele definiert oder Zielerwartungen weiterentwickelt. Der Bezug zu der menschlichen Festlegung der Ziele fehlt ebenfalls in dem Definitionsvorschlag des EU-Parlaments in dem oben angesprochenen Vorschlag für eine Betreiberhaftung (P9_TA(2020)0276). Vertiefend zu möglichen Definitionen Künstlicher

Intelligenz aus anthropozentrischer oder rationaler Sichtweise s. Russel/Norvig, Künstliche Intelligenz, 3. Aufl. 2012, S. 22 f.

(5) Risikobasierter Ansatz für Pflichtenprogramm bei KI-Einsatz

Die Aufteilung der Titel II – IV des KI-VO-E zeigen die getroffene risiko- 334
basierte Unterteilung von KI-Systemen. So werden für KI-Systeme anhand einer Risikoprognose Schadenspotenziale für die Rechte Dritter bewertet. Je nachdem, welche Gefährlichkeit die Erforschung, das Inverkehrbringen und die Inbetriebnahme des KI-Systems birgt, erfolgt eine Einteilung des KI-Systems. Diese Einteilung bewirkt, dass für Hersteller, Betreiber und Nutzer von gefährlicheren Systemen strengere Pflichten gelten als für ungefährlichere Systeme. Es gibt in diesem risikobasierten Ansatz vier Stufen: verbotene KI-Systeme (Titel II, Art. 5 KI-VO-E), Hochrisiko-KI-Systeme (Titel III, Art. 6–51 KI-VO-E), KI-Systeme mit begrenztem Risiko (Titel IV, Art. 52 KI-VO-E) und KI-Systeme mit minimalem Risiko. Für letztere (beispielsweise die kostenlose Nutzung von Anwendungen wie KI-gestützte Videospiele oder Spam-Filter) ist der Anwendungsbereich des KI-VO-E nicht eröffnet. Die Kommission erwartet, dass hierunter ein Großteil der Anwendungen fällt, da diese entweder kein oder nur ein minimales Risiko für geschützte Bürgerrechte oder die öffentliche Sicherheit darstellen. Eine Einteilung der KI-Systeme kann man unter https://ec.europa.eu/info/strategy/priorities-2019-2024/europe-fit-digital-age/excellence-trust-artificial-intelligence_de einsehen.

(6) Verbotene KI-Systeme: Social-Scoring-Systeme; Robo-Richter?

Für verbotene KI-Systeme gilt nach Art. 5 KI-VO-E, dass bereits das 335
Inverkehrbringen, die Inbetriebnahme und die Verwendung solcher Systeme gesetzlich untersagt ist. Dies gilt beispielsweise für behördliche Social-Score-Systeme, dh für solche Systeme, die aufgrund des sozialen Verhaltens oder bestimmter Persönlichkeitsmerkmale eine Bewertung der Person vornehmen und mittels dieses Werts den Zugang zu bestimmten Rechten regeln (Art. 5 I c) KI-VO-E). Ein weiteres Beispiel für verbotene KI-Systeme sind Spielzeuge mit Sprachassistent, durch den Kinder zu riskantem Verhalten angeleitet werden (Art. 5 I lit. b KI-VO-E). Teilweise finden sich in Art. 5 KI-VO-E jedoch Einschränkungen (beispielsweise Abs. 2–4), in welchen Fällen KI-Systeme dennoch zulässig sein können. Zulässig soll daher beispielsweise die Verwendung von KI-gestützter biometrischer Fernidentifizierung (Gesichtserkennung) im öffentlichen Raum zu Strafverfolgungszwecken (Art. 5 I lit. d KI-VO-E) sein. Außerdem sind KI-Systeme, die nur zu

militärischen Zwecken entwickelt wurden, generell von dem Verordnungsentwurf ausgenommen (Art. 2 III KI-VO-E). An diese Einschränkungen von den an sich verbotenen KI-Systemen knüpft der Deutsche Anwaltsverein seine Kritik, die in Art. 5 KI-VO-E das Verbot von KI-Systemen insbesondere für Social-Scoring-Systeme als nicht weitreichend genug erachten (Stellungnahme des DAV, November 2021, S. 8 f.). So wären Social-Scoring-Systeme, die nicht durch den Staat betrieben oder in Auftrag gegeben wurden, nach der momentanen Regelung zulässig. Außerdem wird moniert, dass ein grundlegendes Verbot von sog. Robo-Richtern fehlt. Nach momentaner Regelung würden derartige Konzepte unter die Hochrisiko-KI gem. Art. 6 KI-VO-E fallen. Jedoch führt der DAV in seiner Stellungnahme selbst an, dass ein solcher „Robo-Richter", dh die gerichtliche Entscheidung durch KI-Technologie, wohl „eine Verletzung des Rechts auf rechtliches Gehör durch ein unabhängiges und unparteiisches Gericht" darstellen würde. Nimmt man eine derartige Rechtsverletzung an, würde das die Notwendigkeit eines ausdrücklichen Verbots einschränken.

(7) Pflichten bei Hochrisiko-KI-Systemen

336 Das Inverkehrbringen und die Inbetriebnahme von Hochrisiko-KI-Systemen soll bestimmten Voraussetzungen unterliegen. Hier wird eine Wertung getroffen, ob der Nutzen des KI-Systems die durch den Betrieb hervorgerufenen Risiken überwiegt und deshalb ein Betrieb unter Auferlegung eines besonderen Pflichtenprogramms gerechtfertigt ist. So enthält Erwägungsgrund 27 die Aussage, dass mit Inverkehrbringen und Betrieb derartiger Systeme „keine *unannehmbaren* Risiken für wichtige öffentliche Interessen der Union" in sich bergen sollten. Dabei ist das Wort „unannehmbar" entscheidend für die Abgrenzung zwischen zulässigen und unzulässigen (Hochrisiko-)KI-Systemen. Das wird mit Erwägungsgrund 28 deutlich gemacht, in dem eine (beispielhafte) Aufzählung der geschützten Rechte erfolgt und herausgestellt wird, dass „das *Ausmaß* der negativen Auswirkungen des KI-Systems auf die durch die Charta geschützten Grundrechte bei der Einstufung eines KI-Systems als hochriskant von besonderer Bedeutung" ist.

337 Grundsätzlich richtet sich die Einstufung eines KI-Systems als hochriskant nach Art. 6 KI-VO-E. In dessen Abs. 1 wird auf den Anhang II verwiesen, der seinerseits auf europäische Richtlinien mit sicherheitsrechtlichen Regelungen für gewisse Produktbereiche oder -arten (beispielsweise Anhang II, Abschnitt A Nr. 2: RL 2009/48/EG Sicherheit von Spielzeug) verweist. Absatz 2 verweist auf die in Anhang III aufgeführ-

te Verknüpfung von KI-Systemen und der Tätigkeit in spezifischen kritischen Bereichen, wodurch eine Einordnung solcher Systeme als hochriskant gerechtfertigt wird. Dort sind KI-Systeme als hochriskant aufgeführt, deren Einsatz in bestimmten Bereichen wegen der besonderen Umstände regelmäßig ein erhöhtes Gefährdungspotenzial aufweist (beispielsweise bei der biometrischen Echtzeit-Fernidentifizierung, die nicht zu Strafverfolgungszwecken erfolgt, oder bei der Verwaltung von kritischer Infrastruktur wie der Stromversorgung). Es kommt dabei nicht darauf an, ob es sich um ein eigenständiges KI-System oder ein KI-System als Teil eines anderen Produkts (beispielsweise autonome Roboter in der Medizin (roboterassistierte Chirurgie)) handelt. Die Einordnung als hochriskant bezieht sich auf die Gefährdung für die geschützten Rechte, nicht auf das Risiko für das Produkt, dessen Teil das KI-System ist (vgl. Erwägungsgrund 31 KI-VO-E).

Damit ein KI-System überhaupt als hochriskant erkannt wird, muss es 338
nach der Entwicklung, aber vor dem Inverkehrbringen einer Konformitätsbewertung unterzogen werden (Art. 19 I KI-VO-E). Das Verfahren der Konformitätsbewertung ist in den Art. 43 ff. KI-VO-E geregelt. Ein Hochrisiko-System gilt nur dann als konform, wenn es die Anforderungen der Art. 8–15 KI-VO-E einhält. Darunter fällt beispielsweise, dass ein hochriskantes KI-System nur gem. Art. 14 I KI-VO-E verwendet werden darf, wenn eine menschliche Aufsicht durch eine natürliche Person gewährleistet werden kann. Art. 10 I KI-VO-E regelt beispielsweise die Anforderungen, die an die Trainingsdatensätze zu stellen sind. Wenn es als konform gilt, erfolgt gem. Art. 60 KI-VO-E eine eigenständige Registrierung in der öffentlich zugänglichen, europäisch angelegten Datenbank. Mit dem Tragen der CE-Kennzeichnung kann das KI-System in Verkehr gebracht werden, sodass ab dann das besondere Pflichtenprogramm aus den Art. 16 ff. KI-VO-E gilt. Darunter fallen für den Anbieter unter anderem Dokumentations-, Informations- und Beobachtungspflichten, die sich beispielsweise in dem Aufrechterhalten eines Risiko- (Art. 9 KI-VO-E) und Qualitätsmanagementsystems (Art. 17 KI-VO-E) äußern. Durch das Risikomanagement soll die Konformität während des gesamten „Lebenszyklus" des KI-Systems gewährleistet werden. Nach Art. 21 KI-VO-E ist der Anbieter zu Korrekturmaßnahmen verpflichtet, wenn Grund zur Annahme einer fehlenden Konformität besteht. Derartige Maßnahmen können sich beispielsweise in einem Update oder sogar einem Produktrückruf äußern. Bei wesentlichen Änderungen am Lebenszyklus des KI-Systems muss dieses einer erneuten Konformitätsbewertung unterzogen werden, bevor es wieder in den Verkehr gelangt.

339 Weiterhin werden Pflichten für Produkthersteller (Art. 24 KI-VO-E), die ein Hochrisiko-KI-System in ihrem Produkt verwenden, für Einführer (Art. 26 KI-VO-E), für Händler (Art. 27 KI-VO-E) und Nutzer (Art. 28 f. KI-VO-E) im Umgang mit Hochrisiko-KI-Systemen normiert.

340 Als Beispiele für Hochrisiko-KI-Systeme lassen sich der Einsatz solcher Systeme bei der Überwachung von Verkehrssystemen, der Gas- und Wasserversorgung, bei der Bewertung von Prüfungen im Bildungssektor, als Sicherheitskomponente in Produkten, bei der Personalauswahl, bei öffentlichen und privaten Dienstleistungen wie der Bewertung der Kreditwürdigkeit, bei der Strafverfolgung, der Rechtspflege oder bei Migrations- und Asylangelegenheiten, also der Bewertung der Echtheit von Reisedokumenten, anführen. Durch die oben bereits beschriebene enge Verknüpfung mit einer menschlichen Aufsicht würde auch im Falle eines „Robo-Richters" ein menschlicher Kontrollvorgang gewährleistet. Damit wären jedoch weitere Problembereiche eröffnet, wie beispielsweise die Bestimmung des an die aufsichtführende natürliche Person zu stellenden Sorgfaltsmaßstabs, der in einem engen Zusammenhang mit dem Erwartungshorizont, der an den Fehlerbegriff bei einem KI-System anknüpft, steht.

(8) KI-Systeme mit minimalem Risiko

341 Für den Betrieb von KI-Systemen mit minimalem Risiko gelten lediglich besondere Transparenzpflichten gem. Art. 52 KI-VO-E. Dabei unterteilt sich Art. 52 KI-VO-E in Transparenzpflichten für Anbieter, Abs. 1; Verwender, Abs. 2, und Nutzer von diesen Systemen, Abs. 3. Diese Anforderungen beziehen sich beispielsweise auf Chatbots, bei denen die Nutzer selbst die Entscheidung treffen können, ob sie die Anwendung trotz des Kontakts zu KI-Systemen weiter nutzen wollen oder nicht.

342 Die Einstufung der KI-Systeme richtet sich (s. beispielsweise den ausdrücklichen Verweis in Art. 6 I KI-VO-E) maßgeblich nach den in Anhang I genannten Techniken und Konzepten. Der Vorschlag der Kommission sieht gem. Art. 4 die Befugnis der Kommission zur Änderung der Anhänge durch delegierte Rechtsakte vor, damit bei technologischen Innovationen laufend aktualisiert werden kann. Genauer ausgeführt wird diese Befugnis in Erwägungsgrund 85 KI-VO-E, der zusätzlich die anderen Anhänge und deren Inhalt definiert (insbesondere Anhang III, der eine Aufführung aller KI-Systeme, die als Hochrisiko-System eingestuft werden, beinhalten soll).

(9) Haftung trotz fehlender Haftungsregeln in der KI-VO

Obwohl die umfassende Regelung des Bereichs der KI-Systeme keine ausdrücklichen Haftungsregelungen normiert, könnten sich neben der staatlichen Durchsetzung (insbesondere durch Verbote von KI-Systemen, Art. 63, 65 V KI-VO-E) der Anforderungen aus der finalen Verordnung bereits private haftungsrechtliche Auswirkungen ergeben. So ist es denkbar, dass die Normierungen spezieller Pflichten als Schutzgesetze zu klassifizieren sind. Für den aus der Verletzung eines Schutzgesetzes entstehenden Schaden ist in § 823 II BGB iVm dem Schutzgesetz eine Haftung geregelt. Sollte beispielsweise ein Anbieter seiner Pflicht zur Meldung schwerwiegender Vorfälle aus Art. 62 KI-VO-E nicht nachkommen und die Pflicht aus Art. 19 KI-VO-E, Korrekturmaßnahmen zu treffen, missachten und daraufhin ein kausaler Schaden bei einem Dritten entstehen, ließe sich über eine Haftung aus § 823 II BGB iVm dem Schutzgesetz diskutieren. Weiterhin könnte das Verständnis der Produktbeobachtungspflicht im Rahmen der Produzentenhaftung gem. § 823 I BGB durch die speziell normierten Beobachtungspflichten des KI-VO-E erweitert werden. Das zeigt den vor allem sicherheits-, zulässigkeits- und verfahrensrechtlichen Charakter der bisherigen Regelungen, der beispielsweise der Produktsicherheits-RL ähnelt, aus dem das ProdSG als nationales Umsetzungsgesetz hervorgegangen ist. So wurde (insbesondere bei der Begründung der deliktischen Produzentenhaftung) bei einem Verstoß gegen Schutzgesetze des ProdSG eine Haftung aus § 823 II BGB begründet. Die haftungsrechtlichen Auswirkungen wären insbesondere für die Durchsetzung der auferlegten Anforderungen relevant. Ein Rechtsschutz für Rechte Dritter ohne flankierende Durchsetzungsmöglichkeiten und Rechtsfolge für den Schädiger würde ansonsten ins Leere laufen. Um für dieses Problem der Durchsetzbarkeit – insbesondere von außervertraglichen nationalen verschuldensabhängigen Haftungstatbeständen – eine Lösungsmöglichkeit zu bieten, hat sich der europäische Gesetzgeber flankierend zum KI-VO-E mit Regelungsinstrumenten auseinandergesetzt, die keinen zu invasiven Eingriff in die national souverän ausgestalteten Haftungstatbestände darstellen und im Folgenden vorgestellt werden. 343

c) Geplante Europäische Richtlinien zur Regelung außervertraglicher Haftung

(1) Ziel der Richtlinienentwürfe

344 Der europäische Gesetzgeber hat als eines der relevantesten Regelungsprobleme im Zusammenhang mit KI-Systemen die Zuweisung außervertraglicher Haftungsrisiken herausgestellt. So sollen die durch den Betrieb von KI-Systemen neu geschaffenen bzw. veränderten Risiken für die Rechte Dritter interessengerecht zugewiesen werden. Der oben dargestellte Verordnungsentwurf (KI-VO-E) enthält keine ausdrücklichen Haftungsvorschriften (→ Rn. 328), obwohl sich dennoch Auswirkungen auf das Haftungssystem de lege lata ergeben (Schutzgesetz iSd § 823 II BGB) (→ Rn. 343). Wie bereits vorstehend erläutert, gab es für die interessengerechte Risikozuweisung in der Literatur wie auch durch das europäische Parlament verschiedene Lösungsansätze. Zumeist wurde dabei vertreten, dass das bestehende (nationale wie europäische) Haftungssystem eine Anpassung der Produkthaftungs-RL und die Schaffung eines zusätzlichen Rechtsrahmens für die Haftung von Betreibern von KI-Systemen für die Erfassung der mit dieser Technologie verbundenen Risiken benötigt. Teilweise wurde vertreten, dass das haftungsrechtliche System de lege lata ausreiche, sofern das Verständnis einiger normativer Anforderungen mittels Auslegung oder richterlicher Rechtsfortbildung angepasst würde.

345 Mit den beiden formulierten Richtlinienentwürfen hat die EU-Kommission einen Mittelweg eingeschlagen: Einerseits wird die Produkthaftungs-RL von 1985 durch eine neugefasste, angepasste Produkthaftungs-RL (COM(2022) 495 final) ersetzt. Andererseits wurde (ausdrücklich vorerst) auf einen zusätzlichen neuen Rechtsrahmen für Betreiber von KI-Systemen verzichtet. Stattdessen soll durch einen weiteren Richtlinienentwurf (COM(2022) 496 final) verbindlich ein europäisch harmonisierter Umgang mit Haftungsfällen unter Beteiligung von KI-Systemen bei Anwendung der national bestehenden außervertraglichen Haftungsnormen umgesetzt werden. Beide Richtlinienentwürfe befinden sich aktuell (2023) noch im Gesetzgebungsprozess, sodass Änderungen möglich sind. Für beide Entwürfe wird auf die Gültigkeit der in dem KI-VO-E aufgestellten allgemeinen und sicherheitsrechtlichen Regelungen zur Regulierung von KI verwiesen.

(2) Entwurf einer neuen Produkthaftungs-RL, COM(2022) 495 final

346 Die ursprüngliche Produkthaftungs-RL (RL 85/374/EWG) soll durch den Reformvorschlag (hier: Produkthaftungs-RL-E, COM(2022) 495

final) ersetzt werden. Dabei wird in dem Produkthaftungs-RL-E im Kern auf dieselbe Struktur wie in der Produkthaftungs-RL gesetzt. Es wird eine Herstellerhaftung für Schäden durch Produktfehler ohne ausdrückliches Verschuldenserfordernis geregelt. Gleichzeitig sollen in die Neuformulierung die Erkenntnisse aus der Evaluation von der Produkthaftungs-RL von 1985 einfließen und die veränderten gesellschaftlichen und wirtschaftlichen Umstände berücksichtigt werden. Aus diesen Gründen zeigt ein Vergleich zwischen alter Produkthaftungs-RL und dem neuen Produkthaftungs-RL-E deutliche Divergenzen.

i. Änderungen des Produktbegriffs

Als eine der bemerkenswertesten Neuerungen wird mit dem neu- 347
en Produktbegriff Software, unabhängig von der Verkörperung (jedoch mit der Ausnahme reinen Source Codes), erfasst, Art. 4 Nr. 1, Erwägungsgrund 12 Produkthaftungs-RL-E. KI-Systeme sind also explizit in den Regelungsbereich aufgenommen worden. Zusätzlich werden in Art. 4 Nr. 1, 2 Produkthaftungs-RL-E „digital manufacturing files" als Produkt erfasst, sodass sich die Haftung ebenfalls auf 3D-Datenfiles für die Herstellung körperlicher Gegenstände durch 3D-Drucker erstrecken könnte. Außerdem sollen mögliche fehlerhafte Komponenten, die die Fehlerhaftigkeit des Produkts bewirken können, unter den Produktbegriff fallen, wobei insbesondere auch auf mit dem Produkt zusammenhängende Dienste abgestellt wird, Art. 4 Nr. 3, 4 Produkthaftungs-RL-E. Dabei soll der Anwendungsbereich der Produkthaftungs-RL nicht auf jegliche Dienstleistungen erweitert werden, Erwägungsgrund 15 Produkthaftungs-RL-E (im Einklang mit der Rechtsprechung zur bisherigen RL, EuGH ECLI:EU:C:2021:471 = GRUR-RS 2021, 13370 – Krone Verlag). Stattdessen sind nur die Dienste erfasst, ohne die das Produkt eine oder mehrere seiner Funktionen nicht erfüllen kann, Art. 4 Nr. 4 Produkthaftungs-RL-E. Das lässt aber die Schlussfolgerung zu, dass die Bereitstellung fehlerhafter Trainingsdaten zu einer Haftung für einen aus dem trainierten KI-System entstehenden Schaden führen kann.

ii. Änderungen der Haftungsadressaten

Auch bezüglich der Haftungsadressaten enthält der Produkthaftungs- 348
RL-E Anpassungen. So wird nach Art. 7 I 2 Produkthaftungs-RL-E die gesamtschuldnerische Haftung des Komponentenherstellers normiert. Zusätzlich zur bekannten Importeurshaftung wird der Adressatenkreis auf den wirtschaftlichen Profiteur („economic operator",

Art. 4 Nr. 16 Produkthaftungs-RL-E) ausgeweitet, sodass als subsidiäre Folge die Ansiedlung außerhalb des europäischen Wirtschaftsraums („versuchte Flucht aus der Haftung") nicht von der „europäischen Haftung" befreien kann. Dadurch kann subsidiär zur Haftung des Herstellers nach Art. 7 III Produkthaftungs-RL-E auf Anbieter wie Amazon als „fulfilment service provider" (Definition in Art. 4 Nr. 14 Produkthaftungs-RL-E) zurückgegriffen werden. Sofern kein Haftungsadressat iSd Art. 7 I–III Produkthaftungs-RL-E ermittelt werden kann, soll im Zweifel jeder Vertreiber des Produkts haften, wenn er nicht die Offenlegungspflichten aus Art. 7 V Produkthaftungs-RL-E erfüllt. Letztlich soll so derjenige zur Verantwortung gezogen werden, der das Produkt in den europäischen Binnenmarkt bringt, wenn der Hersteller aus dem EU-Ausland stammt. Haftungsadressat kann auch jede natürliche oder juristische Person sein, die ein Produkt außerhalb der Kontrolle des Herstellers essenziell modifiziert, Art. 7 IV Produkthaftungs-RL-E, wobei die Haftung sich dann auf die Fehlerhaftigkeit des modifizierten Teils des Produkts beschränkt, Art. 10 I lit. g Produkthaftungs-RL-E. Dies gilt aber gerade nicht im Hinblick auf (zumindest nicht kommerziell vertriebene) Open Source Software, bei der regelmäßig Modifizierungen durch viele verschiedene Subjekte vorgenommen werden, da Open Source Software vom Anwendungsbereich der Richtlinie ausgeschlossen ist, Erwägungsgrund 13 Produkthaftungs-RL-E.

iii. Änderung der geschützten Rechtsgüter

349 Die haftungsrechtlich schützenswerten Rechte und Rechtsgüter werden auf den Datenverlust und die Datenkorruption ausgeweitet, sofern die Daten nicht rein professionellen Nutzen hatten und ein materieller Schaden („material loss") aus dem Verlust oder der Korruption (unbefugte Veränderung) der Daten resultiert, Art. 4 Nr. 6 lit. c Produkthaftungs-RL-E. Für den Datenbegriff wird auf die Begriffsdefinition des Daten-Governance-Rechtsakts (VO (EU) 2022, 868, ABl. 2022 L 152) verwiesen. Laut Erwägungsgrund 16 Produkthaftungs-RL-E sollen beispielsweise die Kosten zur Wiederherstellung der Daten kompensiert werden. Wie dabei der Schaden konkret zu berechnen ist und die mögliche Regelung des explizit vom Anwendungsbereich der RL ausgenommenen immateriellen Schadenersatzes, fällt in den Zuständigkeitsbereich der Mitgliedstaaten, Erwägungsgrund 18 Produkthaftungs-RL-E.

iv. Änderungen des Produktfehlerbegriffs

Der Fehlerbegriff des Produkthaftungs-RL-E orientiert sich dabei an den Grundsätzen der Produkthaftungs-RL von 1985, es wird also weiterhin auf die allgemeinen Verkehrserwartungen an die Sicherheit des Produktes abgestellt, Art. 6 I Produkthaftungs-RL-E. An dieser Stelle werden der technische Standard und Sicherheitsvorschriften, insbesondere bezüglich sich weiterentwickelnder KI-Systeme wie sie der KI-VO-E, aber auch der geplante Cyber Resilience Act (COM(2022) 454 final) regeln sollen, besonders relevant. Für die Feststellung eines Produktfehlers (ausführlich: Erwägungsgrund 22 Produkthaftungs-RL-E) ist insofern eine Differenzierung je nach Risiko des Produkts für die schützenswerten Rechte und Rechtsgüter vorgesehen, um zu bestimmen, ob das Produkt den Sicherheitsanforderungen genügt oder nicht („lack of safety" entscheidend für die Fehlerhaftigkeit). An Produkte mit sehr hohem Schädigungsrisiko sind somit sehr hohe Sicherheitsanforderungen zu stellen (Erwägungsgrund 22 S. 4 Produkthaftungs-RL-E). Dieses Verständnis des Produktfehlers ist konform mit der Zuweisung eines strengeren Pflichtenprogramms an Hersteller von KI-Systemen mit hohem Risiko iSd KI-VO-E (zum risikobasierten Ansatz s. vorstehend zum KI-VO-E → Rn. 334). 350

Selbstlernende Algorithmen sollen so entwickelt werden, dass sie gefährliches Verhalten möglichst verhindern, Erwägungsgrund 23 S. 2 Produkthaftungs-RL-E. Wenn bei einem Produkt ein Zustand als fehlerhaft bewiesen wurde, kann für ein Produkt derselben Produktserie („same production series") gerichtlich die Annahme getroffen werden, dass auch das andere Produkt fehlerhaft ist, ohne die konkrete Fehlerhaftigkeit nochmals feststellen zu müssen, Erwägungsgrund 22 S. 5 Produkthaftungs-RL-E. Eine wichtige Veränderung ist die Modifizierung des Zäsurzeitpunkts des Inverkehrbringens (früheres „Werkstorprinzip"). Es wird insbesondere bei sich selbst modifizierenden Produkten wie beispielsweise lernfähigen KI-Systemen auf den Verlust der Kontrolle des Herstellers („manufacturer's control", Definition: Art. 4 Nr. 5 Produkthaftungs-RL-E) als Zeitpunkt der Bestimmung der Fehlerhaftigkeit abgestellt, Art. 6 I lit. e Produkthaftungs-RL-E. Es sollen also insbesondere unautorisierte Modifizierungen Dritter die Haftung des Herstellers ausschließen, Erwägungsgrund 23 Produkthaftungs-RL-E. Wann ein solcher Kontrollverlust anzunehmen ist, hängt wiederum eng mit den jeweiligen Pflichten der Hersteller von KI-Systemen aus dem KI-VO-E zusammen. Weiterhin sind für konnektive Produkte bei der Beurteilung der Verkehrssicherheitser- 351 wartungen zu erwartende Auswirkungen auf mögliche verbundene Produkte zu berücksichtigen, Art. 6 I lit. d, Erwägungsgrund 23 S. 1 Produkthaftungs-RL-E. Eine Befreiung vom Vorwurf des Produktfehlers unter Berufung auf einen Entwicklungsfehler ist für den Hersteller nach Art. 10 I lit. e Produkthaftungs-RL-E weiterhin möglich. Dabei darf der Fehler nach objektivem Stand der Technik und Wissenschaft nicht für den Hersteller erkennbar gewesen sein, solange der Hersteller noch Kontrolle über das Produkt innehatte. Sofern bei KI-Systemen der Hersteller jedoch wegen dem ihm auferlegten Pflichtenprogramm weiterhin Kontrolle ausübt (beispielsweise wegen der Pflichten zur Marktüberwachung aus Art. 63 KI-VO-E), kann die Haftungsbefreiung unter dem Gesichtspunkt des Entwicklungsfehlers nicht geltend gemacht werden.

352 Zudem wird versucht, Informationsasymmetrien zwischen den Beteiligten auszugleichen, um die Durchsetzbarkeit der normierten Ansprüche zu gewährleisten. So wird einerseits eine Offenlegungspflicht bezüglich gewisser Informationen an den Schädiger gerichtet, Art. 8 Produkthaftungs-RL-E, und andererseits mit Beweisvermutungen und prima-facie-Beweisanordnungen die Darlegungs- und Beweislast für den Geschädigten modifiziert. Als weitere Erleichterung aus Sicht des Geschädigten wird auf die ehemals in Art. 16 I Produkthaftungs-RL angeordnete Möglichkeit der Normierung von Haftungshöchstsummen (wie beispielsweise in § 10 ProdHaftG) verzichtet, Art. 13 Produkthaftungs-RL-E.

(3) Vorschlag für eine Richtlinie des Europäischen Parlaments und des Rates zur Anpassung der Vorschriften über außervertragliche zivilrechtliche Haftung an künstliche Intelligenz (Richtlinie über KI-Haftung), COM(2022) 496 final

i. Anwendungsbereich

353 Der Inhalt des Entwurfs der Richtlinie für die außervertragliche Haftung für KI (hier: KI-Haftung-RL-E) weicht erheblich vom Regelungsansatz des vormaligen Vorschlags des EU-Parlaments (→ Rn. 326, P9_TA(2020)0276) ab. Statt eines zusätzlichen Rechtsrahmens der Gefährdungshaftung für Betreiber, wie vom Parlament vorgeschlagen, regelt die Kommission mit dem Richtlinienvorschlag COM(2022) 496 final insbesondere Offenlegungspflichten und Beweislastmodifizierungen für den Umgang des nationalen außervertraglichen Haftungsrechts mit Schadensfällen unter Beteiligung von KI-Systemen. Dabei sind die Begrifflichkeiten des KI-Haftung-RL-E an diejenigen des KI-

VO-E angepasst. So wird für die Definition von KI auf die Definition des KI-VO-E und dessen risikobasierten Ansatz zurückgegriffen. Der Anwendungsbereich des KI-Haftung-RL-E soll sich dabei auf die Fälle begrenzen, in denen sich die Aktivität eines KI-Systems unmittelbar auf einen Geschädigten ausgewirkt hat, also zwischen Aktivität und Schädigung keine menschliche Bewertung (bzw. Aktion) tritt. Diese Einengung des Anwendungsbereichs könnte im Hinblick auf Art. 14 KI-VO-E und der stets erforderlichen menschlichen Aufsicht problematische Auswirkungen haben. Bis auf die nach Art. 1 III KI-Haftung-RL-E ausgenommenen Bereiche und die Beschränkung auf außervertragliche verschuldensabhängige Haftungstatbestände wird der Anwendungsbereich des KI-Haftung-RL-E nicht weiter spezifiziert (dh insbesondere nicht auf rein deliktische Ansprüche oder Ähnliches). Als Harmonisierungsgrad für die Umsetzung gilt die Mindestharmonisierung, die Mitgliedstaaten dürfen zugunsten strengerer Vorschriften abweichen, Art. 1 IV, Erwägungsgrund 14 S. 2 KI-Haftung-RL-E.

Als zentrales Ziel soll die Richtlinie in außervertraglichen Haftungs- 354 fällen unter Beteiligung von KI-Systemen die Informationsasymmetrie zwischen den Beteiligten lösen, um eine Durchsetzbarkeit potenzieller verschuldensabhängiger Schadenersatzansprüche zu gewährleisten.

ii. Offenlegungspflicht und Verschuldensvermutung

Art. 3 I KI-Haftung-RL-E sieht Offenlegungspflichten des Betreibers 355 oder anderer beteiligter Dritter bei hochriskanten KI-Systemen vor, wodurch die Informationsoffenlegung durch gerichtliche Anordnung auf glaubhaftes Verlangen des Geschädigten im Rahmen der in den Abs. 2–4 geregelten Verhältnismäßigkeit erfolgen muss. Das Zuwiderhandeln der Offenlegungspflicht hat die widerlegbare Vermutung der verschuldeten Nichteinhaltung der Pflichten als Folge, Art. 3 V KI-Haftung-RL-E.

iii. Kausalitätsvermutung

Sofern der Geschädigte die Fehlerhaftigkeit des KI-Systems darlegen 356 und beweisen kann, wird grundsätzlich gem. Art. 4 I KI-Haftung-RL-E vermutet, dass zwischen dem Fehlverhalten des Inanspruchgenommenen und der fehlerhaften Aktivität des KI-Systems bzw. der Schädigung ein kausaler Zusammenhang besteht. Dazu sind in Art. 4 I lit. a–c drei Fälle geregelt, wann die nach Abs. 7 widerlegbare Vermutung angenommen werden soll. Gegen Betreiber nicht hochriskanter

KI-Systeme soll die Vermutung nur dann greifen, wenn das Gericht zu der Überzeugung gelangt ist, dass für den Kläger erhebliche Beweisschwierigkeiten der Kausalität bestehen (Art. 4 V KI-Haftung-RL-E), wobei das wegen des Black-Box-Prinzips von KI-Systemen regelmäßig der Fall sein dürfte, s. auch Erwägungsgrund 28 S. 2 ff. KI-Haftung-RL-E. Dagegen greift die Vermutung gegenüber Betreibern hochriskanter KI-Systeme, wenn der Kläger glaubhaft macht, dass der Betreiber gegen Pflichten der Art. 10 ff. KI-VO-E verstoßen hat, Art. 4 II KI-Haftung-RL-E. Gegenüber professionellen Nutzern von hochriskanten KI-Systemen (für nicht professionelle Nutzer sieht Art. 4 VI KI-Haftung-RL-E stärker eingeschränkte Voraussetzungen für das Eingreifen der Vermutungswirkung vor) setzt die Kausalitätsvermutung erst ein, wenn der Kläger **beweist**, dass der Nutzer nicht seine Pflichten (entsprechend gesetzlicher Regelungen beispielsweise aus Art. 29 KI-VO-E) und getroffenen Anweisungen befolgt und somit bezüglich des Gebrauchs, der Überwachung oder des Trainings pflichtwidrig gehandelt hat, Art. 4 III KI-Haftung-RL-E.

(4) Abgrenzung des jeweiligen Regelungsbereichs der Entwürfe

357 Die Kommission hat sich für den legislativen Weg entschieden, durch eine ausgeweitete Herstellerhaftung und Ergänzung der subsidiären Haftungsadressaten bei Schädigungen durch einen Produktfehler dem Geschädigten einen Anspruch gegen einen Haftungsadressaten über den Produkthaftungs-RL-E zu ermöglichen. Vor diesem Hintergrund wurde zunächst auf die Einführung einer zusätzlichen Gefährdungshaftung für Betreiber verzichtet. Ein derartiger zusätzlicher Haftungsrahmen könnte in Zukunft aber geschaffen werden, sofern nach einer Evaluation der Auswirkungen der Regelungen des Produkthaftungs-RL-E und des KI-Haftung-RL-E eine Notwendigkeit dazu besteht, COM(2022) 496 final S. 9, Art. 5, Erwägungsgrund 31 KI-Haftung-RL-E.

358 Der Anwendungsbereich des KI-Haftung-RL-E soll sich nicht mit Ansprüchen aus dem Produkthaftungs-RL-E überschneiden, COM(2022) 495 final S. 4. Der Anwendungsbereich des KI-Haftung-RL-E bezieht sich auf die verschuldensabhängige nationale Haftung und regelt dafür Offenlegungspflichten und Beweislastmodifizierungen. Der KI-Haftung-RL-E erhält also gerade dort entscheidende Bedeutung, wo nationale Regelungen wie § 823 I BGB für die Haftung unter Beteiligung von KI-Systemen über den Anwendungsbereich des Produkthaftungs-RL-E hinausgehen. Das kann beispielsweise bei bestimmten geschützten Rechten und Rechtsgütern wie dem unter §823 I BGB anerkannten allgemeinen Persönlichkeitsrecht der Fall sein oder aber bei der kommerziellen Nutzung von am Haftungsfall Beteiligten, die nicht Verbraucher sind. Dennoch scheint die derartige Regelungsfassung der beiden Richtlinien die Relevanz geltend zu machender Ansprüche bei Schädigungen unter Beteiligung von KI-Systemen in Richtung des Anwendungsbereichs des Produkthaftungs-RL-E zu verschieben, was insbesondere eine deutliche Abweichung zur vorherigen Stellung der Produkthaftungs-RL als Regressinstrument bedeuten würde. Zur vertiefenden Auseinandersetzung mit den beiden Richtlinienentwürfen wie auch einer Abgrenzung beider s. Spindler CR 2022, 689.

d) Auswirkungen der geplanten Haftungsregelungen auf Legal-Tech-Anwendungen

Was bedeuten diese Änderungen aus Sicht des Anwenders von Legal-Tech-Angeboten? Haftet beispielsweise der Anwalt für fehlerhafte Beratungsleistungen, wenn das verwendete Legal-Tech-Formular einen inhaltlichen Fehler beinhaltet? Solche Schadensfälle werden realistischer, wenn sich vor Augen geführt wird, wie weit der Einsatzbereich derartiger automatisierter Systeme fortgeschritten ist. So wird beispielsweise im anwaltlichen Beratungsverhältnis Machine-Learning-Software (unter anderem „Kira Systems“) eingesetzt, um ein Dokumentenscreening vorzunehmen, dh, Rechtsdokumente (beispielsweise Verträge) miteinander abzugleichen und Fehlerquellen zu identifizieren. Gleichzeitig soll die lernende Künstliche Intelligenz regelmäßig verwendete Klauseln erkennen und für neue Verträge nutzbar machen. Wenn eine solche Klausel jedoch fehlerhaft übernommen und eingesetzt wird, könnte daraus ein Beratungsfehler resultieren. Ein Beratungsfehler kann wiederum einen Anwaltshaftungsfall begründen. **359**

In der Regel dürften derartige Fehler durch die vertragliche Anwaltshaftung im Verhältnis zum Mandanten erfasst werden (s. zu den Pflichten des Anwalts im Mandantenverhältnis beispielsweise BGH NJW 1961, 601). Die grundsätzlich bestehenden Pflichten des Anwalts gegenüber seinem Mandanten sind unabhängig davon zu bemessen, ob der Anwalt Legal-Tech-Anwendungen benutzt oder nicht. Sollte die Legal-Tech-Anwendung auf selbstlernender Software basieren und als KI-System im Sinne des KI-VO-E gelten, so können die dort normierten Pflichten für den Nutzer solcher Systeme (oder auch den Hersteller, **360** falls der Anwalt als solcher in Frage kommt) das Pflichtenprogramm ergänzen. Der Anwalt wird jedoch nicht ohne inhaltliche Überprüfung auf die Richtigkeit des Ergebnisses der Legal-Tech-Anwendung vertrauen dürfen, sodass er dadurch von einer Haftung befreit würde. Für vertragliche Ansprüche gilt der neue Richtlinienvorschlag des KI-Haftung-RL-E nicht. Inwiefern hingegen die neuen Regelungen für digitale Produkte der §§ 327 ff. BGB Einfluss auf die Haftung haben, wird untenstehend gesondert erläutert (→ Rn. 364).

361 Im Sinne des Kumulationsprinzips (vgl. BGH NJW 1967, 42 (43 f.)) könnte neben einer vertraglichen Anspruchsgrundlage auch eine außervertragliche Haftung gegen den Anwalt wegen eines fehlerhaften Betriebs der Softwareanwendung bestehen. Dafür könnte die nach dem KI-Haftung-RL-E nach deren Umsetzung in nationales Recht vorgesehene Haftung eingreifen, sofern der Anwalt Betreiber der Software ist. Allerdings gilt in dem Zusammenhang eine wichtige Einschränkung: Nach Erwägungsgrund 15 KI-Haftung-RL-E finden die Regelungen keine Anwendung auf Schadensfälle, in denen das KI-System sich nicht direkt auf die geschädigte Person ausgewirkt hat. Tritt daher eine eigenverantwortliche Bewertungsentscheidung eines Menschen (die auch in einem Unterlassen liegen kann) dazwischen, so sollen die Regelungen aus dem KI-Haftung-RL-E keine Anwendung finden. Diese Einschränkung wird damit begründet, dass in solchen Fällen die Kausalität zwischen Verschulden des Dazwischengetretenen und dem Schaden beim Geschädigten regelmäßig darzulegen und zu beweisen sei. Vor dem Hintergrund der zumindest für Hochrisiko-KI-Systeme geltenden Pflicht zur menschlichen Aufsicht aus Art. 14 KI-VO-E (sog. human in the loop), die sich unter anderem an Betreiber (Abs. 3 lit. b: „vom Nutzer umgesetzt“) der KI richtet, erscheint die Einschränkung des Anwendungsbereichs des KI-Haftung-RL-E widersprüchlich. Zusätzlich dürfte die Einschränkung für den oben formulierten Fall der Legal-Tech-Anwendung als Teil der anwaltlichen Beratungsleistung einen Ausschluss der Anwendung des KI-Haftung-RL-E zur Folge haben, sofern nicht der Mandant selbst lediglich mit dem Formular interagiert. Ein Ausschluss des KI-Haftung-RL-E ließe zwar weiterhin eine Anwendung der §§ 823 ff. BGB zu, allerdings ohne die Vorzüge der für den Geschädigten streitenden Vermutungen, Beweiserleichterungen und Offenlegungspflichten. Eine Ersetzung reiner Vermögensschäden ist dabei nur in § 823 II BGB iVm einem das Individualvermögen schützendem Schutzgesetz oder unter den engen Voraussetzungen des § 826 BGB vorgesehen.

Zusätzlich könnte aufgrund des Produkthaftungs-RL-E eine Haftung gegen den Hersteller der Software begründet werden, wenn diese fehlerhaft in Verkehr gebracht wurde. Zwar ist die Software explizit vom neuen Produktbegriff umfasst und auch die Einführung von fehlerhaften Trainingsdaten, die in einem fehlerbehafteten Output an Vertragsklauseln resultieren, ermöglicht eine Herstellerhaftung nach dem neuen Produkthaftungs-RL-E. Inwiefern so die Produkthaftung entgegen dem in Erwägungsgrund 15 formulierten Telos auf jegliche Dienstleistungen ausgeweitet wird, ist noch nicht abzusehen. Dadurch könnte sich je nach nationaler Umsetzung eine Einschränkung der Anwendung in derartigen Fällen bei anwaltlicher Dienstleistung ergeben. Außerdem könnte sich die Feststellung des Produktfehlers als komplex darstellen. Wenn bloß der Inhalt unrichtig, die Funktion an sich aber wie gewünscht ausgeübt wird und aus dem inhaltlichen Fehler ein Folgeschaden entsteht, so hielt der EuGH einen vergleichbaren Fall in der analogen Welt (inhaltlich falscher Gesundheitstipp in einer Zeitung) für gerade nicht in den Anwendungsbereich der alten Produkthaftungs-RL fallend (EuGH ECLI:EU:C:2021:471 = GRUR-RS 2021, 13370 – Krone Verlag). Ob dies wegen der pauschalisierten Aufnahme von Software als Produkt eine andere Beurteilung im Sinne des neuen Produkthaftungs-RL-E verlangt, ist angesichts der insoweit zwar einschlägigen Entscheidungsargumentation aber derzeit noch nicht abschließend einzuschätzen. Es spricht allerdings einiges dagegen, weil der Gegenbegriff zum Produkt in der Produkthaftungs-RL bislang die Dienstleistung war, die gerade kein Produkt in dem Sinne ist. Mit der nunmehr erfolgten Erfassung von Software unter den Produktbegriff ist jedoch nicht zwangsläufig eine Ausweitung der Produkthaftung auch auf alle anderen Dienstleistungen beabsichtigt. Vieles spricht wegen der bereichsspezifischen Ausweitung im Bereich der Software gerade gegen eine solche beabsichtigte Ausweitung. 362

Somit dürfte insbesondere die Abgrenzung zwischen vertraglicher und außervertraglicher Haftung in Bezug auf Legal-Tech-Anwendungen durch die neuen Richtlinienentwürfe eine Herausforderung in der rechtswissenschaftlichen Auseinandersetzung werden. Dabei hat der BGH bislang jedoch stets deutlich gemacht, dass Wertungen, die in der vertraglichen Haftung berücksichtigt werden, nicht durch eine ausgeweitete außervertragliche Haftung umgangen werden sollen (beispielsweise BGH NJW 1983, 810 – Gaszug-Fall). Es soll gerade keine Verdrängung der vertraglichen oder der außervertraglichen Haftungsordnung durch widersprüchliche Wertungen erfolgen (Argumentation zu den sogenannten Weiterfresserschäden). 363

e) Haftung für Rechtsdienstleistungen in Form digitaler Inhalte

364 Mit Inkrafttreten der §§ 327 ff. BGB am 1.1.2022 ist auf Verbraucherverträge über digitale Produkte fortan ein neues Leistungsstörungsrecht anzuwenden. Der deutsche Gesetzgeber hat damit die von der Europäischen Union erlassene Digitale-Inhalte-RL (RL (EU) 2019/770) umgesetzt. Die Haftung eines Legal-Tech-Anbieters nach diesem neuen Leistungsstörungsrecht hängt maßgeblich davon ab, ob der Anwendungsbereich der Vorschriften eröffnet ist. Der Anwendungsbereich ist in den §§ 327, 327a BGB geregelt und setzt insbesondere voraus, dass ein digitales Produkt bereitgestellt werden muss und kein Ausschluss vom Anwendungsbereich gegeben ist.

365 Anders als bisher bestimmt sich die Anwendbarkeit der Gewährleistungsregeln nicht nach der vertragstypologischen Einordnung, sondern nach dem Gegenstand der Leistung des Unternehmers an den Verbraucher. Dieser Leistungsgegenstand muss die Bereitstellung eines „digitalen Produkts" sein. Der Begriff „digitales Produkt" ist gem. § 327 I 1 BGB ein Oberbegriff für die Begriffe „digitaler Inhalt" und „digitale Dienstleistung". Diese Begriffe sind wiederum in § 327 II BGB legaldefiniert: „Digitale Inhalte sind Daten, die in digitaler Form erstellt und bereitgestellt werden" (§ 327 II 1 BGB). „Digitale Dienstleistungen sind Dienstleistungen, die dem Verbraucher die Erstellung, die Verarbeitung oder die Speicherung von Daten in digitaler Form oder den Zugang zu solchen Daten ermöglichen, oder die gemeinsame Nutzung der vom Verbraucher oder von anderen Nutzern der entsprechenden Dienstleistung in digitaler Form hochgeladenen oder erstellten Daten oder sonstige Interaktionen mit diesen Daten ermöglichen" (§ 327 II 2 BGB). Unter diese Definitionen fällt zunächst eine Vielzahl von Legal-Tech-Angeboten (zB wenn mit einem Vertragsgenerator ein digitales Dokument erstellt wird).

366 Gemäß § 327 VI Nr. 1 BGB werden jedoch „Verträge über andere Dienstleistungen als digitale Dienstleistungen, unabhängig davon, ob der Unternehmer digitale Formen oder Mittel einsetzt, um das Ergebnis der Dienstleistung zu generieren oder es dem Verbraucher zu liefern oder zu übermitteln" vom Anwendungsbereich ausgeschlossen (Umsetzung von Art. 3 V lit. a Digitale-Inhalte-RL). In den Erwägungsgründen der Digitale-Inhalte-RL werden als Beispiele Verträge, deren Hauptgegenstand „die Erbringung von freiberuflichen Dienstleistungen wie Übersetzungsleistungen, Dienstleistungen von Architekten, juristische Dienstleistungen oder sonstige Fachberatungsleistungen ist" und „die häufig vom Unternehmer persönlich erbracht werden"

(Erwägungsgrund 27 S. 1 Digitale-Inhalte-RL), genannt. Der hier verwendete Begriff „juristische Dienstleistungen" passt zunächst auf viele Legal-Tech-Angebote.

Diese Ausnahme soll aber nur für persönlich zu erbringende Dienstleistungen gelten. Werden vorgelagert oder ergänzend digitale Produkte bereitgestellt, soll zwischen den Leistungsteilen differenziert werden. Nach dem Willen des Gesetzgebers soll dies ausdrücklich für Legal-Tech-Angebote gelten, wobei als Beispiele Dokumentengeneratoren oder Legal-Chatbots genannt werden (RegE BT-Drs. 19/27653, 42). **367**

Insoweit die §§ 327 ff. BGB daher Anwendung finden, hat der Unternehmer das digitale Produkt gem. § 327d BGB frei von Produkt- (§ 327e BGB) und Rechtsmängeln (§ 327g BGB) bereitzustellen. Unterbleibt die Bereitstellung, haftet der Unternehmer gem. § 327c BGB. Stellt der Unternehmer ein mangelhaftes digitales Produkt bereit, haftet der Unternehmer gem. § 327i BGB. Dem Verbraucher steht primär ein Anspruch auf Nacherfüllung zu. Sekundär kann er den Vertrag beenden oder den zu zahlenden Preis mindern und Schadens- und Aufwendungsersatz verlangen. Das neue Leistungsstörungsrecht gewährt dem Verbraucher besondere Vorteile: Beispielhaft können die einjährige Beweislastumkehr zugunsten des Verbrauchers (§ 327k I BGB) und die besonderen Voraussetzungen für die Abdingbarkeit objektiver Anforderungen (§ 327h BGB) genannt werden. **368**

Wird demnach beispielsweise die Bereitstellung eines Vertragsgenerators geschuldet, ist der Anwendungsbereich der §§ 327 ff. BGB eröffnet, weil es sich nicht um eine persönlich erbrachte juristische Dienstleistung iSd § 327 VI Nr. 1 BGB handelt. Wird der Vertragsgenerator als Anwendung geschuldet, mit der der Verbraucher Rechtsdokumente erstellen können soll, handelt es sich nicht um einen geschuldeten digitalen Inhalt, sondern um eine digitale Dienstleistung gem. § 327 II 2 Nr. 1 BGB. Der Vertragsgenerator muss gem. § 327b II BGB grundsätzlich unverzüglich nach Vertragsschluss bereitgestellt werden. Bereitgestellt ist eine digitale Dienstleistung gem. § 327b IV BGB, sobald sie dem Verbraucher unmittelbar oder mittels einer von ihm hierzu bestimmten Einrichtung zugänglich gemacht worden ist. Stellt der Unternehmer den Vertragsgenerator nicht bereit, kann der Verbraucher nach erfolgloser Aufforderung gem. § 327c I BGB den Vertrag beenden und seine Zahlungen zurückverlangen, §§ 327c IV 1, 327o II 1 BGB. Unter den Voraussetzungen des § 327c II BGB kann der Verbraucher auch Schadens- oder Aufwendungsersatz verlangen. **369**

Die Beweislast für die Bereitstellung trägt der Unternehmer, § 327b VI BGB.

370 Wird dagegen der Vertragsgenerator zwar bereitgestellt, jedoch nicht mangelfrei, ergeben sich die Ansprüche des Verbrauchers aus § 327i BGB. Ein Mangel kann zB sein, dass die Software des Vertragsgenerators so programmiert ist, dass am Ende des Frage-Antwort-Katalogs keine Dokumente ausgegeben werden. Dann würde sich der Vertragsgenerator objektiv nicht zur gewöhnlichen Verwendung gem. § 327e I 1, III 1 Nr. 1 BGB eignen. Auch kann ein Mangel gem. § 327e I 1, III 1 Nr. 5 BGB darin liegen, dass die Software des Vertragsgenerators nicht gem. § 327f I BGB aktualisiert wird, obwohl eine solche Sicherheitsaktualisierung zum Schutz der Daten des Verbrauchers erforderlich wäre. Auch liegt es nahe, einen objektiven Mangel anzunehmen, wenn das generierte Rechtsdokument rechtliche Fehler enthält (zB wenn eine vorgeschlagene Klausel wegen Verstoßes gegen § 309 Nr. 7 lit. a BGB unwirksam ist), weil sich der Vertragsgenerator dann nicht zur gewöhnlichen Verwendung (Erstellung von Rechtsdokumenten) eignet, § 327e III 1 Nr. 1 BGB. Ebenfalls naheliegend ist es, einen objektiven Mangel anzunehmen, wenn der Vertragsgenerator auf Grundlage einer veralteten Gesetzeslage oder Rechtsprechung Rechtsdokumente generiert, weil auch hier gem. § 327e III 1 Nr. 1 BGB aus der Perspektive eines Durchschnittsverbrauchers erwartet werden kann, dass die generierten Dokumente bei einer fortlaufenden Bereitstellung den aktuellen Rechtsstand abbilden. Dies sollte insbesondere dann gelten, wenn der Unternehmer beispielsweise mit der Aussage „Aktuell & sicher: Immer auf dem neuesten Stand von Recht und Gesetz" wirbt. Derartige Aussagen können gem. § 327e III 2 BGB ebenfalls zu den objektiven Anforderungen an die übliche Beschaffenheit gehören oder – abhängig von der konkreten Konstellation – auch als subjektive Anforderungen gem. § 327 II 1 BGB in den Anforderungskatalog einbezogen werden. Der Verbraucher kann dann gem. §§ 327i Nr. 1, 327l I 1 BGB Nacherfüllung verlangen, indem zB eine Sicherheitsaktualisierung nachgeholt wird. Kommt der Unternehmer diesem Begehren nicht nach oder ist die Nacherfüllung gem. § 327l II BGB zB wegen Unmöglichkeit (§ 275 BGB) ausgeschlossen, kann der Verbraucher den Vertrag beenden oder mindern (§§ 327i Nr. 2, 327m I, 327n BGB) und unter den Voraussetzungen der §§ 327i Nr. 3, 280 I BGB oder § 327m III BGB oder § 284 BGB Schadens- bzw. Aufwendungsersatz verlangen. Nach der Beendigung des Vertrages darf der Verbraucher den Vertragsgenerator nicht mehr nutzen, § 327p I 1 BGB.

3. Auswirkungen auf die Arbeit von Gerichten und den effektiven Rechtsschutz

a) Probleme für die Gerichte durch Massenverfahren

Legal Tech erleichtert den Zugang zu Gerichten. Auch kleinere Beträge werden dadurch einfacher zum Gegenstand gerichtlicher Auseinandersetzungen. Diesem Vorteil an einem Gewinn an Rechtsdurchsetzung steht ein Mehraufwand im Bereich des Gerichtswesens gegenüber. Dies zeigt sich in einer rein quantitativen Vervielfachung von (teils ähnlichen) Verfahren (Massenverfahren), aber auch in einer wesentlichen Vereinfachung bei der Erstellung von Schriftsätzen, deren Umfang übermäßig aufgebläht wird. Beides führt zu einer erheblichen Bindung der Ressourcen im Gerichtswesen. Dies wirkt sich zwangsläufig auch auf die generelle Aufrechterhaltung eines effektiven Rechtsschutzes aus. 371

Die Belastung der Gerichte durch Massenverfahren nimmt seit Jahren deutlich zu. So gingen in den letzten Jahren teils mehrere tausend Klagen auf dem Gebiet des Fluggastrechts bei den Amtsgerichten ein, in dessen Bezirk große Fluglinien ihren Sitz haben. Auch die Zahl der Dieselklagen (Schadenersatz wegen arglistiger Täuschung über Abschaltautomatik) ist weiterhin auf sehr hohem Niveau. So verzeichneten allein die Oberlandesgerichte im Jahr 2021 ca. 37.500 Eingänge. Allein am OLG Stuttgart liefen Ende 2022 über 13.000 Dieselverfahren in der Berufungsinstanz. Weitere typische Konstellationen bei Massenverfahren ergeben sich im Banken- und Kapitalmarktrecht und im Versicherungsrecht. 372

Auf der Grundlage dieser Entwicklung hat eine Arbeitsgemeinschaft (ArGe) des Deutschen Richterbundes (DRB) ein Papier veröffentlicht, in dem die aktuellen Probleme bei Massenverfahren erläutert werden. Die ArGe des DRB ging dabei auch auf die Chancen der Digitalisierung und des Einsatzes von Legal Tech bei der Bewältigung von Massenverfahren ein und gab einige Lösungsvorschläge ab („Initiativstellungnahme des Deutschen Richterbundes zur besseren Bewältigung von Massenverfahren in der Justiz“, Nr. 1/22, Mai 2022: https://www.drb.de/fileadmin/DRB/pdf/Stellungnahmen/2022/DRB_220513_Stn_Nr_1_Massenverfahren.pdf). 373

(1) „Uneven playing field“: Justiz als strukturell unterlegener Player

Massenverfahren zeichnen sich dadurch aus, dass zu vergleichbar gelagerten Fällen eine Vielzahl von Klagen erhoben werden. Dabei werben spezialisierte Anwaltskanzleien, Inkassodienstleister mit On- 374 line-Tools Verbraucher aktiv an, wenn die Möglichkeit besteht, dass diese von bestimmten Konstellationen betroffen sein könnten.

375 Es entsteht ein sog. uneven playing field. Das verklagte Unternehmen stellt den sog. Strong Player 1 dar. Dieser kann auf enorme Ressourcen finanzieller, aber auch personeller Art zurückgreifen. So gab zum Beispiel VW im Rahmen des Dieselskandals allein für die Honorare seiner Rechtsberater insgesamt ca. 1,8 Mrd. EUR aus. Die auf dem Gebiet der Massenklagen tätigen Kanzleien verwenden zudem immer häufiger technologiebasierte Systeme, um Massenklageverfahren effizienter abfertigen zu können.

376 Auf der anderen Seite sind die Verbraucher, die aufgrund ihrer Masse den „Strong Player 2“ darstellen. Ihre Finanzkraft ergibt sich aus Prozessfinanzierungen oder aus abgeschlossenen Rechtsschutzversicherungen. Inkassodienstleister ermöglichen den Verbrauchern einen einfachen und schnellen Weg, um ihre (vermeintlichen) Rechte durchzusetzen. Diese Dienstleister greifen dabei regelmäßig auf Legal-Tech-Lösungen zurück, um die hohe Anzahl an Anfragen bewältigen zu können.

377 Die Justiz hingegen stellt nach der Darstelung der ArGe des DRB aufgrund ihrer strukturellen Unterlegenheit den „uneven Player“ dar. Ihr fehlen personelle Ressourcen und es stehen wenig bis keine technologiebasierten Systeme als Unterstützung zur Verfügung.

(2) Probleme der Sachverhaltsdarstellung und der Einreichung von Anlagen bei Massenverfahren

378 Häufig werden Schriftsätze bei Massenverfahren mit Hilfe der Copy & paste-Methode erstellt. Dies führt dazu, dass die Schriftsätze unnötig lang geraten, teilweise auf hundert Seiten aufgebläht werden und so der konkrete Bezug zum Einzelfall oft fehlt. Zudem können die eingereichten Anlagen nicht immer eindeutig zugeordnet werden. Die Parteien reichen umfangreiche Anlagen als Dateien ein, die das Gericht dann vollständig ausdrucken muss, obwohl nur ein kleiner Teil der Anlage für den Rechtsstreit relevant ist.

379 Das Herausarbeiten der Besonderheiten des Einzelfalls und deren rechtliche Würdigung und auch das Heraussuchen der relevanten Teile einer Anlage nimmt viel Zeit in Anspruch. Dies führt neben der hohen Anzahl der Verfahren zu einer zusätzlichen Belastung der Gerichte. Für andere Verfahren verbleibt dadurch immer weniger Zeit, sodass gegebenenfalls grundrechtssensible oder existenziell bedeutende Verfahren sich verzögern oder nicht mehr in der gewohnten

Qualität bearbeitet werden können. Darunter leiden sowohl das Vertrauen der Bürger in den Rechtsstaat als auch die psychische Gesundheit und Motivation der Mitarbeiter in der Justiz.

b) Vorgeschlagene Lösungsansätze im Hinblick auf den Einsatz von Legal Tech

Um diesen Herausforderungen in Zukunft besser begegnen zu können, unterbreitet die ArGe des DRB einige Vorschläge. Die hier genannten Lösungsansätze sind ausschließlich diejenigen, die einen Bezug zum Thema Legal Tech aufweisen. **380**

(1) Anpassung des § 128a ZPO: Videoverhandlung

Die ArGe des DRB schlägt vor, den § 128a ZPO dahingehend anzupassen, dass auch ohne Zustimmung der Parteien aufgrund einer Videoverhandlung entschieden werden kann. Dies führe zu einer Zeit- und Kostenersparnis (beispielsweise entstehen keine Reisekosten für Anwälte). Die Durchbrechung des Unmittelbarkeitsgrundsatzes sei dabei im Interesse der Prozessökonomie hinzunehmen. **381**

Allerdings wird auch darauf hingewiesen, dass eine Videoverhandlung in der derzeitigen Praxis nicht immer eine zeitliche Ersparnis bedeutet. So kann eine Terminierung und die Durchführung einer Präsenzverhandlung durchaus schneller sein als die Durchführung einer Videoverhandlung. Bei Online-Verhandlungen ist eine technische und organisatorische Vorbereitung notwendig, bei der die Richter teilweise Unterstützung von Fachpersonal benötigen würden. **382**

(2) Strukturierung des Parteivortrags

Durch eine sinnvolle Strukturierung des Parteivortrags kann Zeit eingespart werden, die der Richter sonst für das Auffinden der relevanten Informationen aufwenden müsste. Die ArGe des DRB fordert deshalb, dass Möglichkeiten geschaffen werden sollen, durch die der Sachverhalt, die Beweisangebote und die rechtlichen Ausführungen strukturiert in die EDV der Justiz eingespeist und verarbeitet werden können. **383**

Bei nicht anwaltlich vertretenen Parteien könnte dies so ausgestaltet sein, dass ein Online-Tool zur Sachverhaltserfassung geschaffen wird, das gezielt die relevanten Informationen abfragt und strukturiert. Durch Freitextfelder soll dem Grundsatz des rechtlichen Gehörs genüge getan werden. Die daraus entstandene Sachverhaltsdarstellung wird der Beklagtenseite in der Art übermittelt, dass diese angeleitet durch Eingabemasken den Behauptungen des Klägers zustimmen **384** oder widersprechen kann. Sollte die Sachverhaltsdarstellung bestritten werden, erhält der Beklagte die Möglichkeit, eigene Angaben zum Sachverhalt anzubringen. Die jeweiligen Vorträge können dann in einer automatisch generierten „Sachverhaltstabelle" abgerufen werden. Die Darstellung muss dabei nicht zwingend als Tabelle, sondern kann auch als Fließtext erfolgen. Entscheidend ist, dass dem Gericht direkt angezeigt wird, welche Punkte des Sachverhalts strittig sind und welche Beweisangebote unterbreitet werden.

385 Bei Anwälten hingegen ist auf die anwaltliche Freiheit Rücksicht zu nehmen. Sie können deshalb auch ausschließlich Freitextfelder benutzen, die nach Sachverhaltsabschnitten oder Anspruchsgrundlagen strukturiert sind. Wichtig ist, dass die Gegenseite Strukturierungsvorgaben unterliegt oder durch ein digitales Tool angeleitet wird. Nur dann kann eine automatische Zuordnung erfolgen.

386 Die Strukturierung des Parteivortrags führe nicht nur zu einer besseren Übersicht, sondern auch zur Vermeidung von Fehlern auf Seiten der Anwälte. So wird beispielsweise das Risiko minimiert, dass zu bestreitende Tatsachen übersehen werden.

387 Zwar verfängt dieser Vorschlag, weil damit die Relationstechnik für die Tatsachenstrukturierung nachgebildet wird. Dreh- und Angelpunkt bleibt dabei aber das Abfragetool, das vermeintlich sinnvoll einen Dialog führen soll und die „relevanten" Informationen abfragen soll. Ein Beispiel aus einem anderen Bereich offenbart diese Schwierigkeit: Obwohl die Steuererklärung eine sehr formalisierte Erfassung von für die Besteuerung relevanter Informationen ist, kann sicherlich jeder aus eigener Erfahrung (wenn die Steuererklärung selbst erledigt wird) von den Herausforderungen berichten, die korrekten Daten in das korrekte Formularfeld eintragen zu können. Bei einem zivilgerichtlichen Verfahren ist nicht bloß die Komplexität der Sachverhaltsauswertung wesentlich höher als im Steuerrecht, sondern auch die Varianz der zu standardisierenden Struktur der Sachverhaltserfassung. Daher dürfte sich das vorgeschlagene Verfahren wohl nur für bestimmte Bereiche eignen, bei denen die Sachverhaltsfeststellung relativ einfach ist, beispielsweise bei Verkehrsunfällen in Standardsituationen.

(3) Beschleunigtes Online-Verfahren

388 Die ArGe des DRB schlägt vor, ein beschleunigtes Online-Verfahren einzuführen. Der Anwendungsbereich soll sich ausschließlich auf standardisierte Verfahrenskonstellationen bis zu einem Streitwert von

5.000 EUR beziehen. Zudem soll das beschleunigte Online-Verfahren nur bei Klagen von Verbrauchern gegen Unternehmer möglich sein.

Bei der Ausgestaltung dieses Verfahrens bleibt die ArGe des DRB sehr 389
vage. Es sollen auch hier intelligente Abfrage- und Eingabesysteme zum Einsatz kommen. Zudem soll die Möglichkeit bestehen, das beschleunigte Online-Verfahren ohne Verkündungstermin abzuschließen.

Da diese Möglichkeit nur Verbrauchern gegen Unternehmer zustehen 390
soll, erscheint nicht ausgeschlossen, dass damit ein weiterer „uneven Player“ entsteht: Wenn der Unternehmer einer Vielzahl von niederschwellig zu erhebender Verbraucherklagen ausgesetzt ist, wird bei diesem der Aufwand wachsen, diesen Verfahren entgegenzutreten. Beim Unternehmer wächst damit der individuelle Prüfungsaufwand erheblich an. Anders als das Gericht kann der Unternehmer diesen Umstand relativ einfach einpreisen und somit durch entsprechende Preisgestaltung an die Verbraucher zurückgeben. Dieser Gedanke könnte bei der Neuausrichtung gerichtlicher Verfahren eine Rolle spielen, was derzeit noch nicht diskutiert wird: Sobald Klagen in Deutschland nicht mehr ein vergleichsweise derart geringes Kostenrisiko mit sich bringen, würden auch Massenklagen eingedämmt werden. Der Zugang zu gerichtlichem Rechtsschutz könnte durch Prozesskostenhilfe sozial abgefedert werden. Die generelle Entscheidung, zu versuchen (!), eine Forderung klageweise durchzusetzen, würde dann erwartungsgemäß stärker auf einer ökonomisch rationaleren Entscheidung basieren.

(4) Digitalisierung und KI

Die Digitalisierung findet sich bei den Gerichten vor allem in der 391
Schaffung der elektronischen Akte wieder. Die Einführung der elektronischen Akte hat dazu geführt, dass Schriftsätze als Word- oder pdf-Dokument bzw. als Scan aufgerufen und am Bildschirm gelesen werden können. Digitale Werkzeuge, die die Eingabe, Erfassung und Verlinkung von Daten strukturieren oder deren Strukturierung ermöglichen, würden aber kaum genutzt oder seien noch nicht vorhanden. Hier bestehe noch Handlungsbedarf.

Zu dem Einsatz von KI führt die ArGe des DRB lediglich aus, dass der 392
Einsatz von „KI der 1. Stufe“ helfen könne, wiederkehrende Vorträge von sachverhaltsbezogenen Vorträgen zu unterscheiden. Dadurch könne der Fokus schneller auf die entscheidungserheblichen Sachverhaltsangaben gerichtet werden.

393 Digitale Werkzeuge und KI sollen dabei die Arbeit der Justiz lediglich unterstützen und erleichtern, aber nicht die eigentliche Tätigkeit der Richter übernehmen.

c) KI-Pilotprojekt am OLG Stuttgart

394 Als Pilotprojekt kann der Einsatz von KI-Systemen bei der Bewältigung der Dieselklagen-Flut am OLG Stuttgart angesehen werden. Da dort Ende 2022 über 13.000 Berufungsverfahren anhängig waren, deren Gegenstand die oftmals recht gleichförmig verlaufenden Fragestellungen der Dieselfälle betrafen, war dort der erfolgreiche Einsatz von KI-Systemen zu beobachten. Dabei sollen allerdings nicht die rechtlichen Entscheidungen mit dem KI-System vorgefertigt werden, sondern die gleich gelagerten Fälle herausgefiltert werden, dh eine klassische KI-Anwendung. Dabei wurden die Akten nach wiederkehrenden Merkmalen systematisiert. Damit werden aber keine Entscheidungen in der Sache getroffen, sondern lediglich die Schriftsätze gruppiert. Diese „Arbeitsteilung" zwischen KI-System und Richter erleichtert das Aktenstudium erheblich.

d) Die Neuregelung der Videoverhandlung vor Gericht

395 Wie vom DRB vorgeschlagen (→ Rn. 381) soll nunmehr § 128a ZPO neu gefasst werden und somit die Videokonferenztechnik in der Zivilgerichtsbarkeit verstärkt eingesetzt werden. Das BMJ hat am 23.11.2022 einen Referentenentwurf eines „Gesetzes zur Förderung des Einsatzes von Videokonferenztechnik in der Zivilgerichtsbarkeit und den Fachgerichtsbarkeiten" vorgelegt. Die zentrale Regelung enthält § 128a II ZPO. Danach kann der Vorsitzende „auf Antrag oder von Amts wegen die Teilnahme an der mündlichen Verhandlung per Bild- und Tonübertragung für einen, mehrere oder sämtliche Verfahrensbeteiligte anordnen" und nicht mehr (wie bisher) nur gestatten können. Damit ist dem Gericht eine erheblich weitere Befugnis im Hinblick auf die Prozessführung eingeräumt worden.

396 Ob diese neuen Möglichkeiten – so wie gedacht – genutzt werden, hängt wohl maßgeblich von der Bereitschaft der Richter ab, diese Instrumente einzusetzen. In manchen Bundesländern wird bereits im Verordnungsweg geregelt, dass die Videoverhandlung der Regelfall sein soll. Es muss allerdings bedacht werden, dass es zu einer subjektiv geprägten Prozessführung kommen kann, wenn technisch affine Richter eher eine Videokonferenz anordnen als Richter, die den persönlichen Eindruck der mündlichen Verhandlung bevorzugen.

Über diese subjektiven Präferenzen hinaus wird es – zumindest in einer unbekannt langen Anfangsphase – nicht immer zu einer Zeitersparnis kommen, wenn Videotechnik nicht zum Alltagsgeschehen des gerichtlichen Ablaufs zählt. Sehr häufig werden diese Prozesse von Technikern begleitet werden müssen, was einen enormen Personalaufwand neben der eigentlich juristischen Tätigkeit nach sich ziehen wird. Dies wird sicherlich die Bereitschaft, neuartige technische Systeme regelmäßig einzusetzen, bei den juristisch tätigen Personen bei Gericht zunächst noch dämpfen. Als Beispiel für eine solche Entwicklung kann der problembehaftete Anfang des elektronischen Anwaltspostfachs Orientierung geben, welche Herausforderungen bewältigt werden müssen.

4. Weiterführende Fragen und Ausblick

a) Welche Abläufe in der Rechtspraxis (insbesondere der Rechtsanwendung) sind automatisierbar und welche nicht?

Henry Ford (1863–1947) gilt als Pionier der Fließbandfertigung in **397**
der Automobilfertigung. Die Automatisierung und Strukturierung menschlicher Eingriffe in Verfahrensabläufe bei der Produktion von Kraftfahrzeugen hatte nicht nur großen Einfluss auf die Form industrieller Warenerzeugung (sog. Fordismus), sondern führte auch zu einer Debatte über sog. repetitive Arbeit. In seinem Buch (Ford, Mein Leben und Werk, 1923) skizziert Ford einige Gedanken über Produktion und das Verhältnis von Maschinen zu Menschen. In einem gesonderten Kapitel (Der Terror der Maschine, S. 120 ff.) führt er aus, dass „fast jede Arbeit repetitiv" sei. Er verdeutlicht dies an der notwendigen Gewissenhaftigkeit und dem bestimmten, zu befolgenden Turnus von Vorgängen im Geschäftsleben sowie dem Tagewerk eines Bankdirektors und dessen Routine usw. Die daraus für Ford resultierenden Ableitungen überraschen wenig vor dem Hintergrund seiner bekannten wirtschaftlichen Betätigung. Auffällig ist insoweit das Fehlen sozialer Komponenten im Rahmen der Ausführungen des Verhältnisses der Maschine zum Menschen, insbesondere im Hinblick auf die unternehmerische Verantwortung des Veranlassers (des Terrors der Maschine). Stattdessen findet sich ein weiteres Kapitel (S. 242 ff.) mit dem Titel „Warum Wohltätigkeit?", in dem die soziale Verantwortung eher im gesellschaftlichen als im unternehmerischen Bereich verortet wird.

Dieses knappe Schlaglicht auf das nunmehr hundert Jahre alte Bei- **398**
spiel zeigt, dass die Diskussion über Möglichkeiten der Automati-

sierung von repetitiven Tätigkeiten kein spezifisches Problem der Digitalisierung, sondern bereits viel älter ist. Auch damals war mit der Automatisierung repetitiver Tätigkeiten der Verlust von Arbeitsplätzen verbunden. Weil damit allerdings Einsparpotenzial und Effizienzgewinne verbunden waren, entwickelte sich die handwerkliche Produktion zunehmend in automatisierte Fertigungsprozesse. Die Folgen waren allerdings nicht ausschließlich negativ für Menschen. Gefährliche Arbeiten wurden – ähnlich wie rein repetitive (im Sinne von eintönigen) Arbeiten – von Menschen auf Maschinen übertragen und somit den an dem Fertigungsprozess beteiligten Personen die Möglichkeit gegeben, beispielsweise in Kontrollaufgaben verantwortungsvolle und geistig anspruchsvollere Tätigkeiten zu übernehmen.

399 In der Rechtspraxis kann man eine ähnliche Entwicklung beobachten. Immer wiederkehrende Abläufe, bei denen eine geistige Tätigkeit nicht oder kaum erforderlich ist, werden nicht erst in jüngster Zeit automatisiert. Beispiele dafür sind die Anlage digitaler Akten, die Führung eines elektronischen Kalenders für Fristenkontrollen des Anwalts sowie die Kostenaufstellungen eines Anwalts. Bei der Rechtsanwendung sind insbesondere solche Abläufe (auch ganze Verfahrensschritte) dann automatisierbar, wenn diese weitestgehend unabhängig von einer menschlichen (vor allem wertenden) Einschätzung sind. Zu nennen ist insbesondere das Mahnverfahren, welches bereits frühzeitig bei zentralen Mahngerichten durch zwingend vorgeschriebene Verwendung von Formularen vereinheitlicht wurde und die notwendigen Informationen damit strukturiert wurden. Als nächsten Schritt konnte man beobachten, dass im Rahmen der Digitalisierung die Papierformulare nicht mehr durch vollkommen repetitive Tätigkeit übertragen (wenn auch später teils gescannt) werden mussten, sondern (wie heute üblich) die Daten bereits an die bei den zentralen Mahngerichten vorgehaltenen Schnittstellen eines dort betriebenen Services (https://www.online-mahnantrag.de) strukturiert übertragen werden müssen, um daraus ohne jede Prüfung durch einen Menschen einen Mahnbescheid zu generieren, der vollautomatisiert bei Vorliegen der formellen Voraussetzungen (die automatisch geprüft werden) versandt wird. Das Besondere am gerichtlichen Mahnverfahren ist, dass das Mahngericht nicht geprüft hat, ob dem Antragsteller der geltend gemachte Anspruch überhaupt zusteht (§ 692 I Nr. 2 ZPO). Daher ist es möglich, das gesamte Mahnverfahren ohne eine (inhaltliche) Prüfung durch einen Menschen auszugestalten. Diese inhaltliche Prüfung erfolgt bekanntlich erst im Rahmen des nach einem Widerspruch des Antragsgegners eingeleiteten gerichtlichen

Verfahrens, für das gem. §697 I 1 ZPO der Anspruch überhaupt erst einmal im Rahmen einer Klageschrift begründet werden muss. Bei Eingang der Anspruchsbegründung ist gem. §697 II 1 ZPO wie nach Eingang einer Klage weiter zu verfahren.

Neben diesen Verfahren, bei denen eine (inhaltlich-juristische) Prü- **400** fung durch einen Menschen nicht stattfindet, gibt es auch materiell-rechtliche Normen, bei deren Anwendung keine inhaltlich-juristische Prüfung der Anspruchsvoraussetzungen durch einen Menschen notwendig ist. Ein Beispiel hierfür ist der Ausgleichsanspruch nach der Fluggastrechte-VO. Der Ausgleichsanspruch, der einem Reisenden bei Nichtbeförderung und Annullierung gem. Art. 4 III, 5 I lit. c Fluggastrechte-VO und nach der Rechtsprechung des EuGH (NJW 2010, 43 = BeckRS 2009, 71284 Rn. 40 ff. – Sturgeon) bei einer mindestens dreistündigen Verspätung zusteht, kann ohne jede geistige Tätigkeit automatisiert bestimmt werden: Der Anspruch hängt von Tatsachen (insbesondere Startort in der EU bzw. Luftfahrtunternehmen mit Sitz in der EU, geplante und tatsächliche Startzeit, Flugabsage oder -verspätung) ab, die durch Zugriff auf öffentliche Datenbanken und Abfrage beim Fluggast leicht ermittelt und verifiziert werden können. Der Anspruch ist verschuldensunabhängig und für etwaige entlastende Umstände (unvermeidbare außergewöhnliche Umstände, Art. 5 III Fluggastrechte-VO) trägt der Anspruchsgegner die Beweislast. Daher verwundert es nicht, dass für die Durchsetzung dieses Anspruchs bereits frühzeitig ein automatisiert arbeitendes Portal im Internet von einem Dienstleister betrieben wurde und heute zahlreiche solche Angebote existieren.

Das Gegenbeispiel zum bloßen Ablesen der Rechtsfolge aus der Norm **401** bildet in dem Zusammenhang die Frage, die der Entscheidung des BGH v. 27.9.2022 (NJW 2023, 50 = BeckRS 2022, 32329) zugrunde lag. In der Fluggastrechte-VO ist als Anspruchsberechtigter jeweils nur der „Fluggast“ genannt. In der Regel ist der Fluggast derjenige, der auch Vertragspartner des Luftbeförderungsvertrags ist. Dies ist aber nicht zwingend und vor allem bei einer Buchung der Eltern für minderjährige Kinder oftmals anders. Dann ist der Fluggast nicht gleichzeitig der Vertragspartner des Luftbeförderungsvertrags. Die sich nun stellende Frage war, wer Anspruchsinhaber der Entschädigungsleistungen nach der Fluggastrechte-VO ist, dh, wer „Fluggast“ in dem Sinne ist. Diese Frage ist wiederum davon abhängig, was unter dem Begriff „Fluggast“ verstanden wird (zu dem bisherigen Streitstand vgl. Rn. 13 ff. der BGH-Entscheidung) und insbesondere davon, ob für die Aktivlegitimation für Unterstützungs- und Ausgleichsansprüche „des Fluggastes" eine vertragliche Beziehung zwischen dem (den Flug durchführenden) Luftfahrtunternehmen und der zu befördernden Person notwendig ist. Dies verneint der BGH mit dem Argument, dass der Schuldner der Ansprüche aus der Fluggastrechte-VO auch keine vertragliche Beziehung zwischen dem Fluggast und dem ausführenden Unternehmen (gegen das der Anspruch immer gerichtet ist) bestehen muss, da der Beförderungsvertrag nicht zwingend mit dem ausführenden Unternehmen geschlossen sein muss. Daher sei es konsequent, auch umgekehrt die Aktivlegitimation nicht von einem vertraglichen Verhältnis abhängig zu machen, sondern demjenigen den Anspruch zustehen zu lassen, der letztlich (verspätet) befördert wurde bzw. werden sollte und wegen der Annullierung des Fluges nicht befördert wurde.

402 Insoweit als Gegenteil zum reinen Ablesen der Rechtsfolge kann man daher Tätigkeiten in der Rechtspraxis einstufen, bei denen es auf eine Bewertung eines Menschen ankommt, die nicht rein repetitiv und damit nicht automatisierbar ist. Relativ einfach zu erkennen sind solche Tätigkeiten, wenn diese eine richterliche Tätigkeit umfassen: Beispielsweise hat das Gericht „unter Berücksichtigung des gesamten Inhalts der Verhandlungen und des Ergebnisses einer etwaigen Beweisaufnahme nach freier Überzeugung zu entscheiden, ob eine tatsächliche Behauptung für wahr oder nicht wahr zu erachten sei", § 286 I 1 ZPO. Gleiches gilt für den Strafprozess, § 261 StPO, wonach „über das Ergebnis der Beweisaufnahme (...) das Gericht nach seiner freien, aus dem Inbegriff der Verhandlung geschöpften Überzeugung (entscheidet)". Für zahlreiche dazwischenliegende Tätigkeiten (wie beispielsweise Ausübung von Ermessen und Ausfüllung von Beurteilungsspielräumen sowie die Bildung wertungsgeladener Rechtsbegriffe) kann die Automatisierung allenfalls im Vorfeld der eigentlichen Entscheidungsfindung nur unterstützende Tätigkeiten ausführen.

403 Mit heutigen Mitteln sinnvoll automatisierbare juristische Aufgaben sind solche, die in Massen anfallen und mit logisch einfachen Mitteln lösbar sind. Sehr beliebt sind bereits Anwendungen der Dokumentenautomatisierung: Aus einer Datenbank oder einem Interview eingegebene Informationen können automatisch zB in Vertragswerke eingepflegt werden, ähnlich wie die Serienbrieffunktion in Word. Viele Kanzleien verwenden diese, nicht nur in Massenverfahren. Beispielsweise gibt es im Gesellschaftsrecht viele Dokumente, die bei satzungsmäßigen Organen etc anfallen (Anmeldungen zum Handelsregister, Gesellschafterbeschlüsse). Diese automatisch mittels gleichförmiger

Datensätze zu generieren, kann Zeitersparnisse bringen. Gleiches gilt für die Erstellung von DS-GVO-Formularen.

Zukünftig ist es denkbar, mittels maschineller Zusammenfassungen (Machine Summarization) und Textklassifikation den Prozessstoff zusammenfassen zu können. Möglicherweise ließe sich so auch eine teilweise automatische Relation streitiger und unstreitiger Tatsachen generieren (indem man nämlich Tatsachenbehauptungen extrahiert, semantisch identische Behauptungen aufdeckt und als unstreitigen Prozessstoff extrahiert). Hier liegt sicherlich ein Potenzial für die Rechtsanwendung auch aus richterlicher Perspektive. So etwas würde die ohnehin schon überlastete Richterschaft nicht ablösen, aber immerhin vielleicht ein wenig entlasten können. 404

Erhebliche Fortschritte, die allerdings außerhalb des Gerichtswesens nicht immer hinreichend sichtbar werden, sind vorbereitete Textblöcke für Standardsituationen in gerichtlichen Verfahren, mit deren Hilfe nicht bloß die richterlichen Verfügungen einfacher werden, sondern auch bereits die für deren Ausführung notwenigen Schreiben automatisiert vorgefertigt sind, sodass die richterliche Tätigkeit auf deren Kernbereich in diesem Zusammenhang reduziert werden kann. In Nordrhein-Westfalen ist in diesem Zusammenhang das bereits sehr lange im Einsatz befindliche und regelmäßig weiterentwickelte TSJ („Text-System-Justiz") zu nennen, das auch in einzelnen Pilotprojekten der digitalen gerichtlichen Aktenführung fest integriert wird. 405

b) Welche Vorteile hat der Einsatz eines KI-Systems für die rechtliche Bewertung eines Sachverhalts?

Der Einsatz eines Systems Künstlicher Intelligenz in der Vorbereitungsphase einer rechtlichen Bewertung eines Sachverhalts kann zu erheblichen Effizienzgewinnen führen. Einerseits kann dies die Strukturierung des Sachverhalts betreffen, in dem der Klageschrift und Replik zumindest strukturell ähnlich erscheinende Sachverhaltskomplexe in den von den Parteien übermittelten Schriftsätzen gegenübergestellt werden (Automatisierungsschritte in der Relationsmethode). Gleiches gilt im Austausch von rechtlichen Argumenten, die sich üblicherweise an verschiedenen Stellen der Akte befinden und somit für die Entscheidungsfindung zunächst einmal sichtbar werden müssen. Bei einfach gelagerten Sachverhaltskonstellationen, deren begriffliche Erfassung keine Wertung im Einzelnen erfordert, kann eine solche Vorstrukturierung und Stoffsammlung die zu gewinnende Übersicht erleichtern. Bei komplexeren Sachverhalten kann jedoch eine simpli- 406 fizierende Strukturbildung kontraproduktiv sein. Da allerdings in der Regel ein Rechtsstreit auf widerstreitenden wirtschaftlichen, sozialen oder gesellschaftlichen Interessen beruht, die insbesondere bei der Sachverhaltsdarstellung nicht hinreichend deutlich werden, drohen diese verdeckten Interessenkonflikte bei einer solchen Vorstrukturierung verloren zu gehen.

407 Ein weiterer Vorteil kann auch das automatisierte Auffinden möglicherweise einschlägiger Rechtsnormen sein. Wie Engisch (Logische Studien zur Gesetzesanwendung, 3. Aufl. 1963, S. 15) so treffend und vielzitiert beschrieb, ist das Finden der passenden Rechtsnormen auf das Hin- und Herwandern des Blicks des Rechtsanwenders zwischen Gesetz und Sachverhalt zurückzuführen. Ein solches Hin- und Herwandern kann mit einer semantischen Suche durchaus nutzbringend nachgebildet werden. Eine solche semantische Suche zeichnet sich dadurch aus, dass in die Suchstruktur nicht nur gleiche und ähnliche Werte in das Ergebnis einfließen, sondern auch das Umfeld (Kontext), in dem die jeweiligen Begriffe stehen. Ein Beispiel verdeutlicht dies: Mit einer semantischen Suche in einer Urteilsdatenbank nach den Begriffen „Kraftfahrzeug“ und „Unfall“ können nicht nur überhaupt Normen gefunden werden, die in diesem Zusammenhang erwähnt werden, sondern es kann neben der Häufigkeitsbestimmung auch eine Beziehung der Normen zu weiteren Begriffen hergestellt werden. In dem genannten Beispiel kann dann der Zusammenhang zwischen der Erwähnung von § 18 StVG und dem Fahrer sowie § 7 StVG und dem Halter hergestellt werden sowie für beide Normen der Zusammenhang zur Haftung. Obwohl dieser Vorgang semantische Suche heißt, darf dies nicht den Blick verstellen: Die Zusammenhänge und Beziehungen werden über Heuristik, nicht über Hermeneutik hergestellt. Daher eignen sich diese Instrumente vornehmlich für die Gewinnung eines ersten Eindrucks, welche Normen überhaupt im Kontext ähnlich wirkender Sachverhaltskonstellationen entscheidungserheblich geworden sind und sind damit ein eher probates Mittel der ersten Grobsichtung.

408 Gäbe es automatische Systeme der Rechtsanwendung, so scheinen sie zudem den Vorteil aufzuweisen, dass sie neutral sind, weil sie als Nicht-Menschen keine eigenen Interessen verfolgen. Damit verbunden klingt häufig an, Computer könnten bessere Richter sein, da sie „objektiver“ urteilen könnten, weil sie nur auf gesicherter Datengrundlage agierten.

c) Welche Nachteile bzw. Gefahren hat der Einsatz eines KI-Systems für die rechtliche Bewertung eines Sachverhalts?

Den Vorteilen an Effizienzgewinnen stehen auch Gefahren beim Einsatz von Systemen Künstlicher Intelligenz im Rahmen der Rechtsanwendung gegenüber. Die Richter sind gem. Art. 97 I GG „unabhängig und nur dem Gesetze unterworfen". Die richterliche Unabhängigkeit wird zwar nicht bereits dadurch verletzt, wenn ein Richter seiner Entscheidung in eigenverantwortlicher Prüfung verallgemeinerungsfähiges Erfahrungswissen zugrunde legt, wie es beispielsweise in den bundesweit verbreiteten tabellarischen Übersichten der „Düsseldorfer Tabelle" zum Unterhaltsrecht üblich ist (Dreier/Schulze-Fielitz, Grundgesetz Kommentar, 3. Aufl. 2018, GG Art. 97 Rn. 44). Allerdings kann die Bewertung anders ausfallen, wenn die Eigenverantwortlichkeit des Richters fehlt und er im Rahmen der gerichtsinternen Dienstorganisation zur Benutzung bestimmter Hilfsmittel verpflichtet wird. Diese Frage entsteht bei der Bestimmung des Umfangs der Dienstaufsicht, der der Richter gem. § 26 I DRiG nur insoweit untersteht, dass nicht seine Unabhängigkeit beeinträchtigt wird. Solche Fälle sind beispielsweise diskutiert worden bei der Einführung einer Telefonanlage im Gericht mit automatischer Gesprächsdatenerfassung (BGH NJW 1995, 731) und den Betrieb und die Administration des EDV-Netzes im Bereich der rechtsprechenden Tätigkeit (BGH MMR 2012, 128 = BeckRS 2011, 26455). In diesen Entscheidungen wurde klargestellt, dass in die richterliche Unabhängigkeit zumindest dann unzulässig eingegriffen wird, wenn die Maßnahme nicht bloß beobachtenden Charakter hat, aber auch wenn sie verfahrensbegleitende Entscheidungen betrifft (BGH MMR 2012, 128 = BeckRS 2011, 26455): 409

> (28) Eine Verletzung der richterlichen Unabhängigkeit kommt allerdings in Betracht, wenn mit der Beobachtung Maßnahmen verbunden werden, die dazu bestimmt oder geeignet sind, die richterliche Rechtsfindung durch psychischen Druck oder auf andere Weise unmittelbar oder mittelbar zu beeinflussen. Dabei sind in den Schutzbereich der richterlichen Unabhängigkeit nicht nur die Endentscheidungen, sondern alle der Rechtsfindung auch nur mittelbar dienenden – sie vorbereitenden oder ihr nachfolgenden – Sach- und Verfahrensentscheidungen einbezogen (...). Erfasst werden alle richterlichen Handlungen, die in einem konkreten Verfahren mit der Aufgabe des Richters, Recht zu finden und den Rechtsfrieden zu sichern, unmittelbar in Zusammenhang stehen (BGH DRiZ 1998, 467, 469). Dazu gehören auch von einem 410

Richter zur Vorbereitung seiner Entscheidung angefertigte und in das EDV-Netz gestellte Dokumente, zB Entscheidungsentwürfe, Voten, Notizen oder Vermerke über Beratungen. Maßnahmen der Dienstaufsicht, die einen Richter veranlassen können, seinen Dienstcomputer und das EDV-Netz zur Erledigung dieser oder anderer richterlicher Aufgaben nicht in dem von ihm für sachgerecht gehaltenen Umfang zu benutzen, können die richterliche Unabhängigkeit beeinträchtigen (vgl. für die Nutzung von Telefonanlagen BGH NJW 1995, 731, 732).

411 Damit dürfte der verpflichtende Einsatz von unterstützenden Systemen, die die richterliche Entscheidungstätigkeit auch im Vorfeld betreffen, unzulässig sein. Das betrifft insbesondere auch solche Funktionen in elektronischen Akten, die den Sachverhalt bereits vorstrukturieren können. Zweifelsohne wird eine solche Funktion zu erheblichen Effizienzgewinnen führen können. Auch wenn es perplex klingen mag, muss man die Frage stellen, ob gerade wegen der zu erwartenden Vereinfachung – insbesondere aus Sicht der Richter – eine solche Funktion in elektronischen Akten im Rahmen der Dienstorganisation angeboten werden darf. Zu erwarten ist freilich, dass diese Abnahme der Strukturierung des Schriftsatzes, der darin enthaltenen Tatsachen, deren Bestreiten und Beweisangebote von den arbeitsbelasteten Richtern gern angenommen werden wird. Allerdings verschwimmt dabei der Blick genauso wie die Verantwortung für das Verstehen des Streits der Parteien, das gerade durch die Sachverhaltserfassung der vorgetragenen Tatsachen Kernaufgabe des entscheidenden Richters ist. Einen bereits vorstrukturierten und geordneten Sachverhalt auf eine zutreffende „Analyse“ zu prüfen, obliegt dann zwar dem Richter, allerdings erscheint der Teil der Eigenverantwortung, die dieser seiner Entscheidung zugrunde legt, auch zu schwinden.

412 In diesem Punkt manifestiert sich die Gefahr der mit der Heuristik verbundenen Vereinheitlichung eines Textverständnisses. In vielen Fällen wird es wohl ausreichend oder gar besser funktionieren, wenn ein System der Künstlichen Intelligenz den Sachverhalt vorstrukturiert. In den wenigen Fällen, in denen die zu treffende Entscheidung aber ausschließlich von den Eigenheiten des Falles abhängt, wird die insoweit heuristisch arbeitende (auch noch so gut trainierte) Software versagen und diese Eigenheiten nicht in der angemessenen Gewichtung in die Entscheidungsfindung (und auch nur in der Sachverhaltsauswertung) einfließen lassen können.

Schließlich sollte nicht übersehen werden, dass eine richterliche Entscheidung auf dessen Überzeugung beruht, wie die Lösung aus dem Gesetz mit den anerkannten Rechtsanwendungsmethoden gewonnen werden kann. Eine Bindung an vorherige Gerichtsentscheidungen gibt es in unserem Rechtskreis (abgesehen von § 31 BVerfGG) nicht. Auch verfängt die Überzeugungskraft der oft als „herrschende Lehre" zitierten Argumentationslinie nicht durch bloß zahlenmäßige Überlegenheit ihrer Anhänger, sondern wenn, dann als Argument in der Sache. Diese Unabhängigkeit der Richter ist unübersehbar beeinflusst, wenn dem entscheidenden Richter eine rein quantitative Übermacht an Argumenten in die eine oder andere Richtung präsentiert wird. Daher bleibt zweifelhaft, ob das bloße Auffinden, Vortragen und „im Raume Stehen" eines Arguments zu einer inhaltlich überzeugenderen Lösung führt oder einfach ebenso umfangreicher begründet wird. Dieses gegenseitige Wetteifern in Bezug auf die Quantität der Ausführungen setzt sich dann unmittelbar im Begründungsumfang des Urteils fort. 413

5. Weiterführende Literatur zu Legal Tech (Auswahl)

Aumiller, D./Gertz, M., Legal Tech und Deep Learning. Eine Bestandsaufnahme, LTZ 2022, 30; Bauermeister, T., 2 zu 0 für die Legal Tech-Abtretungsmodelle, ZIP 2021, 2625; Baum in Leupold, A./Wiebe, A./Glossner, S., Zivilrechtliche Haftung bei Einsatz von Robotern und Künstlicher Intelligenz, 4. Aufl. 2021, Teil 9; Becker, M., In Gesellschaft von Maschinen. Die IT-Regulierung autonomer Systeme, in Buck-Heeb, P./Oppermann, B., Automatisierte Systeme, 2022, Kap. 2.1, S. 29; Bernuth, W. H. v., Sammelklagen-Inkasso und Legal Tech. Rechtspolitik aus Karlsruhe, AnwBl 2022, 222; Borges, G./Sorge, C., Law and Technology in a Global Digital Society: Autonomous Systems, Big Data, IT Security and Legal Tech, 2022; Brechmann, B., Legal Tech und das Anwaltsmonopol. Die Zulässigkeit von Rechtsdienstleistungen im nationalen, europäischen und internationalen Kontext, 2021; Breidenbach, S./Glatz, F., Rechtshandbuch Legal Tech, 2. Aufl. 2021; Chrishti, S., The LegalTech Book. The Legal Technology Handbook for Investors, Entrepreneurs and FinTech Visionaries, 2020; Deuber, D./Keuchen, M., Öffentlich zugängliche Rechtsprechung für Legal Tech, RDi 2022, 229; Ebers, M., Gewährleistung für Legal Tech-Anwendungen gegenüber Verbrauchern: Was gilt seit Umsetzung der Digitalen Inhalte-Richtlinie? LTZ 2022, 4; Eidenmüller, H./Wagner, G., Law by Algorithm, 2021; Engelmann, C./Brunotte, N./Lütkens, H., Regulierung von Legal Tech durch die KI-Verordnung, RDi 2021, 317; Engler, K., Legal Tech-Inkasso: Herausforderungen der neuen Sachkundeprüfung, RDi 2022, 101; Feiter, G./Schlander, H., Lockerungen beim Erfolgshonorar durch das sogenannte Legal-Tech-Gesetz. Bewertung der Reform und Auswirkungen auf Steuerberater, DStR 2021, 1725; Fries, M., De minimis curat mercator: Legal

Tech wird Gesetz, NJW 2021, 2537; Fries, M., Schadensersatz ex machina, NJW 2019, 901; Guggenberger, N. in Hoeren, T./Sieber, U./Holznagel, B., Handbuch Multimedia-Recht, 58. EL März 2022, Teil 13.7 A; Günther, T., Das neue „Legal-Tech"-Gesetz. Eine Zwischenlösung für den Rechtsdienstleistungsmarkt, MMR 2021, 764; Grützmacher, M., Der Entwurf der EU-Verordnung für Künstliche Intelligenz, in Buck-Heeb, P./Oppermann, B., Automatisierte Systeme, 2022, Kap. 3.15, S. 459; Hähnchen, S./Schrader, P. T./Weiler, F./Wischmeyer, T., Legal Tech. Rechtsanwendung durch Menschen als Auslaufmodell?, JuS 2020, 625; Hartung, M., Legal Tech Sandboxes, RDi 2021, 421; Hartung, M./Bues, M.-M./Halbleib, G., Legal Tech. Die Digitalisierung des Rechtsmarkts, 2018; Heiss, S., Artificial Intelligence Meets European Union Law, EuCML 2021, 252; Heumer, M./Jaensch, M., Küfner-Schmitt, I., Legal Tech und das Rechtsdienstleistungsgesetz, 2022; Hullen, N., Effizienzsteigerung in der Rechtsberatung durch Rechtsvisualisierungstools: von der Rechtsinformatik zu Legal Tech, 2019; Kaspar, J./Höffler, K./Harrendorf, S., Datenbanken, Online-Votings und künstliche Intelligenz. Perspektiven evidenzbasierter Strafzumessung im Zeitalter von „Legal Tech", NK 2020 35; Kaesling, K., Intelligente Verträge, intelligente Nutzer? Die Unveränderbarkeit bei „Smart Contracts" und der Schutz vulnerabler Personengruppen, in Buck-Heeb, P./Oppermann, B., Automatisierte Systeme, 2022, Kap. 3.2, S. 139; Kaulartz, M./Braegelmann, T. H., Rechtshandbuch Artificial Intelligence und Machine Learning, 2020; Kilian, M., Legal Tech – gefühlter oder tatsächlicher Wettbewerb? AnwBl 2021, 608; Kipker, D.-K./Birreck, P./Niewöhner, M./Schnorr, T., Rechtliche und technische Rahmenbedingungen der „Smart Contracts". Eine zivilrechtliche Betrachtung, MMR 2020, 509; Könen, D., Leistungsverweigerung gegenüber Legal-Tech-Inkassodienstleistern nach § 410 I 1 BGB, Rdi 2021, 565; Konertz, R./Schönhof, R., Das technische Phänomen „Künstliche Intelligenz" im allgemeinen Zivilrecht, 2020; Krawietz, L., Legal Design: So gelingt Legal Tech, LTZ 2022, 36; Kuntz, T., Smart Contracts und Vertragsrecht, in Buck-Heeb, P./Oppermann, B., Automatisierte Systeme, 2022, Kap. 3.1, S. 115; Lenski, J., Legal Tech im Gesellschaftsrecht, LTZ 2022, 24; Lindner, E., Der programmierte Mietvertrag, NZM 2021, 665; Martinetz, S./Maringele, S., Quick Guide Legal Tech: Schritt für Schritt zur digitalen Kanzlei und Rechtsabteilung, 2020; Quarch, B. M./Engelhardt, C., Legal Tech-Markt – der Versuch eines Marktüberblicks, LTZ 2022, 38; Remmertz, F., Legal Tech-Strategien für Rechtsanwälte. Berufsrecht, Kooperationen, Haftung, 2020; Riehm, T., Nein zur ePerson! Gegen die Anerkennung einer digitalen Rechtspersönlichkeit, RDi 2020, 42; Riehm, T., Smart Contracts und verbotene Eigenmach, in Fries, M./Paal, B. P., Smart Contracts, 2019, S. 85; Ring, G., Erfolgshonorar und Prozessfinanzierung – Reform des RVG und des RDG infolge des Legal Tech-Gesetzes, NJ 2021, 525; Rollberg, C., Algorithmen in der Justiz: Rechtsfragen zum Einsatz von Legal Tech im Zivilprozess, 2020; Schrader, P. T., Haftung des Herstellers für automatisierte Systeme, in Buck-Heeb, P./Oppermann, B., Automatisierte Systeme, 2022, Kap. 3.10, S. 333; Schwartmann, R., Algorithmen in der Justiz – Legal Tech schreitet voran, MMR-Aktuell 2022, 449702; Seichter, D., Verträge durch Algorithmen? Neues vom BGH in Sachen Legal Tech, jM 2022, 51; Skupin, F., Die Entwicklung der Legal-Tech-Rechtsprechung im Jahr 2021, RDi 2022, 63; Timmermann, D., Legal Tech-Anwendungen, 2020; Timmermann, D./Gelbrich, K., Können Algorithmen subsumieren? NJW 2022, 25; Völkle, C., Ethereum 2.0, Grundbaustein der weiterentwickelten Digitalisierung des Rechts, MMR 2021, 539; Wagner, J., Legal Tech und Legal Robots. Der Wandel im Rechtswesen durch neue Technologien und Künstliche Intelligenz, 2. Aufl. 2020; Wolf, C./Kurth, N., Legal Tech (Online-Anwalt), in Buck-Heeb, P./Oppermann, B., Automatisierte Systeme, 2022, Kap. 3.14, S. 437.

D. Fazit: Werden Juristen künftig überflüssig?

I. Die Aussicht im Überblick

Juristen werden künftig nicht überflüssig werden. Das Berufsbild des Juristen wird sich jedoch durch die voranschreitende Digitalisierung ebenso ändern, wie in allen anderen Berufen teils disruptive Veränderungen zu beobachten sind. Damit sind für Juristen zwei Dinge verbunden: Erstens werden sich für (auch bereits in der Praxis tätige) Juristen eine ganze Reihe neuer Chancen ergeben. Zweitens sollten angehende Juristen in ihrem Studium den Blick nicht bloß auf technische Errungenschaften und deren Implementierungen im rechtlichen Bereich richten, sondern sich vor allem für das Recht selbst und dessen Funktionen interessieren. Möglicherweise macht es einen Juristen gerade aus, dass er eben kein Techniker ist. Dennoch kann das Grundverständnis technischer Zusammenhänge und vor allem der Möglichkeiten, die digitale Lösungen bieten (einschließlich deren Grenzen) dabei helfen, sich als angehender Jurist in die eine oder in die andere Richtung zu spezialisieren. Die Wahl der Richtung sollte dabei nach den persönlichen Neigungen erfolgen. Während jemand, der im rechtlichen Bereich tätig und technikaffin ist, die Legal-Tech-Lösung von morgen entwickeln kann, wird jemand, der weniger technisches Interesse aufbringt und stattdessen mehr Freude am Durchdenken und Entwickeln von juristischen Argumentationslinien in besonderen Spezialfällen hat, ebenso sein Aufgabenfeld in der künftigen Rechtspraxis finden. 414

II. Parallelität von Recht und Computerprogramm als Basis künftiger Geschäftsmodelle

415 Die vorstehenden Ausführungen zu Legal Tech haben die phänotypisch deutliche Parallelität des Ablaufs von Computerprogrammen und der Rechtsanwendung gezeigt. Dabei ist jedoch auch deutlich geworden, dass dies nur in dem Bereich gilt, in dem das in beiden Bereichen zugrundeliegende Konditionalschema (Wenn-Dann-Schema) zum unmittelbar gewünschten Ergebnis führt. In dem spezifischen Umgang mit Unsicherheiten (beispielsweise im Bereich der Prämissen bzw. Tatbestandsvoraussetzungen oder Variablen) unterscheiden sich der Ablauf von Computerprogrammen teilweise erheblich von der Rechtsanwendung. Während bei Computerprogrammen mittels Heuristik oder Mustererkennung ein brauchbares Ergebnis generiert werden kann, erscheint die Schärfung eines unbestimmten Rechtsbegriffes mit statistischen Methoden in einem Großteil der Fälle vollkommen ungeeignet. In den wenigen Fällen, in denen ein rechtlich brauchbares Ergebnis ohne eine Wertung (dh insbesondere der Definition eines unbestimmten Rechtsbegriffs) gewonnen werden kann, hat die jüngere Entwicklung der Rechtspraxis gezeigt, dass Geschäftsmodelle zu einem ökonomischen Erfolg führen können, bei denen die Rechtsanwendung automatisiert wird. Die Identifizierung dieser Bereiche wird in Zukunft die Grundlage für die Entwicklung weiterer erfolgreicher Legal-Tech-Geschäftsmodelle werden. Für die Entwicklung der technischen Umsetzung einer zu automatisierenden juristischen Tätigkeit sind technische Kenntnisse unabdingbar. Nur eingeschränkt gilt dies für die Anwendung einer solchen digitalen Lösung durch die Nutzer: Dafür sind technische Kenntnisse häufig überaus hilfreich, aber nicht immer zwingend notwendige Voraussetzung.

III. Bestehenbleiben klassischer juristischer Tätigkeiten

416 Primäre Aufgabe des Rechts und damit auch Ziel der Rechtsanwendung ist die Organisation menschlichen Zusammenlebens. Oftmals wird diese Aufgabe erst bei Auftreten eines Konflikts sichtbar und relevant, dh bei Auftreten eines Streits. Dessen Ursache liegt häufig in

unterschiedlichen Interessen der Beteiligten. Die Idee, die Beilegung eines Streits, dh den Ausgleich zwischen widerstreitenden Interessen zu automatisieren, wirkt vor allem deshalb befremdlich, da jedem Streit etwas individuell Menschliches der Beteiligten zugrunde liegt. Diese zwischenmenschliche Ebene hinreichend zu erfassen, wird wohl nur einem Menschen gelingen, der sich in die Interessen- und Konfliktlage hineinversetzen kann. Daher ist dem verständlichen Streben nach Effektivität der Rechtsdurchsetzung eine innere Grenze durch die Aufgabe des Rechts selbst gesetzt.

Eine Automatisierung der Rechtsanwendung und Rechtsdurchset- 417
zung würde daher die Akzeptanz der strukturellen Änderung der Funktion des Rechts erfordern. Da das Recht von Menschen für Menschen gemacht wird (anthropozentrischer Ansatz der Rechtsordnung), erscheint freilich denkbar, dass sich ein Funktionswandel des Rechts vollziehen lässt und die Wirkung des Rechts (beispielsweise angefangen mit der Durchsetzung von Ansprüchen) automatisiert wird. Dies kann allerdings nur gelingen, wenn eine solche Änderung auf dem Konsens der beteiligten (aller) Rechtsunterworfenen erfolgt. Beispielsweise können Parteien bereits derzeit für einen eventuellen Streit über Auslegungsfragen eines Vertrages individuell vereinbaren, dass statt einer Klärung dieser Frage durch ein staatliches Gericht ein Schiedsgericht entscheiden soll und sich die Beteiligten im Vorfeld dem Schiedsspruch unterwerfen, dh ihn als verbindlich anerkennen. Daher erscheint es nicht abwegig, auch alternative Wege der Rechtsdurchsetzung für gesellschaftlich akzeptabel zu halten. Schwierigkeiten ergeben sich insoweit bei der Akzeptanz alternativer Rechtsanwendungs- oder Rechtsdurchsetzungspraktiken. Einerseits ist zu beobachten, dass die „Entscheidung“ eines Geldautomaten, dem Auszahlungswunsch mangels Kontodeckung nicht zu entsprechen, vom Betroffenen in der Regel ebenso akzeptiert wird wie die gleichlautende Aussage eines Bankmitarbeiters am Schalter. Andererseits ist schwerlich vorstellbar, dass die Entscheidung eines vollautomatisierten „Robo-Richters“, der einen komplexen Streit (wenngleich sogar vollkommen objektiv) entscheidet, derzeit auf eine hinreichende Akzeptanz stoßen würde. Andererseits ist bei wenig komplexen Streitverhältnissen, beispielsweise bei einem unstreitig bestehenden Zahlungsanspruch, der im gerichtlichen Mahnverfahren automatisiert und ohne jede menschliche Prüfung geltend gemacht wird, die Akzeptanz für dieses Verfahren und auch dessen Folgen durchaus feststellbar.

418 Für den künftig in der Rechtspraxis tätigen Juristen bedeutet dies in besonderer Weise, dass sie das Bindeglied zwischen dem Interessenausgleich und der Akzeptanz einer Entscheidung in diesem Streit sind. Besondere Bedeutung erfährt diese begleitende Tätigkeit beispielsweise in familienrechtlichen Angelegenheiten, bei denen jenseits ökonomischer Interessen auftretende Streitverhältnisse erhebliches emotionales Konfliktpotenzial in sich bergen. Dabei kann die rechtsberatende Tätigkeit mit digitaler Unterstützung vorbereitet und begleitet werden. Zwingend ist dies jedoch nicht notwendig. Denkbar erscheint durchaus, dass auch weiterhin anwaltliche Tätigkeit klassisch und mit nur geringer (erkennbarer) Digitalisierungsdurchdringung erbracht wird. Ob dies letztlich sinnvoll und effizient ist, ist eine andere Frage. Freilich ist die gänzliche Verschließung vor digitaler Unterstützung im Bereich der Rechtsdurchsetzung zumindest für den Rechtsdienstleister kaum möglich, da teilweise die Infrastruktur der Kommunikation heutzutage digital ausgestaltet ist. Dies betrifft beispielsweise die Pflicht des Anwalts bzw. des Inkassounternehmens, Mahnanträge in elektronischer Form einzureichen, und reicht mittlerweile auch zur Pflicht, Schriftsätze über das besondere elektronische Anwaltspostfach auszutauschen. Der Umgang des Anwalts mit dem Mandanten ist von solchen Vorgaben in Richtung zwingender Digitalisierung oder sogar Automatisierung allerdings nicht erfasst.

IV. Gewinn durch Digitalisierung bloß ökonomisch oder auch menschlich?

419 Viele digitale Lösungen entfalten ihre Wirkungen erst, wenn diese alltagstauglich werden und somit von den Nutzern wahrgenommen werden können. Die Alltagstauglichkeit von digitalen Lösungen setzt allerdings voraus, dass es ein ökonomisch schlüssiges Konzept für die Markteinführung gibt. Mit der Verbreitung einer digitalen Lösung werden die Vorteile der digitalen Lösung den Nutzern zugänglich gemacht und es entsteht die Möglichkeit, ökonomische Gewinne zu realisieren. Dies verleitet zu dem Schluss, dass digitale Lösungen immer zu Effizienzgewinnen führen. Der Blick in die (häufig sehr theorielastige) Forschung an Projekten Künstlicher Intelligenz zeigt, dass auch zahlreiche Projekte (derzeit) nicht zu einer praktischen Umsetzung führen. Zutreffend ist freilich, dass die Markteinführung einer digitalen Lösung von dem jeweiligen Akteur zumindest mit

der Prognose verbunden ist, ein ökonomisch tragfähiges Konzept umzusetzen. Auch die Beobachtung eines über eine gewisse Dauer fehlenden Marktaustritts dieses Akteurs spricht für den Erfolg des Vorhabens, das in der Regel in der Realisierung eines ökonomischen Vorteils liegt. Dieser wird bei substituierenden Techniken häufig in der Beteiligung des Innovators an den mit der Nutzung der eingeführten Technik verbundenen Effizienzgewinnen liegen.

Wendet man den Blick von klassisch ökonomischen Kriterien ab und 420
lenkt ihn auf die mit der Umsetzung technischer Lösungen verbundenen weiteren Effekte, ist bereits aus persönlicher Erfahrung heraus festzustellen, dass die Nutzung technischer Innovationen häufig durch eine Vereinfachung von Abläufen und einer damit verbundenen Einsparung von Aufwand motiviert ist. Beispielsweise sind Innovationen in der Staubsaugerautomatisierung häufig nicht darauf ausgerichtet, dem Nutzer einen unmittelbar ökonomischen Vorteil zu bieten, sondern ihn von der unliebsamen Aufgabe der Bedienung des Staubsaugers zu entlasten. Die dadurch gewonnene freie Zeit, in der der Staubsauger vollautomatisch die Wohnung (mithilfe von Sensoren und Motoren anstatt durch menschliche Steuerung) reinigt, kann in den wenigsten Fällen mit einem ökonomisch vertretbaren Verhältnis zum Anschaffungspreis eines solchen Gerätes gerechtfertigt werden. Dennoch ist der Trend der Beliebtheit von Lösungen in der Haushaltsautomatisierung bislang ungebrochen. Die Motivation, technische Lösungen einzusetzen, liegt daher jenseits ökonomischer Interessen in anderen Bereichen.

Die Substitution der eigenen (unbeliebten) Arbeit im Haushalt durch 421
eine technische Lösung ist mit der eigenen Wertschätzung der substituierten Tätigkeit verbunden. Diese Bewertung kann jeder für sich selbst vornehmen. Erfolgt die Bewertung jedoch bezogen auf eine Tätigkeit eines Arbeitnehmers, der beispielsweise in einer Fertigungsstraße eine repetitive Arbeit ausführt, indem seine Arbeit künftig von einem Roboter erledigt werden soll, ist damit die Wertschätzung der von dem Arbeitnehmer erbrachten Leistungen verbunden. Dieses Problem stellt sich als ein unabhängig vom Einzelfall zu beurteilender sozialer Konflikt dar. Mit der (häufig in der Unternehmensorganisation auf ökonomischen Aspekten beruhenden) Entscheidung, die Arbeitskraft durch eine technische Lösung zu substituieren, muss eine verantwortungsvoll erarbeitete Perspektivlösung für den jeweils betroffenen Arbeitnehmer verbunden sein. Welche Arbeit kann der Arbeitnehmer, dessen Aufgabe durch die technische Lösung substi-

tuiert wurde, stattdessen übernehmen? In der Regel greifen in solchen Fällen Schulungsmaßnahmen, um Qualifikationsvoraussetzungen für andere Aufgabengebiete zu schaffen.

422 Übertragen auf den Bereich der Rechtsdienstleistungen ergibt sich ein ähnliches Bild. Damit der zugelassene Anwalt oder der ernannte Richter die juristische Tätigkeit (die Inhalt eines Studiums war) ausüben kann, für die er zwei juristische Staatsexamina abgelegt hat, ist ein erheblicher organisatorischer Aufwand notwendig. Dies beginnt bei der Aktenführung, reicht über die Büroorganisation (Fristenplanung) bis zur eigentlich juristischen Tätigkeit der Strukturierung des Sachverhalts und der Recherche, bis schließlich die rechtliche Bewertung erfolgen kann. Während der in das Berufsleben startende Einzelanwalt oftmals die organisatorischen Tätigkeiten noch nicht auf bereits vorhandenes Personal übertragen kann, kann ein Richter auf Probe zumindest auf (in der Regel überlastete) Geschäftsstellen (heutzutage „Serviceeinheiten" genannt) zurückgreifen. Sehr häufig sind es freilich ökonomische Interessen, die zu einer Straffung von Organisationsprozessen einschließlich der Substitution repetitiver Arbeiten im Rahmen der Prozessoptimierung und Automatisierung führen. Abgesehen von dieser Motivation sollte der damit verbundene Gewinn nicht außer Acht gelassen werden: Eine Geschäftsstelle organisiert nicht nur die Post des Gerichts, sondern dient beispielsweise auch dem nicht anwaltlich vertretenen (in der Regel rechtsunkundigen) Bürger als Anlaufstelle, eine Klage auch zur Niederschrift entgegenzunehmen. Die Schnittstelle zwischen dem Rechtsuchenden (dh dem Menschen, der Gerechtigkeit sucht, professionelle (anwaltliche) Hilfe nicht in Anspruch nehmen kann/will und selbst außerstande ist, einen den formellen Anforderungen entsprechenden Schriftsatz an das Gericht zu senden) und den Angestellten in den Geschäftsstellen ist wegen der dortigen Auslastung mit organisatorischen Belangen (verständlicherweise) von recht geringer Motivation geprägt, einem solchen Menschen mit seinem Anliegen eines zwischenmenschlichen Konflikts zu helfen. Jede Automatisierung von Abläufen in der gerichtlichen Praxis sollte daher nicht bloß im Hinblick auf das ökonomische Einsparpotenzial bewertet werden, sondern auch der mit der Streitbeilegung verbundene Gewinn im Einzelfall.

423 Für die klassische juristische Tätigkeit des rechtlichen Bewertens eines Sachverhalts ist eine sehr aufwendig zu erwerbende Qualifikation (juristisches Studium und zwei Staatsexamina) Voraussetzung. Freilich sind es häufig primär ökonomische Aspekte, die die Übertragung

repetitiver Tätigkeiten im Vorfeld der klassischen juristischen Tätigkeit auf andere Personen (beispielsweise angestelltes Personal) zu veranlassen, da die somit freiwerdenden Ressourcen der die juristische Tätigkeit wahrnehmenden Person zusätzlich für weitere (abrechenbare) Fälle genutzt werden können. Zwingend ist dies nicht. Denkbar ist auch, dass der Einzelfall intensiver bearbeitet werden kann. Es mag idealistisch klingen, aber ein bereits gut strukturierter Sachvortrag kann die rechtliche Bewertung durchaus auch (zumindest in der Motivation der Person, die den Sachverhalt juristisch bewerten soll) fördern. Da bislang die Übertragung von Aufgaben im Bereich der Strukturierung des Sachverhalts von einem Richter oder Anwalt allenfalls auf einen Referendar denkbar erschien, eröffnen die digitalen Lösungen der Dokumentenanalyse und -strukturierung mittlerweile die Möglichkeit, in dem Bereich der klassischen juristischen Tätigkeit Unterstützung zu erlangen. Der dadurch erlangte zeitliche Vorteil kann bei insoweit gleichbleibender Prozessgeschwindigkeit für eine Vertiefung des Verständnisses des Konflikts zwischen den Menschen genutzt werden. Dies gilt sowohl für den Richter als auch für den Anwalt, beides freilich mit der Maßgabe, genau diese Möglichkeit des Verständnisses des zwischenmenschlichen Konflikts nicht automatisieren zu wollen.

V. Anpassung des Ziels des rechtswissenschaftlichen Studiums?

Sollte man jungen Menschen mit einem Interesse an der Rechtswissenschaft abraten, ein solches Studium zu wählen? In welche Richtung könnte man sein Interesse in dem Studium des Rechts lenken? 424

Juristen werden auch künftig in zahlreichen Aufgabengebieten tätig sein. Daher besteht kein Anlass, bei einem bestehenden Interesse junger Menschen an einem Studium der Rechtswissenschaft, aus arbeitsmarktpolitischen Gründen Skepsis zu verbreiten. Hinsichtlich der klassischen juristischen Studieninhalte muss man sich vor Augen führen, dass die Diskussion über den Zuschnitt des juristischen Studiums bereits so lange geführt wird, wie es ein solches Studium gibt. Bevor man jedoch die Frage nach der Überflüssigkeit einiger Studieninhalte stellt und diese gern auch aktuell bezogen auf die destruktive Wirkung neuartiger digitaler Technologien zurückführt, sollte man sich (auch) unabhängig von jeglicher Digitalisierung den Inhalt und 425 das Ziel des juristischen Studiums vor Augen führen. Insoweit – missverständlich – wird der Gegenstand des Studiums in §5a II DRiG vor allem auf die Pflichtfächer bezogen und bloß ergänzend wird in §5a III 1 DRiG ausgeführt: „Die Inhalte des Studiums (...) berücksichtigen ferner die rechtsprechende, verwaltende und rechtsberatende Praxis einschließlich der hierfür erforderlichen Schlüsselqualifikationen wie Verhandlungsmanagement, Gesprächsführung, Rhetorik, Streitschlichtung, Mediation, Vernehmungslehre und Kommunikationsfähigkeit". Die näheren Regelungen in den Landesgesetzen (§5a IV DRiG) enthalten vor allem Regelungen zu den Prüfungen und deren Zweck. Aufschlussreich ist diesbezüglich beispielsweise §2 II 1 JAG NRW: „Die Prüfung soll zeigen, dass der Prüfling das Recht mit Verständnis erfassen und anwenden kann und über die hierzu erforderlichen Rechtskenntnisse in den Prüfungsfächern mit ihren europarechtlichen, wirtschaftlichen und politischen Bezügen, ihren rechtswissenschaftlichen Methoden sowie philosophischen, insbesondere auch ethischen, geschichtlichen, psychologischen und gesellschaftlichen Grundlagen verfügt." Mit anderen Worten geht es im rechtswissenschaftlichen Studium gerade nicht darum, die in Urteilen und Gesetzen enthaltenen Informationen zu Wissen der Studierenden zu machen, sondern zu lernen, die Funktion des Rechts zur Geltung zu bringen. Selbstverständlich reicht ein ausgeprägter Gerechtigkeitssinn nicht zum Bestehen der juristischen Staatsprüfung. Hinzukommen muss die Orientierung in der Rechtsordnung, um der Bindung an Gesetz und Recht (Art. 20 III GG) überhaupt gerecht werden zu können, was sich bei dem Hin- und Herwandern des Blicks zwischen Sachverhalt und Rechtsnorm, die gesucht wird, deutlich zeigt. Wer die Rechtsordnung nicht kennt, blickt dann ins Leere. Dann hilft auch ein Sinn für Gerechtigkeit nicht bei dem Versuch, eine überzeugende juristische Argumentation zu führen.

426 Betrachtet man die Inhalte der Pflichtfächer des Studiums, so ist die häufig vorgebrachte Kritik in großen Teilen nachvollziehbar. Das Studium könnte freilich sachlich begrenzt werden auf Teilbereiche, was sich insbesondere in der Kritik an dem Einheitsjuristen zeigt, der sich die Bereiche des Zivilrechts ebenso wie die des Strafrechts und auch des öffentlichen Rechts erschließen muss. Dennoch kann die Rechtsordnung als Ganzes nur dann angewendet werden, wenn man diese auch als Ganzes kennt.

427 Diese strukturellen Fragen des Studienzuschnitts sind durch den einzelnen Studierenden kaum abänderbar. Steuerbar sind hingegen die eigene Studienorganisation und die Wahl der Lernmethode. Diese öffnen vor dem Hintergrund der sich abzeichnenden digitalen Möglichkeiten durchaus eine Herausforderung beim Umdenken im Bereich des juristischen Studiums. Es ist kaum ein Mehrwert, möglichst viel höchstrichterliche Rechtsprechung und deren Nuancen auswendig zu kennen. Was früher mangels effizienter Recherchetechniken ein Vorteil bei der Argumentation war, ist heute durch stochastisch unterstützte Suchalgorithmen relativiert worden. Ein guter Jurist erkennt in dem Fall das Problem, indem er den Bereich benennen kann, in dem er die Recherche beginnt, nicht indem er die Einzelinformationen im Kopf parat hat. Diese Kompetenz zu erwerben, ist wesentlich schwerer, als konkrete Informationen auswendig zu lernen. Dies ist allerdings keine neue Erkenntnis. Die Unzulänglichkeit auswendig gelernten Wissens für Problemlösungen (insbesondere im juristischen Bereich) wird bloß durch neuartige digitale Suchalgorithmen viel offensichtlicher.

Wie aber kann man diese Fähigkeit erlernen, ein juristisches Problem **428** intuitiv (dh insbesondere besser als ein System Künstlicher Intelligenz, dessen Arbeitsweise auf Mustererkennung und stochastischen Methoden beruht) zu lösen? Wie findet man heraus, in welchem Bereich eine Norm existieren könnte, die für den aufgetretenen Konflikt zwischen Menschen einen Interessenausgleich vorsieht? Die Beantwortung der Frage ist zwar ernüchternd, im Ergebnis jedoch hoffnungsvoll. Der Erwerb der Orientierung in der Rechtsordnung setzt zunächst das Verständnis zahlreicher bereits gelöster Problemkonstellationen voraus. Dieses Verständnis bedeutet jedoch nicht die bloße Kenntnis einer Gerichtsentscheidung oder Norm, sondern vielmehr die Beantwortung der Frage, warum ein Gericht in dem konkreten Fall dieser Argumentation gefolgt ist oder warum die Norm diesen Interessenkonflikt in der Weise regelt. Die Frage nach der Begründung (warum?) unterscheidet das menschliche Verständnis von dem Trainingsergebnis eines Systems Künstlicher Intelligenz. Während Systeme Künstlicher Intelligenz kleinteilige Differenzierungen erkennen und diese in ihrer Relevanz in komplexen Zusammenhängen darstellen können, ist es bislang den Menschen vorbehalten, eine tragfähige Begründung im Sinne einer Abstraktion zu liefern. Die menschliche Fähigkeit, faktisch aus allem Analogien bilden zu können, ohne dass es hierfür scheinbar einen Rahmen gibt, ist derzeit das Alleinstellungsmerkmal des Menschen und manifestiert sich in der juristischen Arbeitstechnik. Freilich ist dieses Ergebnis ernüchternd, wenn Studierende weiterhin zahlreiche Gerichtsentscheidungen zunächst lesen und anschließend verstehen müssen. Vermeintlich besteht dabei kein Unterschied zum Training von Systemen Künstlicher Intelligenz, die mit zahlreichen Trainingsdaten angelernt werden müssen. Der entscheidende Unterschied ist die Möglichkeit der offenen Frage nach dem „Warum". Wie aus den obenstehenden Ausführungen der Parallelität zwischen technischen und rechtlichen Vorgehensweisen deutlich wurde, ist und bleibt das „Verständnis" eines Systems Künstlicher Intelligenz darauf begrenzt, eine statistisch begründete Antwort auf diese Frage zu geben, wenngleich diese an Komplexität auch menschliche Fähigkeiten teils übersteigt. Ziel des rechtswissenschaftlichen Studiums sollte daher nicht sein, sich als Studierender mit einem System Künstlicher Intelligenz zu messen und ähnlich viele Datensätze (Gerichtsentscheidungen) ohne die Frage nach dem „Warum" zu analysieren. Vielmehr sollte auf diese Frage nach dem „Warum" der Fokus im rechtswissenschaftlichen Studium gelegt werden.

VI. Technische Kenntnisse von Juristen: notwendig oder hilfreich?

1. Entwickler der digitalen Lösung und deren Anwender

429 Bei jedem Einsatz digitaler Automatisierungstechnik stellt sich die Frage, ob der Anwender wissen muss oder sollte, wie diese Technik (zumindest grundlegend) funktioniert. Will der Anwender die technische Lösung entwickeln oder weiterentwickeln, wird dies ohne die Kenntnisse der technischen Wirkungszusammenhänge kaum möglich sein. Ist es jedoch notwendig, dass der Nutzer eines technischen Systems ein Grundverständnis über die Wirkungszusammenhänge dieses Systems hat? Konkret kann die Frage formuliert werden, ob der Nutzer eines Systems Künstlicher Intelligenz, das auf die Strukturierung eines Sachverhalts trainiert wurde, verstehen sollte, wie dieses System (zumindest grundlegend) funktioniert. Je nach persönlicher Präferenz ist man oft geneigt, in die eine oder andere Richtung zu argumentieren.

2. Was muss der Koch über die Kartoffel wissen?

430 Möglicherweise kann bei der eigenen Positionierung zu dieser Frage eine vergleichbare Fragestellung außerhalb des digitalen Kontextes helfen. Man kann sich die Frage stellen, ob es notwendig oder hilfreich

ist, dass ein (guter) Koch seine Zutaten selbst angebaut und geerntet hat oder zumindest grundlegende Kenntnisse über die Herkunft und Eigenschaften während der Entwicklung der Zutaten hat.

Bei der Beantwortung dieser Frage kann jeder auf eine (unterschiedliche) Erfahrung zurückgreifen. Jeder hat schon einmal ein Kartoffelgericht gekocht. Ist es für die Verarbeitung der Kartoffeln notwendig, zu wissen, wie Kartoffeln wachsen? 431

Wer eine Kartoffel einmal nicht tief genug eingegraben hat und bei der Ernte statt einer gelben Kartoffel eine grün gefärbte Knolle findet, hat Anlass, diesen farblichen Unterschied zu hinterfragen. Fortan wird ihm klar sein, dass er die mit Sonnenlicht in Kontakt gekommenen, grüngefärbten Stellen der Kartoffeln lieber nicht isst, weil sich darin Solanin angereichert hat, das nicht nur bitter schmeckt, sondern bei entsprechender Menge auch Vergiftungserscheinungen auslösen kann. 432

Abgesehen von diesen Fällen der Ungenießbarkeit des Kochergebnisses gibt es auch Nuancen, die auf das Gelingen des gewünschten Kochergebnisses Einfluss haben können. Nun kann man sich als Koch freilich an das Rezept halten. Damit wird man für Pellkartoffeln und Schweizer Rösti festkochende Kartoffeln und für Kartoffelbrei und Kartoffelsuppe mehlig kochende Kartoffeln verwenden – weil es so im Rezept steht. Den Kochtyp der jeweiligen Kartoffel kann man im Supermarkt am Etikett ablesen: Festkochende Kartoffeln mit grünem Farbcode, mehlig kochende Kartoffeln mit blauem Farbcode findet man ebenso wie vorwiegend festkochende Kartoffeln mit rotem Farbcode. Es ist kaum etwas einzuwenden gegen die Orientierung an den Anweisungen, die in einem Rezept enthalten sind. Dies führt in der Regel zum gewünschten Ergebnis. Fehlt allerdings die Angabe des Kochtyps der Kartoffel in dem Rezept, muss man zumindest eine Vorstellung der unterschiedlichen Eigenschaften der Kartoffeln im Hinblick auf die beabsichtigte Verwendung entwickeln. Auch das ist möglicherweise ohne eine Kenntnis der Herkunft und des Herstellungsprozesses der Kartoffeln möglich. 433

Spätestens aber für die Beantwortung der Frage, warum die zu Spargelgerichten traditionell gereichten Frühkartoffeln festkochende Kartoffeln sind und mehlig kochende Kartoffeln zum Spargelgericht nicht zu passen scheinen, sind mehr Kenntnisse über Kartoffeln notwendig, als sich aus der Feststellung des Kochtyps ergeben. Der Unterschied zwischen festkochenden und mehlig kochenden Kartoffeln liegt im Stärkegehalt der Kartoffeln. Kartoffeln enthalten immer ungefähr 80 % 434

Wasser und daneben enthält eine festkochende Kartoffel ca. 12 % Stärke, während eine mehlig kochende Kartoffel ca. 18 % Stärke enthält. Dies hat erheblichen Einfluss auf die Konsistenz der Kartoffel nach dem Kochen: Festkochende Kartoffeln behalten ihre Form, während mehlig kochende Kartoffeln zerfallen. Allerdings entscheidet nicht nur die (ausgesäte) Kartoffelsorte über den Stärkegehalt der Kartoffel, sondern vor allem der Zeitpunkt der Ernte sowie auch die Lagerzeit. Während der Wachstumsperiode produziert die Kartoffelpflanze im Rahmen der Fotosynthese Stärke, die in der Kartoffelknolle gespeichert wird. Je länger dieser Vorgang dauert, desto mehr Stärke kann in der Kartoffelknolle gespeichert werden. Daher gibt es im Herbst eher mehlig kochende Kartoffeln und im Frühjahr (insbesondere bei der Ernte der Frühkartoffeln in der Spargelzeit) eher festkochende Kartoffeln. Dies beantwortet die Frage, warum es traditionell festkochende Frühkartoffeln zum Spargel gibt und keine mehlig kochenden Kartoffeln oder Kartoffelbrei. Zu dieser Zeit hatte die Kartoffel schlicht noch zu wenig Zeit, ausreichend Stärke anzureichern, um mehlig kochend zu werden. Andererseits kann aus einer festkochenden Kartoffel bei entsprechender Lagerung (insbesondere bei Verhinderung des Aufkeimens und Verfaulens) über einen längeren Zeitraum eine mehlig kochende Kartoffel werden. Dies liegt nicht an der Anreicherung der Stärke, sondern vielmehr an einer Reduzierung des Wassergehalts der Kartoffel mit dem Ergebnis, dass der prozentuale Anteil der Stärke in der Kartoffel ansteigt.

435 Kennzeichnet es nun einen (guten) Koch, dass er grundlegende Kenntnisse über die Herkunft und die Gründe für Eigenschaften der zu verarbeitenden Zutaten hat? Unstreitig dürfte sein, dass diese Kenntnisse helfen, auch bei im Rezept fehlender Information über den Kochtyp der Kartoffel diesen einschätzen zu können. Daher ist bei jeder Improvisation die Zusatzinformation über die Gründe der Eigenschaften der Kartoffeln und deren Wachstum hilfreich. Ist der Kochtyp der eingelagerten Kartoffeln unbekannt, kann man freilich in einem komplizierten Verfahren den Stärkegehalt messen oder sich an der möglicherweise bekannten Erntezeit orientieren, um einen Rückschluss auf die Eigenschaften zu ziehen. Verwendet man einen ungeeigneten Kochtyp für ein Rezept, sind die negativen Folgen allerdings überschaubar. Oftmals wird das Ergebnis essbar sein; auch zerfallene Pellkartoffeln oder etwas sämiger bzw. stückiger Kartoffelbrei wirken sättigend. Der eigene Anspruch an die Optimierung des gustatorischen Erlebnisses führt aber sicher zu weiterer Erfahrung.

3. Was muss der Jurist über das digitale Hilfsmittel wissen?

Übertragen auf den Kontext der Rechtsanwendung scheint man zu einem ähnlichen Ergebnis zu kommen: Man kann sich damit begnügen, Softwarelösungen nach Etikett (dh nach der Leistungsbeschreibung) einzukaufen und entsprechend der Vorgaben zu nutzen. Wer diese Lösung auch über den an sich mit der Software intendierten Zweck hinaus einsetzen will, sollte verstehen, ob dies zu einem brauchbaren Ergebnis führen kann. Auch um die Grenzen der Brauchbarkeit des Ergebnisses eines solchen Softwareeinsatzes generell abschätzen zu können, sollte man auch als Anwender bzw. Nutzer der Software verinnerlichen können, wie diese funktioniert und nicht bloß das Ergebnis betrachten. Schließlich sieht man beispielsweise bei einer Recherche nur die Rechercheergebnisse, nicht dagegen die nicht gefundenen bzw. von der Software für irrelevant eingestuften Ergebnisse. Häufig (dh in der Mehrzahl der Fälle) wird der Einsatz solcher vorbereitenden Unterstützungshilfen zu einem umfassend befriedigenden Ergebnis führen. In darüberhinausgehenden Einzelfällen ist die kritische Analyse jedoch unabdingbar, um mit dem Ergebnis zufrieden zu sein. Auch in diesem Fall gilt der eigene Anspruch an das Ergebnis der eigenen (mit technischer Unterstützung ausgeführten) Tätigkeit. Der häufig im Zusammenhang mit dem Einsatz von Hochrisiko-KI- Systemen propagierte „Mensch im Kreislauf“ („man in the loop“) hat im rechtsberatenden Kontext nicht bloß eine abrechnungs- oder haftungstechnische Aufgabe, sondern seine „Überwachungs“-Aufgabe besteht vor allem darin, zu verstehen, wie das System funktioniert und wie es zu diesem Ergebnis gelangt ist, bevor das Ergebnis eine Wirkung in der Gesellschaft entfaltet. Dies setzt für diese (natürliche) Person voraus, dass die grundlegenden Funktionsweisen des Systems bekannt sind und nicht bloß das Ergebnis auf Stimmigkeit geprüft wird. 436